KB210549

이 책은 **모든 이를 위한 요더 시리즈** 3권 중 한 권이다.

『급진적 제자도Radical Christian Discipleship』는 조이선교회에서 2015년에 한국 독자에게 소개했으며, 나머지 두 권인 『혁명적 그리스도인의 시민권Revolutionary Christian Citizenship』, 『진정한 그리스도의 교제Real Christian Fellowship』는 대장간에서 요더 총서에 포함하여 출판한다. 요더 사후에 기획 편집하여 출판한 책이므로 3권은 연관이 있다.

『급진적 제자도』는 어떻게 개인적 그리스도인들이 그들의 삶의 모든 분야에서 완전하게 예수를 따르는 소명을 받았느냐에 집중한다. 그것은 **그리스도인의 예수에 대한 일치의 본질을 상세히 설명하고 재정, 시간에 관한 책무, 자기주장, 국가주의, 그리고 진리를 말하기를 포함하는** 여러 가지 주제들을 다룬다. 진지하게 예수의 급진적인 주장들을 취하고자 하는 그 소망은 이 책으로 시작하는 것이 현명하다. 요더에게, "급진적"이라는 말은 적절한 때 변덕스러운 시류를 탄 움직임에 뛰어오르는 것이 아니었다. 그것은 그의 삶을 정의했고 그의 사고들에 스며들어 있었다.

『혁명적 그리스도인의 시민권』은 그리스도인들이 어떻게 그들이 살고 있는 국가에 관련되어질 수 있는가에 관한 성서적 기초를 마련한다. 그것은 예수 사역의 정치적 본성에서 나왔기 때문에 그리스도인들이 권력, 원수사랑, 그리고 국가에 대한 그리스도인의 증언과 같은 다양한 개념들에 관하여 그리스도인들이 생각하도록 돕는다. 그것은 **선거, 가정 지키기, 세금 납부, 전쟁 참여와 같은 특별한 주제들**을 탐구한다. 요더의 가장 유명한 책, 『예수의 정치학』의 갑작스러운 개입에 당황한 독자라면, 이 책이 가장 좋은 통찰들을 적잖게 제공할 것이다.

『진정한 그리스도인의 교제』는 **이 책은** 그리스도인들이 그들이 살고 있는 국가와 의 관계에 대한 성서적 기초를 마련한다. 이는 예수 사역의 정치적 본성에서 나왔기 때문에 그리스도인들이 권력, 원수사랑, 그리고 국가에 대한 그리스도인의 증언과 같은 다양한 개념들에 관하여 그리스도인들이 생각하도록 돕는다. **그것은 선거, 가정 지키기, 세금 납부, 전쟁 참여와 같은 특별한 주제들**을 탐구한다. 요더의 가장 유명한 책, 『예수의 정치학』의 갑작스러운 개입에 당황한 독자라면, 이 책이 가장 좋은 통찰들을 적잖게 제공할 것이다.

추천사

요더는 예언자적 능력으로 예수의 말씀을 전하기로 헌신한 사람들을 위하여 진지하게 개인적 윤리는 물론 사회적 관심사에도 적용할 수 있는 말을 하고 있다.

토니 캠폴로, 이스턴 대학 명예 교수, 『레드레터 크리스천』의 저자

이 책은 요더 신학의 깊이를 놓치지 않으면서도 이해하기 쉽고 실용주의를 누그러뜨리지 않으면서 현실적이다.

폴 도슨, 캐나다 메노나이트 대학 신학 조교수

지난 사십 년 넘게 요더의 영향은 상당했다. 편집자들은 그 증언을 확장한 것에 대해 축하를 받아야 한다. 잘했다!

마크 티센 네이션, 『John Howard Yoder: Mennonite Patience,
Evangelical Witness, Catholic Convictions』의 저자

이 시리즈는 우리의 가장 빛나는 메노나이트 신학을 더 많은 독자들이 이해하기 쉽도록 만들어야 한다.

로널드 사이더, '사회적 행동을 위한 복음주의자' 총재
『그리스도와 폭력』의 저자

혁명적인 그리스도인 시민권

존 하워드 요더

존 C. 누젠트, 브랜슨 L. 팔러, 앤디 알렉시스–베이커 편집

최태선 임요한 옮김

Copyright © Hreald Press 2013

Original published in English under the title ;
Revolutionary Christian Citizenship ,
by John H. Yoder. ;edited by John C. Nugent, Branson L. Parler, and Andy Alexis-Baker.
Published by Herald Press, Herrisonburg, VG 22802
Realeased simultaneously in Canada by Herald Press Waterloo, Ont. N2L 6H7.
All rights reserved.

Uesd and translated by the permissions of Herald Press.
Korea Editions Copyright © 2017, Daejanggan Publisher. Daejeon, South Korea

요더 총서 12
혁명적 그리스도인의 시민권

지은이	존 하워드 요더
옮긴이	최태선 임요한
초판발행	2017년 2월 20일

펴낸이	배용하
책임편집	배용하
등록	제364-2008-000013호
펴낸곳	도서출판 대장간
	www.daejanggan.org
등록한곳	대전광역시 동구 우암로 75-21 (삼성동)
편집부	전화 (042) 673-7424
영업부	전화 (042) 673-7424 전송 (042) 623-1424

분류	기독교윤리 | 정치 | 국가
ISBN	978-89-7071-403-5 (04230)
	978-89-7071-315-1 (세트)
CIP제어번호	2017002530

이 책의 저작권은 Herald Press와 독점 계약한 대장간에 있습니다.
기록된 형태의 허락 없이는 무단 전재와 복제를 금합니다.

 값 13,000원

차례

역자의 글

최태선 『바보새 되어 부르는 노래』 저자

어떤 응원

아주 오래 전 일입니다. 청년 시절, 교회 전체가 단체로 응원을 가게 되었습니다. 미국의 대학생들로 구성된 선교 농구팀이 우리나라 국가 대표와 경기를 가지게 되었는데 그리스도인으로서 우리가 미국의 선교팀 빅토리아 농구팀을 응원하기 위해 동원이 된 것입니다. 사실 그때 검은 사람들로 구성된 미국 대학생 선발 농구팀이 무척 생경스러웠습니다. 더구나 그들은 대학생 선발 팀이었고, 그것도 선교 봉사를 위한 팀이었는데도 너무도 강했습니다. 우리나라 국가 대표팀 선수들이 마치 골리앗 앞에 선 다윗처럼 느껴졌습니다. 물론 경기 자체도 상대가 되지 못했습니다. 자연스럽게 우리는 자신들도 모르게 빅토리아 농구팀이 아니라 우리나라 국가 대표를 응원하고 있었습니다. 우리나라 선수들이 골을 넣으면 박수를 쳤고, 선교팀이 골을 넣으면 그냥 웃기만 했습니다. 그 웃음의 의미도 사실은 좋아서 웃는 것이 아니라 우리가 그들을 위한 응원을 하러 왔다는 생각에서 나오는 쓴웃음이었습니다. 그러나 그런 웃음도 그리 오래 가지 않았습니다. 점수 차가 더 벌어지자 우리는 소리껏 우리나라 국가대표를 응원하였습니다. 결국 저만이 아니라 응원을 위해 동원되었던 모든 사람들이 우리나라를 응원하게 되었습니다.

그 일은 제게 오래도록 생각의 빌미를 제공하였습니다. 그리스도인으로서 나는 선교 봉사팀인 빅토리아 농구팀을 응원해야 하는가? 대한민국 국민으로서 국가 대표를 응원해야 하는가?

우리는 아무런 고민도 없이 성경의 말씀대로 우리의 진짜 시민권은 하늘에 있다는 말을 쉬이 내뱉습니다. 그리고 자신이 마치 하나님 나라의 시민으로 살아가고 있는 것으로 착각합니다. 하지만 그 일은 그리 간단한 문제가 아닙니다. 말은 쉽지만 삶 속에서 그것을 실제로 실천하기란 어렵습니다. 다만 모두가 암묵적으로 그 문제를 드러내지 않고 드러내야 하는 경우도 적당히 타협하기 때문에 그 문제가 수면 위로 드러나는 경우란 좀처럼 없습니다. 우리의 응원 이야기도 마찬가지입니다. 깊이 생각하지 않으면 당연한 현상입니다. 약자를 위하기 마련이라는 우회로를 만들 수도 있습니다. 하지만 사실 거기에는 첨예한 대립과 심각한 선택이 있었습니다.

나의 선택이 잘못된 것이라는 걸 인식한 것은 아주 오랜 시간이 지난 후였습니다. 그동안 한 번도 기독교라는 테두리를 벗어난 적이 없었지만 기독교 안에서 그런 문제에 관한 명쾌한 해석이나 답을 들을 수 없었습니다. 하지만 하나님 나라와 우리나라 혹은 세상의 나라들과의 명확한 관계가 정립되지 않으면 사실 복음을 제대로 이해할 수 없고 바른 신앙생활을 할 수 없다는 것을 깨닫게 되었습니다.

요더의 책을 읽기 전에

요더의 이번 책은 바로 그 문제에 대한 답이라고 말할 수 있습니다. 하지만 그의 모든 이론들은 세상의 국가와 하나님 나라의 관계가 정리되지 않은 사람들에게는 그다지 인상적이지 않거나 오히려 반감이 일어나는 내용들입니다. 특히 우리나라의 그리스도인들에게는 대번에 '종북'이나 '좌파' 혹은 '빨갱이'라는 소리를 듣거나 조금 여유를 가진 사람들은 "미국이라는 나라에는 적어도 그들의 내전인 남북전쟁이 있은 후 한 번도 전쟁이 없었던 나라였기 때문에 가능한 이론들이다."라는 우회로를 만들어낼 것입니다.

그러나 과연 그럴까요? 그렇지 않습니다. 복음은 처음부터 세상과의 단절을 의미했고, 그것은 그 복음을 받아들이고 복음대로 사는 사람들에게 엄청난 대가를 요구했습니다. 그 사실은 오늘날도 전혀 변하지 않았습니다. 오히려 빈부격차가 심해지고, 돈의 권세가 우주적이 된 이 시대에는 더더욱 분명한 선택을 요구합니다. 물론 그 엄청난 대가는 더 커지면 커졌지 작아지지 않았습니다.

목사가 된 이후, 이에 대한 답을 제공해야 한다는 심리적인 압박이 있었습니다. 그래서 기회가 닿으면 그것을 설교나 글을 통해 표현해왔습니다. 물론 주목을 끌지 못했습니다. 그 반대로 이상한 사람이라는 손가락질을 받게 되었습니다. 그래서 알게 되었습니다. 사람이 기존에 가지고 있던 생각을 바꾸는 것이 얼마나 힘든 일인지를 뼈저리게 느끼게 되었습니다. 물론 그때마다 자조적으로 끊임없이 '들을 귀 있는 자는 들으라.'라는 주님의 말씀을 되뇌었습니다. 동시에 '아 이래서 한 생명이 천하보다 귀할 수 있겠구나!' 하는 생각도 하게 되었습니다. 변화된 한 사람이야말로 하나님의 기쁨이며, 그들이 모여 이루어낸 하나님 나라 공동체인 교회가 진정한 하나님의 영광이라는 걸 마음 깊이 담게 되었습니다.

그래서 이번 요더의 책 『혁명적 그리스도인의 시민권』을 번역하는 일은 매우 의미 있는 작업이었고, 같은 사고를 나누고 공유하는 공감의 시간이었습니다. 요더의 책을 읽기 전에 한 한국인 목사가 한국의 그리스도인들에게 전했던 답을 읽어보는 것도 좋을 것입니다. 이 설교는 대략 5년 전에 했던 주기도에 대한 시리즈 설교 가운데 하나입니다. 이 설교의 내용이 독자분들의 요더의 글 이해에 작은 도움이 되기를 바랍니다.

나라와 권세와 영광이 아버지께 영원히 있사옵나이다. 아멘. 마6:5-13

로마의 황제 숭배 사상

초대교회 공동체가 직면해야 했던 문제 가운데 가장 큰 문제는 국가였습니다. 어떻게 하나님 나라에 대해 충성하면서 로마에도 충성을 하는가 하는 것이 그들의 고민이었습니다. 네로 이후 10번에 걸친 박해는 무려 250년 가까이 이어졌습니다. 교회사에는 그들의 박해 이야기가 빼곡히 기록되어 있습니다. 그들은 끔직한 학살을 당해야 했습니다. 로마 황제의 명령으로 병사들은 갖가지 잔인한 방법으로 그리스도인들을 살해하였습니다. 네로의 때에는 체포된 그리스도인들의 몸에 타르를 바르고 불을 붙였습니다. 그들은 그렇게 산 채로 횃불이 되어 네로 정원의 밤을 환하게 밝혀야 했습니다. 그렇지 않은 그리스도인들은 원형 경기장에서 사자들과 맞붙어 싸우는 모습으로 로마인들의 구경거리가 되었습니다. 그 이후의 박해에서도 갖가지 참혹한 방법들이 동원되어 그리스도인들은 그냥 죽는 것이 아니라 로마인들의 오락을 위한 구경거리가 되어야 했습니다.

그런 참혹한 일들이 벌어진 이유는 로마 제국의 황제 숭배 사상 때문이었습니다. 로마 제국의 시민이라면 누구나 "황제는 주인이시다."라는 구호를 외쳐야 했습니다. 그것으로 로마 제국에 대한 그들의 충성을 보여야 했던 것입니다. 그러나 그리스도인들은 다른 로마인들처럼 "황제는 주인이시다."라는 구호를 외칠 수가 없었습니다. 그들의 주인은 오직 한 분 예수 그리스도였기 때문입니다. 그래서 그들은 "황제는 주인이시다."라는 말로 로마에 충성을 맹세할 수가 없었습니다.

　　"우리는 가이사에게 십일세와 공물을 드리는 것으로 정부 관리에게 경의를 표한다. 우리는 로마의 시민으로서 본이 되는 모든 일을 한다. 그러나 우리가 공적으로나 사적으로나 한 가지 할 수 없는 일이 있으니, 곧 "황제는 주인이시다."라는 고백이다. 이것은 주님에 대한 완전한 반역이기 때문에 우리는 그 고백을 할 수가 없다. 우리의 주님은 오직 그리스도 한 분뿐이기 때문이다."

　　그들은 그 이유 하나 때문에 온몸에 타르를 바르고 산 채로 횃불이 되기도 하고 사자의 밥이 되는 장면을 로마인들에게 구경거리로 제공해야 했던 것입니다. 갖가지 회유책들이 주어졌지만 그들은 자신들의 믿음을 포기하지 않았습니다. 수도 없이 전해지는 그런 이야기들 가운데 서머나의 감독이었던 폴리캅의 이야기는 비교적 우리에게 잘 알려져 있습니다.

　　86세의 나이로 폴리캅은 황제를 주로 고백하지 않는다는 이유로 체포되었습니다. 그는 명망 있는 지도자였습니다. 그의 선행은 사람들에게 널리 알려져 있었습니다. 그래서 로마 재판관은 사람들에게서 존경과 칭송을 받을 뿐 아니라 로마의 권위를 잘 따르는 그를 해치고 싶지 않았습니다. 그는 폴리캅에게 제발 한 번만 사람들 앞에서 황제가 주시라는 고백을 해달라고 부탁을 하였습니다. "가이사는 주님이시다. 무신론자들이여, 물러갈지어다."라고 한 번만 외쳐달라고 신신당부를 하였습니다. 황제에게 주님이

시라는 고백을 드리지 않는 그리스도인들이 로마인들에게는 무신론자였던 것입니다.

그리고 폴리캅은 마침내 수많은 군중들이 지켜보고 있는 원형 경기장으로 불려나갔습니다. 관리와 그를 호송하는 로마의 병사들은 한 번만 외쳐달라고 한 손가락을 치켜들었습니다. 폴리캅은 부드럽게 웃음을 띠며 말했습니다. "그대들이 원하는 바가 오직 그것뿐이라면 내가 그렇게 하겠습니다." 그는 로마 관리들과 구경꾼들을 둘러보며 외쳤습니다. "무신론자들이여 물러갈지어다."라고 외친 후 "지난 86년 동안 내가 신실하게 섬겨온 주님은 언제나 나에게 은혜와 자비를 베푸셨습니다. 그런데 내가 어찌 그런 주님을 부인할 수 있겠습니까? 예수 그리스도는 주님이십니다." 그리고 그는 그 자리에서 처형되었습니다.

우리가 보아야 할 국가라는 신

그리스도인들이라면 모두가 초대교회의 이런 이야기들을 알고 있습니다. 그러나 이런 이야기들에 담긴 국가에 관한 교훈은 읽지 못합니다. 초대 그리스도인들이 그렇게 순교를 당한 것은 당시 로마가 황제 신앙을 강요했기 때문이며 오늘날은 신앙의 자유가 허용되고 있기 때문에 오늘날의 국가는 경계해야 할 대상이 아니라 우리가 위해서 기도해야 하는 환경이라고 생각합니다. 그래서 심지어는 교회 안에 태극기를 걸어놓은 교회까지 있습니다. 우리나라의 대부분의 그리스도인들은 북한과 같이 신앙의 자유를 허용하지 않거나 기독교를 용인하지 않는 국가들에 대해서 적대감을 가질 뿐 미국이나 우리나라와 같은 민주주의 국가에 대해서는 전혀 경계심을 가지지 않습니다.

그러나 권력은 본성상 늘 신성으로 옷 입으려 합니다. 그래서 과거 모든 국가들의 황제들은 자신들을 신이라고 하거나 하늘의 아들이라고 하였습니다. 로마의 황제를 신이라고 하였고 중국의 황제는 천자라고 하였습니다. 현대의 국가 역시 마찬가지입니다. 국가의 주권, 권위, 그리고 권력은 신성으로 옷 입고 있습니다. 오늘날 사람들은 현대사회를 탈신성화 사회라고 말하지만 현대사회의 신성이 완전히 사라진 것이 아닙니다. 국가라는 권력이 신성으로 옷 입고 버젓이 존재하고 있지만 사람들이 그것을 보지 못하는 것일 뿐입니다.

스탠리 하우어스는 그의 책 『주여 기도를 가르쳐 주소서』에서 "우리가 자기 자녀까지 버리려 하는 대상이 있다면 그것이 바로 우리의 신이다."라고 말했습니다. 그의 말은 정확합니다. 그렇다면 오늘날 우리가 자기 자녀까지 바치려 하는 대상이 무엇입니까? 국가입니다. 우리는 근대의 정치 철학자들과 마찬가지로 국가를 단순히 시민들의 자발적 합의와 계약의 산물로 보고 싶어 하지만 오늘날 국가는 국민으로 하여금 충성과 숭배를 요구하는 새로운 신이 되어 국민 위에 군림하고 있습니다. 조국이라고 불리는 국가는 단순히 정치기구가 아니라 성스러운 숭배의 대상인 것입니다.

현대인들은 고대인과 같은 방식으로 신성으로 뒤덮인 세계를 상상하지 않습니다. 그러나 현대인에게 남아 있는 유일한 신성한 영역이 있는데 그것이 바로 국가입니다. 국가는 아직도 신화로 덮여 있습니다. 그리고 그것이 통하는 신령한 우상입니다. 아마도 현대인들이 유일하게 마음 깊은 곳으로부터 우러나는 숭고한 감정을 느끼는 대상은 국가뿐일 것입니다. 특히 19세기 이후 출현한 국민국가는 순식간에 인간의 의식 깊은 곳까지 사로잡아 버렸습니다. 그래서 국가가 신이며 우상이라는 인식조차 없이 맹목적으로 신봉하는 신앙의 대상이 되었습니다.

이제 인간은 국가를 떠나서는 가치에 대해 논할 줄도 모르고 사고할 수도 없게 되었습니다. 국가를 떠난 가치는 처음부터 존재하지도 않는 것으로 간주하게 된 것입니다. 국가 이외에 진정으로 의미 있고 목숨을 걸만한 가치가 있는 것은 더 이상 존재하지 않게 되었습니다. 그래서 우리가 살고 있는 시대는 종교에 목숨을 건 사람은 정신이 나간 사람이지만 국가를 위해 목숨을 바친 사람은 위대한 영웅으로 추앙을 받습니다. 진정한 가치는 오직 국가에만 있음을 보여주는 증거입니다.

오늘날 국가는 최고의 가치입니다. 그래서 국가는 모든 선악의 기준이 됩니다. 선이란 무엇인가라는 질문에 사람들은 더 이상 망설이지 않고 대답합니다. 그것은 국가를 위하는 것입니다. 악이란 무엇인가라는 질문에도 주저함 없이 대답합니다. 그것은 국가에 반하는 것입니다. 선과 악의 판단 기준이 자연스럽게 하나님이 아니라 국가가 된 것입니다. 그런데도 그것을 인식하는 그리스도인들은 많지 않습니다. 그리고 그것을 인식하고 하나님과 하나님의 공의에 충실하려고 하는 사람들은 국가가 나서기 전에 먼저 다른 사람들로부터 지탄을 받게 됩니다. 심지어 그리스도인들로부터도 국가가 그런 사람을 처단하는 것은 그러므로 당연한 일입니다.

그렇기 때문에 오늘날 애국보다 더 숭고하고 위대한 행위는 어디에도 없습니다. 국익을 위해서라면 범죄조차 정당화됩니다. 오늘날 우리 주변에서 공익이라는 국가의 편익을 위해서 얼마나 많은 사람들이 희생되는지 모릅니다. 그러나 사람들은 그것을 문제 삼지 않습니다. 그만큼 국가가 신성불가침의 대상이요, 신앙의 대상이 된 것입니다. 국가를 위해서라면 살인과 테러도 범죄가 아니라 영웅적인 행위요, 숭고한 희생으로 추앙받습니다. 반대로 윤리적으로 아무리 옳다하더라도 그것이 국가에 반하면 그것이 곧 악인 것입니다. 선과 악의 판단 기준이 국가라는 사실에서 하나님 나라 백성들은 그것이 또 다른 우상이라는 사실을 볼 수 있어야 할 것입니다.

국가와 결탁한 교회

하지만 제가 이렇게 말해도 아직도 국가가 실감나지 않으실 것이라고 생각합니다. 그동안 우리는 국가를 위해 기도하고, 위정자를 위해 기도하는 것을 그리스도인의 과제라고 배워왔습니다. 물론 기도해야 합니다. 그러나 우리는 우리나라가 하나님 나라보다 중요하지 않을 뿐 아니라 결국 우리나라도 하나님 나라와 대척점에 서있다는 점을 잊지 말아야 할 것입니다. 우리나라도 역사 속의 모든 나라들과 마찬가지로 세상에 속한 나라입니다. 우리가 나라를 위해 기도해야 하는 것은 우리나라가 보다 더 하나님의 공의를 따르고 힘없는 약한 사람들이 잘 보살핌을 받기 위함입니다. 질서가 깨지면 가장 먼저 가장 큰 충격을 받는 것은 언제나 약자들이기 때문입니다. 우리에게는 이미 국가가 잘 되는 것이 곧 하나님 나라가 잘 되는 것이라는 잘못된 믿음이 깊이 박혀있습니다. 그 사실을 우리가 보다 더 잘 이해하고 받아들일 수 있도록 간단히 역사를 살펴보겠습니다.

적어도 초기의 교회는 국가와 거리를 두고 있었습니다. 로마 제국에게 그러한 그리스도인들은 골칫거리였습니다. 10대에 걸친 잔인한 박해가 이어졌지만 기독교는 멸절되지도 않고 수그러들지도 않았습니다. 콘스탄틴은 그런 기독교를 보고 어차피 박해로 없어지지 않을 기독교라면 차라리 인정하여 제국에 도움이 되게 하는 것이 나을 것이라는 판단을 하였습니다. 일종의 발상의 전환이 일어난 것입니다. 그래서 기독교를 공인 종교로 인정하였습니다. 신앙의 자유가 생겨 좋을 것 같았지만 실상 기독교의 공인은 기독교 자체에 심각한 변형을 일으켰습니다.

교회는 콘스탄틴 황제를 13번째 사도로 추앙했으며 로마 제국은 하나님 나라의 지상 모형으로 추켜세워졌습니다. 국가와 교회와의 관계가 급속도로 바뀌게 된 것입니다. 그런데 체스터튼이 말했듯이 그 일은 교회와 국가 사이의 친밀한 관계 제국을 위해서는 좋은 일이었으나 기독교를 위해서는 치명적으로 나쁜 일이 되었습니다. 국가는 하나님의 대리자가 되어 교회의 보호자로 자처했으며 부지불식간에 교회는 국가의 질서 속으로 신속하게 빨려 들어갔습니다. 국가가 하나님 나라의 질서 속으로 들어온 것이 아니라 교회가 세상 나라의 질서 속으로 들어가 확고하게 자리를 잡게 된 것입니다. 오늘날 교회의 인식은 아직도 거기에서 벗어나지 못하고 있는 것입니다.

그때까지 교회는 로마의 행정업무나 군복무를 철저히 거부해왔지만 314년 아를스 종교회의는 행정업무나 군복무를 거절하는 그리스도인들을 출교하기로 결정하였습니다. 모든 것이 근본적으로 뒤바뀐 것입니다. 전쟁에 대한 이해도 달라졌습니다. 유세비우스와 같은 신학자에 의해 하나님 나라의 샬롬과 로마의 팍스 로마나가 동일시되었으며 어거스틴은 '정당한 전쟁' 이론으로 그리스도인들이 전쟁에 참여할 수 있는 이론적 토대를 마련하였습니다. 이것이 그대로 오늘날 한국교회에까지 이어지고 있는 것입니다.

392년 기독교가 로마의 국교가 된 이후 국가와 교회의 혼합은 더욱 빠르게 진행되었습니다. 국가는 강제로 국민들을 기독교로 개종시켰으며, 교회와 사제들에게 재물과 예배처소와 사회적 특권을 부여하였습니다. 그러면서 국가는 자연스럽게 교회를 쥐고 흔들 수 있게 되었습니다. 기독교 고유의 영역이어야 할 신학마저도 황제의 눈치를 살펴 제국에 도움이 되는 방향으로 결정되었습니다. 그 과정에서 예배의 방식이 달라졌으며 이방의 화려한 종교의식이 도입되기까지 하였습니다.

중세 천 년간 황제와 교황 사이의 힘겨루기가 이어졌습니다. 그래서 교황도 군대를 거느리고 세상의 방식으로 힘으로 통치하는 기독교 아닌 기독교가 교회의 뿌리로 자리잡게 된 것입니다. 교황 그레고리 7세와 황제 하인리히 4세의 카놋사의 굴욕 사건은 어떻게 교회가 세상의 권력에 동화되었는가를 분명하게 보여주는 사건입니다. 교황들은 군대를 이끌고 세상을 정복하는 정복자들이 되었습니다. 그런 교황들이 이끄는 교회가 하나님 나라가 될 수 없었던 것은 당연한 일이었습니다.

그러한 현상은 종교개혁 때에도 변하지 않았습니다. 근본적으로 달라야 하는 세상의 나라와 하나님 나라의 방식이 무시되기는 마찬가지였습니다. 루터는 독일 귀족과 손을 잡아야 했고, 칼빈은 제네바 시 정부와 손을 잡았습니다. 쯔빙글리히는 취리히 시 정부와 긴밀하게 결탁하였습니다. 결국 종교개혁은 가장 근본적인 변화이어야 할 하나님 나라로의 전환에서 실패한 것입니다. 그동안 이루어져 왔던 교회와 국가의 조화라는 기독교의 타락을 근절하지 못한 것입니다. 그 반대로 개혁을 이루기 위해 세상 권력에 더욱 의지하는 자가당착에 빠지고 말았습니다.

프랑스 혁명 당시 교회는 왕을 추종하는 왕당파의 일원이었고, 나폴레옹 시대에는 제국주의자가 되었으며 공화정 밑에서는 공화주의자였으며, 파시즘 하에서는 파시스트였으며 나치 치하에서는 나치당의 일원이었습니다. 교회는 늘 주류의 흐름에 편승했으며, 힘 있는 자의 편에 서서 자기 힘을 잃지 않고 강화시키려 했던 것입니다. 그리고 그 일에 있어서는 가톨릭도 개신교도 똑같은 자세와 태도를 취하였습니다. 결국 사랑의 나라이어야 할 교회는 힘의 나라가 되었고, 하나님 나라이어야 할 교회는 세상 나라들과 다름이 없어진 것입니다. 그리고 그러한 슬픈 기독교의 역사는 지금까지도 면면히 이어져 내려오고 있습니다.

그런 기독교를 향해 오늘 우리가 살펴보고 있는 송영은 엄숙한 선언을 하고 있는 것입니다. "나라와 권세와 영광이 아버지께 영원히 있사옵나이다." 세상의 나라들은 영원한 나라들이 아닙니다. 그동안 교회가 좇았던 나라들은 모두 멸망하였습니다. 그리고 지금 좇고 있는 나라들도 모두 멸망할 것입니다. 그러나 영원히 멸망하지 않는 나라가 있습니다. 그것이 바로 하나님의 나라입니다. 그래서 성경은 곳곳에서 우리에게 말하고 있는 것입니다. 우리의 시민권은 하나님 나라에 있습니다.빌3:20 그래서 우리는 세상 속에 있으나 세상에 속한 자가 아닙니다.요17:14

영원한 나라

다니엘서 2장에는 다니엘이 느부갓네살 왕이 꾸었던 꿈에 대해 해몽하는 장면이 나옵니다. 느부갓네살 왕은 한 꿈을 꾸었습니다. 그 꿈이 이상하여 바벨론 모든 지혜자들을 모아 자신이 꾼 꿈에 대해 해몽을 하라고 하였습니다. 그러나 느부갓네살 왕은 자신이 꾼 꿈을 말해주지 않았습니다. 자신이 무슨 꿈을 꾸었는가를 먼저 말하고 그 꿈에 대해 해몽을 해야 믿을 수 있다는 것이었습니다. 결국 아무도 왕이 꾼 꿈을 알지 못했기 때문에 모두 끌려가 죽임을 당할 처지가 되었습니다. 그때 다니엘이 나타나 느부갓네살 왕이 꾼 꿈에 대해 말합니다.

> "왕이여, 왕이 한 큰 신상을 보셨나이다. 그 신상이 왕의 앞에 섰는데 크고 광채가 찬란하며 그 모양이 심히 두려우니 그 우상의 머리는 순금이요. 가슴과 두 팔은 은이요. 배와 넓적다리는 놋이요. 그 종아리는 쇠요. 그 발은 얼마는 쇠요. 얼마는 진흙이었나이다. 또 왕이 보신즉 손대지 아니한 돌이 나와서 신상의 쇠와 진흙의 발을 부서뜨리매 그대에 쇠와 진흙의 놋과 은과 금이 다 부서져 여름 타작마당의 겨같이 되어 바람에 불려 간 곳이 없었고 우상을 친 돌은 태산을 이루어 온 세계에 가득

하였나이다."단2:31-35

왕이 꾼 꿈을 알아 맞춘 다니엘은 이어서 그 꿈을 해몽하기 시작합니다. 느부갓네살이 대표하는 첫째 왕국을 뒤따라 나오는 둘째, 셋째 왕국에 대해서는 거의 언급이 없습니다. 다만 금과 은과 동이 상징하듯이 그 나라들은 느부갓네살의 제국보다 갈수록 열등한 나라가 될 것이라는 점을 언급합니다. 그런데 가장 멀리 떨어져 있는 미래의 나라인 넷째 나라가 주목을 받는 이유는 그 나라가 하나님 나라의 도래하기 직전의 세상 나라를 대표하는 나라임과 동시에 하나님 나라를 대표하는 '뜨인 돌' 혹은 '산 돌'에 의해 직접 타격을 받고 망하는 나라이기 때문입니다. 이 나라가 파괴될 만큼, 이 나라는 중요한 시기에 등장하는 나라인 것입니다.

다니엘서를 해석하는 많은 사람들에 의해 이 네 나라가 어떤 나라를 가리키는지, 그리고 이 넷째 나라가 어떤 나라를 가리키는지에 대해 많은 논란이 있어 왔습니다. 그러나 이 네 나라를 세계사 속의 특정 나라에 결부시키는 것은 그리 중요한 일이 아닙니다. 그것은 상징입니다. 이 나라들은 세계사에 출현한 모든 나라의 대표이자, 하나님 나라가 도래하기 직전의 세계 제국인 철과 흙의 나라가 하나님 나라에 의해 산산조각이 날 것이라는 사실이 더 중요합니다.

하나님 나라에 비하면 세상의 나라들, 역사상에 나타난 모든 나라들은 기껏해야 자기영화와 자기도취적 숭배에 빠진. 철과 진흙이 엉성하게 뒤섞인 나라들에 불과하다는 것입니다. 동서고금의 모든 큰 나라. 세계를 지배하려고 하는 나라들은 사람들의 눈으로 볼 때 강한 나라였을 뿐 하나님의 눈으로 볼 때에는 취약한 나라라는 것입니다. 고대 메소포타미아를 지배했던 앗시리아. 바벨론, 바사 제국은 물론이요, 그리스, 로마, 무적함대를 자랑하던 스페인 그리고 해가 지지 않는 나라인 대영제국, 현대의 미국 , 러시아, 중국 등 세계를 재패한 모든 강대국들은 다만 쇠와 진흙의 엉성한 결합체에 불과한 것입니다.

결국 쇠와 진흙으로 혼합되어 있는 이 나라는 '산 돌' 에 의해 파괴되어, 네 개의 세계 제국을 대표하는 금 신상 자체를 무너뜨리는 데 결정적인 역할을 하고 말 것입니다. 여기서 우리가 보아야 할 중요한 사실은 네 개의 거대한 세계 대제국이 하나의 거대한 신상을 구성했다는 점입니다. 국가가 우상이 된 모습을 우리는 여기서 분명히 확인할 수가 있습니다. 그러나 하나님을 대적하는 나라들은 언제 어디서 출현하든 거대한 신상의 속한 한 부분의 왕국이라는 것입니다. 즉 모든 나라들은 하나님 나라에 의해 파쇄될 세상의 나라인 것입니다. 우리는 여기서 오직 영원한 나라는 "나라와 권세와 영광이 아버지께 영원히 있사옵나이다."라고 주기도의 송영이 밝히고 있는 아버지의 나라, 하나님 나라라는 사실을 마음으로 깊이 받아들여야 할 것입니다.

그러면 오직 영원한 하나님 나라를 믿는 하나님 나라 백성들은 강력해 보이는 이 세상 나라들 속에서 어떻게 살아야 할까요? 그것을 보여주는 성경의 두 경우를 살펴보겠습니다.

나아만

불치병인 문둥병에 걸린 나아만은 이스라엘의 선지자 엘리사를 통해 병이 낫게 되었습니다. 치유의 과정을 통해 하나님의 능력을 경험하였습니다. 그는 하나님만이 유일하게 살아계신 참된 신이라는 사실과 함께 자신의 나라인 아람의 림몬은 참 신이 아니라는 사실을 깨닫습니다. 하지만 그는 다시 아람으로 돌아가 그의 왕을 보좌해야 하기 때문에 왕이 림몬 신에게 절할 때 옆에서 부축해야 하는 그로서는 어쩔 수 없이 림몬 신에게 무릎을 꿇을 수밖에 없었습니다. 그는 그러한 사실을 엘리사에게 말하면서 자신이 부득이 림몬 신에게 분향해야 할 때 하나님께서 자신을 용서해주실 것을 부탁했습니다. 어떤 일이 벌어질 것인가를 알고 미리 사죄를 올린 것입니다. 그런데 그렇게 말하는 나아만에 대해 엘리사는 "평안히 가라."왕하 5:19고 말함으로써 그의 입장을 지지해 줍니다.

나아만은 다시 아람으로 돌아가야 하며, 이방의 왕과 신을 섬겨야 합니다. 그는 분명 오직 여호와에게만 제사를 드리기를 원했습니다. 그러나 어쩔 수가 없는 상황이 그를 기다리고 있는 것입니다. 어쩔 수 없지만 그것은 죄입니다. 그래서 미리 용서를 구합니다. 그는 어쩔 수 없으니 죄가 아니라고 말하지 않습니다. 구차하게 변명을 늘어놓지도 않습니다. 그것은 분명한 죄입니다. 그러나 그는 중심으로는 여호와께만 경배하기로 다짐했습니다. 그리고 약간은 주술적으로 보이는 행위이지만 이스라엘 땅의 흙을 담아갑니다. 그 흙을 깔아놓고 여호와께 경배를 드리겠다는 것입니다.

나아만은 이중적인 삶을 살게 되는 것입니다. 어쩔 수 없이 겉으로는 림몬을 섬기는 것 같지만 실제로는 여호와를 섬기는 삶을 사는 것입니다. 나아만의 그러한 태도는 바로 그리스도인들이 사회적 활동에 참여할 때 가져야 하는 태도입니다. 어쩔 수 없이 사회는 세상의 방식대로 국가를 숭배할 수밖에 없습니다. 그렇다고 무작정 그대로 따르지는 않습니다. 마음의 중심으로는 하나님의 법을 따릅니다. 그러나 불가피하게 겉으로는 우상을 숭배하게 됩니다. 국가에 충성하는 것이 바로 그러합니다. 그리고 나아만과 같이 내적 투쟁과 긴장의 상태로 살아가는 것이 바로 세상을 살아가는 하나님 백성의 삶의 태도입니다.

다니엘과 세 친구

나아만보다 조금 더 적극적인 예가 있습니다. 바로 다니엘과 그의 세 친구들의 경우입니다.

바벨론과 같은 고대 세계의 제국들은 다문화적이고 다인종적인 복합국가였기 때문에 피정복민 출신 엘리트를 양성하여 피정복민 통치에 활용하는 것은 흔한 일이었습니다. 바벨론 제국은 유다에게도 같은 정책을 실시하였습니다. 엘리트 유대인 청년들을 3년간 교육훈련하여 그들을 바벨론의 관원으로 활용하였습니다. 오늘날로 치면 일종의 공무원교육을 시킨 것입니다. 교육기간 동안 왕은 청년들에게 왕이 지정한 음식과 포도주를 공급하였습니다. 일종의 특별대우를 하면서 고급 관리 양성을 한 것입니다. 다니엘과 세 친구는 바로 그런 엘리트 유대인 청년들이었습니다.

바벨론의 환관장 아스부나스는 가장 먼저 그들의 이름부터 바벨론식으로 개명을 하였습니다. 다니엘은 벨드사살, 하나냐는 사드락, 미사엘은 메삭, 그리고 아사랴는 아벳느고라고 개명을 하였습니다.7 그들의 이름은 여호와 하나님을 향한 열정과 충성심을 표현하는 이름 대신에 바벨론 신을 섬길 의지를 드러내는 이름으로 바뀌었습니다. 미사엘은 '누가 하나님과 같은가', 하나냐는 '하나님은 은혜로우시다.', 아사랴는 '하나님이 도우셨다'를 의미했습니다. 그런데 미사엘은 메삭 즉 바벨론 땅의 여신의 이름을, 아사랴는 아벳느고 즉 바벨론의 신인 느고의 종이라는 뜻으로, 하나냐는 사드락으로 이는 바벨론의 신 아쿠의 명령이라는 뜻으로 바뀐 것입니다. 그리고 하나님이 재판하신다라는 의미인 다니엘은 벨바벨론의 신이여 왕을 보호하소서라는 의미의 벨드사살이 된 것입니다.

그들의 이름이 상징하는 바가 그들의 운명이 되었습니다. 그들의 유대식 이름대로 하나님의 사람이 될 것인가 아니면 개명대로 바벨론 신들의 종이 될 것인가 이제 그들은 운명의 기로에 서게 된 것입니다. 바벨론은 가장 기본적인 의식주를 통제하면서 그들이 바벨론 신의 수하가 되지 않을 수 없도록 압박을 가해온 것입니다. 바벨론 제국이라는 거대한 세속사의 한복판에서 하나님의 자녀라는 정체성을 부정당할 위기에 처한 다니엘과 세 친구는 그러나 자신들에게 닥친 위기에 결연하게 대처합니다.

왕의 산해진미와 포도주로 자신들을 더럽히지 않으려는 위대하고도 단호한 결심을 하기에 이른 것입니다. "뜻을 정하여 왕의 음식과 그가 마시는 포도주로 자기를 더럽히지 아니하리라."는 굳센 결심을 한 것입니다.8 이 결심은 단순한 결심이 아니었습니다. 생명을 걸고 하나님 백성의 정체성을 지키기 위해 내린 결단이었습니다. 제국의 영화를 바라면서 거기에 빌붙어 살기를 정면으로 거절한 것입니다. 적진의 한복판에서 적들의 요구를 거절하고 하나님의 뜻대로 살 것임을 표명한 것입니다.

곤란해진 것은 그들의 교육을 책임지고 있는 환관이었습니다. 그는 어떻게 하든 그들을 회유하여 바벨론을 위해 일하도록 만들 책임이 있었습니다. 또 거기에 그의 목숨이 달려 있었습니다. 그런 환관에게 세 청년은 타협안을 내놓았습니다. 왕의 진미를 거절하고 채식만을 하는 대신 자신들의 얼굴이 꺼칠해지면 다시 왕의 진미를 먹기로 한 것입니다. 그것은 절대로 불리한 상황 속에서도 여전히 하나님을 절대적으로 신뢰하는 그들의 믿음이 담겨 있는 제안이었습니다. 그리고 그들은 자신들을 지켜주시는 하나님의 능력을 경험할 수 있었습니다.

그들이 처음 선택한 것은 단순한 음식이었습니다. 그러나 작은 것에 충성한 그들의 믿음은 큰 위기의 순간에도 변하지 않았습니다. 그래서 그들은 금 신상에 절하지 않으면 죽게 되는 상황 속에서도 기꺼이 바른 길을 걸을 수 있었습니다. 그리고 그들의 위대한 믿음의 진술이 담겨 있는 '그리

아니하실지라도'가 담겨 있는 유명한 말을 남기게 되었습니다.

"느부갓네살이여 우리가 이 일에 대하여 왕에게 대답할 필요가 없나이다. 만일 그럴 것이면 왕이여 우리가 섬기는 우리 하나님이 우리를 극렬한 풀무 가운데서 능히 건져내시겠고 왕의 손에서도 건져내시리이다. 그리 아니하실지라도 왕이여 우리가 왕의 신들을 섬기지도 아니하고 왕의 세우신 금신상에게 절하지도 아니할 줄을 아옵소서."단3:16-18

다니엘 역시 세 친구와 마찬가지였습니다. 나중에 그가 사자굴에 던져지게 되었을 때에도 그는 예루살렘을 향하여 공개적으로 기도하기를 멈추지 않았습니다. 그들이 보여주는 것이 바로 국가와 하나님 나라에 관한 우리의 삶의 태도입니다. 세상은 우리에게 자신의 방식대로 살라고 명령합니다. 국가는 신이 되어 우리에게 헌신을 요구합니다. 그러나 따를 수 있는 명령이 있고 헌신할 수 있는 부분이 있습니다. 따를 수 없는 명령이 있고, 헌신하지 말아야 할 부분이 있습니다. 그것이 바로 "나라와 권세와 영광이 아버지께 영원히 있사옵나이다."라고 기도하는 하나님 백성의 세상을 사는 삶의 자세입니다.

세상 나라인가 하나님 나라인가?

우리는 성경의 가르침을 따라 국가의 권위에 순복해야 합니다.롬13:1 치안을 유지하고 질서를 유지하고 세금을 내는 등의 국가의 업무에 최대한 협조해야 합니다. 그렇게 하는 것이 우리가 마땅히 해야 할 일이며 그런 부분이 바로 우리가 세상의 나라를 향해 헌신할 수 있는 부분들입니다. 하지만 국가가 자신의 권위에 신성의 아우라를 덧입히려 할 때, 그리고 국가의 활동과 기능이 절대적이라고 주장할 때 그리스도인들은 국가가 서지 못할 곳에 선 가증한 물건막13:14이 되어 간다는 사실을 똑똑히 알아야 합니다.

기독교 신앙의 핵심은 하늘 아래 그리고 땅 위에 오직 영원한 나라는 한 나라밖에 없다는 것을 믿는 것입니다. "나라와 권세와 영광이 아버지께 영원히 있사옵나이다."는 바로 그러한 우리의 믿음의 고백입니다. 하나님께서 창조하신 이 온 우주에 신은 오직 여호와 한 분뿐 이시고 나머지는 다 피조물입니다. 어떤 피조물에도 신성이란 존재하지 않습니다. 그런 의미에서 국가는 그리스도인들에게 신앙을 강요할 수 없습니다. 왕은 오직 한 분뿐이시며 오직 그분의 나라만이 영원하다는 사실을 우리는 주기도의 송영에 담아 드리는 것입니다.

만일 우리가 영원한 나라는 오직 하나님 나라 뿐이며 교회의 머리이신 그리스도께서 역사의 주인이시며 왕이시라는 사실을 믿는다면 우리는 국가 권위의 신성모독적 행위에 대해서 고분고분 순응할 수는 없을 것입니다. 만일 진정으로 우리가 하나님을 세상의 주인이시요, 유일하신 참 신이요, 오직 우리가 섬겨야 할 한 분 왕이시라는 사실을 믿는다면 우리는 국가를 향해서 겸손할 것을 명해야 합니다. 국가의 위선과 거짓을 그치게 해야 할 것이며, 진정으로 국민 한 개인의 존엄성을 무한히 존중하는 봉사자가 되라고 요구해야 할 것입니다.

그리고 이러한 요구가 정권을 쟁취하고, 막강한 권력을 손에 쥠으로써가 아니라 그리스도를 따르는 제자로서 하나님나라의 삶을 살아낼 때 자연스럽게 국가와 생산적으로 불화하게 됨으로써 가능해질 것입니다. 오늘날 그리스도인들은 국가와 그리스도 사이에서 누가 자신의 왕이신가를 선택해야 할 것입니다. "대개 나라와 권세와 영광이 아버지께 영원히 있사옵나이다." 그것은 바로 하나님 나라 백성의 선택이며 동시에 그 선택의 이유입니다.

머리말

예수의 추종자들은 어떻게 정부와 관련되는가? 북미의 많은 그리스도인들은 절대 이런 질문을 하지 않는다. 그들은 다만 투표, 뱃지 달기, 국기 게양, 세금 납부 등으로 정부와 맺는 관계를 당연하게 여길 뿐이다. 그들의 목사나 좋아하는 작가들이 그 관계를 승인했기 때문에, 그들은 편안하고 그들의 입장은 다시 정당해진다. 그들이 하는 일이 바로 성서가 가르치는 것처럼 보인다.

그러나 동시에 오늘날 많은 그리스도인들은 그 관계를 이상하게 여기기 시작한다. 어떤 사람들은 이미 오늘날 세상에서 주저하지 않고 자신을 제국의 방식에 내어주면서 악한 제국의 폭력에 의해 죽임을 당한 양을 예배하는 명백한 모순에 대해 목소리를 높인다. 많은 사람들은 화질 좋은 HDTV에 연결된 값비싼 음향 설비를 즐기면서 잘 갖추어진 집에 편안히 앉아 있는 동안 가난한 갈릴리사람을 따르는 것이 가능하냐고 의아해 한다. 많은 사람들은, 인종이나 경제적 사정이나 정치에도 불구하고 그들의 구세주이며 주님인 이가 기도하는 한 가지가 그들의 통일이기에, 교회가 민족적, 경제적, 정치적 노선에 따라 그토록 갈라지는 이유에 대해 의아해 한다.

그렇다면 오늘날 그리스도인들은 어떻게 정부와 관련되는가? 그들은 이곳 미국에서 두 가지 가능성을 물려받았다. 그 첫 번째는 존 윈스롭John Winthrop에게서, 두 번째는 로저 윌리엄스Roger Williams에게서이다.

존 윈스롭은 여러 면에서, 즉 보스톤의 청교도 설립자로서의 리더십으로 꽤 유명하고 "그리스도인의 사랑의 모델The Model of Christian Charity"이라는 제목의 설교는 더욱 유명하다. 그는 설교에서 메사추세츠 베이 캄퍼니Massachusetts Bay Company에서의 청교도 실험을 "산 위의 동네"에 비유했다. 그 산 위의 동네는 강압에 의해 실패한 실험이 되었다. 사람들이 그들의 동료 청교도들에게 동의하는 한, 그리고 그 동의가 길고 긴 목록으로 유지되는 한 그들은 안전했다. 극소수만이 청교도들이 설립한 교회에서 완전한 회원으로서 승인을 받았다. 어떤 사람들은 박해를 받았고, 몇몇은 추방당했고, 얼마는 사형을 당했다.

윈스롭의 청교도 실험은 콘스탄틴주의의 청교도 버전이다. 그것이, 특별히 청교도 저술가 윈스롭과 조나단 에드워즈와 같은 들에 의해 믿음이 양육된 사람들에게는 귀에 거슬리게 들릴지도 모르지만, 윈스롭의 청교도 설립에서의 강압적인 행동들에서 그들의 밀접한 관계가 모조리 드러난다. 나다니엘 호손이 주홍글씨 또는 단편소설 "영 굿맨 브라운"Young Goodman Brown에서 생생하고 비극적인 윤곽으로 묘사한 내용은 청교도의 실험을 왜곡하기보다는, 그것의 실재를 대담한 이미지와 표현으로 비난한 것이다.

정치적 좌파는 마치 청교도들이 금방이라도 권력의 자리에 다시 앉으려 하는 것처럼 대담하게 매체에서 묵시적인 공포로 몰아가지만, 미국에는 그렇게 많은 청교도들이 남아있지 않다. 대신 아브라함 카이퍼Abraham Kuyper와 같은 사상가에게서 발견되는 이론과 절차와 전략으로 수정됐는데, 이런 사상가들은 "영역 주권"이라는 개념을 통해 그리스도인들이 정부와 맺는 관계를 정리한다. 그리고 이 개념으로, 각 영역예를 들어, 교육, 정부, 예술, 교회 등은 자체의 고유한 규칙과 규정 및 절차의 방식을 지니게 된다. 카이퍼가 19세기와 20세기에 네덜란드를 위해 만들었던 것은 미국에 도달했을 때 새로운 형태를 취했지만, 그 비전은 대부분 똑같다. 즉 미국 그리스도인은 다양한 문화들에 영향을 미칠 만큼 충분히 강력한 기독교 문화를 건설하고자 열심히 일하는 것을 자신의 의무로 생각했고, 그렇게 미국인의 삶에서의 다양한 차원의 구원을 이야기했다.

나는 대부분의 미국 복음주의 그리스도인들이 이렇게 청교도식으로 새롭게 발전시키고 조정한 카이퍼의 비전을 기반으로 움직이고 있는 것이 아닌가 하고 생각한다. 사람들은 칼 헨리 크리스천 투데이, 도덕적 다수 주요한 개신교 문화 기독교Protestant cultural Christianity와 다양한 해방신학의 유형들의 행동과 많은 사역에서 이런 유형의 비전을 보게 된다. 확실히, 이것은 매우 다른 접근 방법이지만, 핵심 사상은 그리스도인의 소명이 기독교 비전으로 국가에 영향을 주는 것이다. 그들은 매우 강하게 자신이 선하고 바르다고 믿고 싶어한다.

윈스롭 때문에 고통을 받았던 사람들 가운데 한 사람은 로저 윌리엄스Roger Williams이다. 그는 지도자들의 강력한 영향력을 통해 개인의 영혼의 자유를 극대화하고 정부의 핵심 권력을 최소화하는 단 하나의 비전을 가지고 영국에서 미국으로 왔다. 윌리엄스는 용기 있게도 영혼의 자유라는 관념이 교회와 정부 사이를 분리하는 벽을 가지고 있는 종교다원주의까지 보호하도록 했다. 어쨌든 분리의 벽에 대해 처음 가르친 사람은 토마스 제퍼슨이 아니라 윌리엄스였다. 토마스 제퍼슨, 벤자민 프랭클린과 같은 미국의 제도권 지도자들 대부분은, 비록 로저 윌리엄스의 이름이 그들의 논의에서 거의 등장하지 않지만, 그의 비전을 시행하였다.

그리스도인들이 기독교적 방향성을 가지고 정부에 영향을 주는 청교도 전략과 영혼의 자유를 보호하고자 일하는 정부에 대한 윌리엄스의 전략이라는 이 두 가지 사고의 흐름의 결과는, 미국 사고와 행위의 모든 분야의 일상적 토대가 되었다. 대부분의 사람들은 그들이 선하고 진실하다고 믿는 것을 위해 공적 분야에서 일하고, 동시에 대부분의 사람들은 그들의 개인적 자유와 양심이 보호되기를 원한다. 누가 가장 많은 표를 획득하는가의 방식이 기독교인이 참여하는 방식과 종종 동등하다고 여겨진다.

그러나 이 두 가지 사고의 흐름은, 그것이 미국 기독교 사상에 대한 대다수의 관점이라 할지라도, 유일한 두 가지가 아니다. 『예수의 정치학』으로 가장 잘 알려진 존 하워드 요더는 다수의 투표를 획득하여 이루어진 것이라 해도 고압적인 태도를 취하지 않는, 제삼의 방식을 제시한다. 비록 제삼의 방식이 로저 윌리엄스의 개념에 의존한다 할지라도, 그 방식은 그의 개념을 능가한다. 이것이 교회 정치학의 방식이다. 즉 교회가 문화에 참여하지만, 교회의 참여는 예수의 삶과 가르침에 근거한 대안적 정치 역학으로 가장 잘 이해되며, 이것은 하나님이 이스라엘과 함께 하는 방식의 역사에서 나타난다.

요더의 교회 정치학도 폭력, 학대, 강압 대신, 사랑, 봉사, 순종, 희생의 정치인 십자가의 정치학에 근거한다. 요더의 교회 정치학은 예수의 종말론적 비전이 단지 미래를 위한 것이 아니라 현재를 위한 것이라고 믿는 하나님나라의 정치 강령이다. 우리는 세상에 우리의 왕 메시아인 예수 그리스도의 진리를 드러내는 삶의 방식을 구현하는 방법을 찾는, 예수의 다른 추종자들과의 교제 안에서 그것을 살아내야 한다. 이 책의 글들은 미국의 상황에서 독특하게 형성된 신학, 곧 두 가지 다른 선택만 있었다면 기독교적으로 완전하게 의미가 통하게 할 수는 없었을 신학을 구하면서 요더가 했던 많은 대화를 구체화한다.

－ 스캇 맥나이트 Scot McKnight

『배제의 시대 포용의 은혜』, 『예수신경』, 『예수 왕의 복음』의 저자

감사의 글

이 책은 팀 사역으로 이뤄졌다. 세 명의 편집인 이외에, 1장과 연관된 오디오와 파일들을 녹취 정리한 아론 우즈Aaron Woods와 조단 켈리컷 4장을 녹취한 엘야Elya와 제이콥 헤스 녹취한 몇 개의 어려운 원고를 출판할 수 있는 문서로 만드는 데 도움을 준 셀리아 랄슨 그리고 최고의 편집을 요구했던 1장과 6장의 편집에 신선한 통찰로 도움을 주었던 테드 트록셀Ted Troxell에게 특별한 감사를 드린다.

우리는 통찰력 있는 머리말을 써준 스콧 맥나이트, 문서가 출판될 수 있도록 도운 헤럴드 프레스의 출판팀, 아버지의 중요한 작품들을 더 많은 독자들이 이용할 수 있도록 돕고자 하는 우리의 노력을 지지해준 말타 요더 마우스트Martha Yoder Maust에게도 감사의 마음을 전한다.

서 론

"당신이 정치에 관심이 있다구요? 그것 참 이상하군요. 당신은 지난 가을 대통령 투표도 하지 않았잖아요." 누군가가 이 질문을 우리 중 한 사람에게 물었는데, 이 질문은 많은 그리스도인들이 어떻게 신앙과 정치에 접근하는지를 대변한다. 이들은 "정치"에 대한 서양 문화의 정의口를 기존 사실로 받아들이고서, 자신들이 누구에게 투표해야 하는지, 그리고 그리스도인들은 유산, 동성 결혼, 건강관리 및 총기 규제와 같은 중대한 주제에 대해 어떤 입장을 취해야 하는지를 묻는다. 이들은 보수주의자, 자유주의자, 공화당원, 민주당원과 같은 용어들을 중심으로 돌아가는 지배적인 정치 틀이 정치의 모든 논의에 대한 기본적인 토대를 이룬다고 여긴다. 그런 후에 이들은 기독교를 이 문화적 틀과 연관시킨다. 결과적으로 정치적으로 우파인 그리스도인들은 정치적으로 좌파인 그리스도인들에 맞서면서, 신자들은 결국 자신들의 문화만큼이나 양극화된다.

존 하워드 요더는 이 전체 틀을 완전히 뒤집는다. 요더는 자신의 문화에서 정치를 정의하는 것으로 시작하지 않고, 성서 이야기, 즉 예수와 그가 정치에 초점을 두는 이야기로 시작한다. 요더는 모든 정치적인 것들에 대해 외부에서 내리는 정의를 전제하기보다는, 하나님의 계시가 어떻게 우리의 사고를 형성하는지를 보려고 성서를 찾는다. 그가 이렇게 할 때, 보통 종교와 정치 사이에 일반적으로 명시되는 매우 뚜렷한 경계는 성서 어디에서도 발견되지 않는다는 사실이 분명해진다.

그 이유는 예수가 매우 종교적이면서도 동시에 매우 정치적인 혁명을 시작했기 때문이다. 예수는 이스라엘의 메시아로서, 왕의 직위를 주장하며, 하나님의 통치가 자신에게서 성취된다고 선언한다. 그런 후에 예수는 자기 주변에 공동체를 모으고, 그들에게 모든 사회적이고 정치적인 차원에서 하나님과 서로 간에 그리고 더 넓은 사회와 적절하게 관계를 맺는 방법을 보여준다. 하지만, 예수가 선포하는 하나님나라는 이중으로 혁명적이다. 예수는 폭력적인 혁명으로 경쟁자인 나라들에 맞서지 않고, 하나님 나라가 지배보다는 섬김, 억압보다는 연약함, 두려움보다는 사랑에서 두드러진다고 주장한다. 예수는 자신을 따르는 이들에게 여러 면에서 순수한 정치적 질서에 기본이 되는 방식으로, 증오, 권력, 갈등, 돈, 공동체에 어떻게 접근할지를 가르친다.

예수가 주님이라는 교회의 핵심 주장은 종교적이면서도 정치적이기 때문에, 교회의 삶은 종교적이면서도 정치적이다. 이 책의 글들은 그리스도인들이 모든 영역에서 그리스도의 통치권을 단결하여 실행해야만 한다는 요더의 확신을 반영한다. 첫 질문은 모든 사람 또는 누구나가 무엇을 해야 하는가가 아니라, 어떻게 그리스도인들은 하나님의 영의 능력을 받고, 하나님의 말씀이 알려준 하나님나라의 방식으로 자신들의 삶을 관리해야 하는가이다.

하지만 예수는 교회만의 주님이 아니다. 예수는 모든 권세들과 통치자들이 자기에게 복종하도록 하면서, 우주 전체에 군림한다. 그래서 요더는 그리스도인들에게는 비그리스도인과 국가를 포함해서 모두에게 말해야 하는 정치적인 것이 있다고 주장한다. 보좌, 지배, 통치자와 권세들을 포함해서 하늘과 땅의 만물이 그를 통해서 그리고 그를 위해서 창조됐기 때문에, 골1:16 교회는 모든 것에서 그리스도를 증언해야만 할 필요가 있다.

이것이 우리의 혁명적 시민권을 만드는 것이다. 우리는 외부인들, 즉 "거류민과 나그네"벧전2:11인데, 우리의 진짜 시민권은 하늘에 있다.빌4:20 하지만, 우리는 동료 그리스도인들에게 현실이 실제로 어떤지와 어떠해야 하는지에 대해 말할 수 있을 만큼 담대하다. 대부분의 거류민들과 다르게, 우리는 우리가 다르다는 이유로 이 땅의 국가에 대해 관심이 없지는 않다. 우리는 인간의 죄가 우리의 삶과 정치를 오염시키는 방식에 대해 진실하게 말함으로써, 우리가 살고 있는 도시의 유익렘29:7을 추구한다. 이로 말미암아 때로 우리는 우리가 사는 국가와 반목하게 된다. 하지만 그리스도인들이 때로 "국가에 맞서는" 존재들이라는 인상을 준다면, 예수가 죄인들의 궁극적인 선을 위해 스스로를 죄, 죽음과 부패에 맞서게 했듯이, 이것은 궁극적으로 우리가 "국가를 위하기" 때문이다. 혁명적인 그리스도인의 시민권은, 자신의 머리를 둘 곳이 전혀 없었지만, 가는 곳마다 하나님의 통치와 그것의 함축적 의미를 선포했던 섬기는 왕의 혁명을 지속한다는 것을 의미한다.

모두를 위한 요더 시리즈

요더의 목소리가 계속 학문적인 기독교의 조망에 울려 퍼졌지만, 그 목소리는 오늘날의 일반 그리스도인에게 전해진 적은 거의 없다.1) 이것은 부분적으로 요더의 출판된 대부분의 책들이 학자들을 겨냥했기 때문이다. 하지만 많은 경우 요더는 지역 회중과 대학 예배와 수련관에서 일반 그리스도인들에게 메시지를 전했다. 불행히도 이들 대부분이 출판되지 않았거나 대중적이지 않은 잡지에 출판됐다. 일부는 음성 파일로만 이용가능하다.

---

1) 요더에 대한 더 많은 생애 정보에 대해 『근본적인 기독교 제자도』(*Radical Christian Discipleship*)의 서론을 보라.

우리는 요더가 모든 일에서 예수를 따르라고 도전한 것이 여전히 학문 세계 밖에서도 들을 필요가 있다고 믿기 때문에, 이 시리즈의 편집자들은 이 자료를 모아 출판했다.

이 시리즈의 첫 번째 책인 『근본적인 기독교 제자도』Radical Christian Discipleship는 2012년에 출판됐다. 이 책은 개인 그리스도인들이 어떻게 자신들의 삶의 모든 면에서 완전하게 예수를 따르도록 부름 받았는지에 집중한다. 이 책은 그리스도에 대한 기독교적 일치의 특성을 자세히 설명하고, 재정, 시간 관리, 자기주장, 민족주의, 진리 말하기를 포함해서 다양한 이슈를 다룬다. 그리스도의 급진적인 주장을 신중하게 받아들이고자 하는 자들은 이 책으로 시작하는 것이 적절할 것이다. 요더에게 "급진적인"이라는 표현은 시기가 적절했을 때, 달려드는 변덕스러운 유행이 아니었다. 이것은 요더의 삶을 규정하고, 그의 사상을 파고들었다.

두 번째 책, 『혁명적 기독교 시민권』Revolutionary Christian Citizenship은 2013년에 출판되었다. 이 책은 그리스도인들이 어떻게 그들이 살고 있는 국가에 참여할 수 있는가에 관한 성서적 기초를 마련한다. 이 책은 예수의 사역에 대한 정치적 본성으로 구축되기 때문에, 그리스도인들이 권력, 원수 사랑, 국가에 대한 그리스도인의 증언과 같은 다양한 개념들에 관하여 생각하도록 돕는다. 이 책은 선거, 가정 지키기, 세금 납부, 전쟁 참여와 같은 특별한 주제들을 탐구한다. 요더의 가장 유명한 책, 『예수의 정치학』The Politics of Jesus은 장기간에 걸친 학술적인 논쟁의 흐름 가운데로 들어가게 하기 때문에 종종 독자들을 좌절시킨다. 이 책에서 대부분의 독자들은 최상의 통찰들을 적절한 형식으로 결정적으로 이용할 수 있다.

세 번째 책, 『진정한 그리스도인의 교제』Real Christian Fellowship는 2014년에 출판됐고, 그리스도의 몸의 지체들이 어떻게 공동체로서 서로에게 관계되는가에 초점을 둔다. 이 책은 찬양, 빵을 나눔, 의사결정, 성령의 은사들의 행사, 서로에 대한 책망, 가난한 자들을 섬기기, 믿음과 신실함으로 살기를 포함하는 그리스도인의 핵심 실천들을 다룬다. 이 책은 특별히 중요한데, 그 이유는 요더가 오래도록 망각했던 이 실천들의 중요한 성서적 차원을 회복하기 때문이다. 작은 시골 교회나 도시의 큰 교회의 지체이건 간에 이 책은 그리스도의 몸의 일상생활 안에 신선한 공기를 불어넣을 것이다.

혁명적 기독교 시민권

현재의 책은 세 부분으로 나뉜다. 1부는 예수의 증언에 초점을 둔다. 예수는 하나님일 뿐만 아니라 완전히 인간이기 때문에, 우리 인간성을 위한 패턴과 우리 정치를 위한 기준을 제공한다. 우리는 예수를 보고 귀 기울임으로써, 우리 삶과 모든 피조물을 위한 하나님의 뜻을 이해한다. 그러므로 1부의 장들은 예수의 사역의 정치적 특성을 자세히 설명하고, 사람들이 예수에 대해 잘못 이해할 수 있는 흔한 오류를 바로잡으며, 예수가 회피할 수 없는 정치적 증언의 방식으로서의 십자가를 권고하고 있음에 주목하도록 한다. 1부의 마지막 장은 예수가 어떻게 구약의 전쟁과 관련되는지에 대한 중요한 질문을 다룬다.

2부는 교회의 증언에 초점을 둔다. 예수는 정치적일 뿐만 아니라, 구체적인 정치적 증언으로 새로운 공동체를 세웠다. 이 장들은 기독교 공동체를 위한 하나님의 정치적 비전을 밝히며, 우리를 둘러싸는 더 구체적인 정치적 공동체를 향한 교회의 기본적인 자세를 서술한다. 하나님나라는 국적을 초월하며, 참으로 세계적이기는 하지만, 지역의 정치적 실재들—도시, 국가 또는 민족이든—은 그리스도의 전 세계적인 몸보다는 근시안적이며 지역적이다. 일부 그리스도인들은 요더와 같은 평화주의자가 국가에 대해 말할 것이 없을 것이라고 생각할 수 도 있지만, 이 글들은 모든 사람들 가운데 그리스도인들은 국가에 대해 증언할 수 있고 증언해야만 한다는 요더의 신념을 부각시킨다.

3부는 실행 중인 기독교의 정치적 증언에 대한 구체적인 주제들에 초점을 둔다. 요더는 투표, 세금 납부, 군비 경쟁, 양심적 병역 거부와 같은 문제들을 분명하고 통찰력 있게 분석한다. 3부는 원수 사랑에 대한 철저한 헌신을 주창하는 자들에게 가장 흔한 질문, "누군가가 당신의 가족이나 사랑하는 자들을 공격한다면 당신은 어떻게 하겠는가?"로 시작한다. 또한 3부는 요더가 전몰장병 추모일에 전했으며, 어떻게 그리스도인들이 국가 공휴일에 참여할지를 유용하게 밝히는 설교를 포함한다. 요약하자면 3부는 1부와 2부의 성서적이며 신학적 관점이 그림의 떡과 같은 윤리가 아니라는 것을 보여준다. 이 관점들은 날마다 예수를 따르는 자들이 직면하는 중요한 문제에 대한 토대를 다룬다. 이 장들은 결합되어, 기독교 평화 증언이 한 두 개의 유명한 증거 본문이 아니라 그리스도와 그의 백성들을 통해 이 세상에서 하나님의 사역에 대한 총체적인 비전에 기초한다는 사실을 분명히 한다.

편집상의 관심들

이 모든 글들은 역사적인 상황에 자리매김하기 때문에, 독자들은 요더가 냉전 시대의 군비 경쟁, 구소련, 공민권 운동, 징병 문제, 베트남, 그가 글을 쓰던 시기의 다른 신문 표제가 다루었던 사람들에 대해 언급하는 것을 보고 놀라지 말아야 한다. 때로 편집자들은 각주를 제공하거나 이런 언급이 가지는 위치를 정하고자, 본문에 간단한 설명을 덧붙였다. 독자들은 자신들의 상상력을 활용할 수 있도록 고무되겠지만, 지난 수십 년과 오늘날 교회가 직면하고 있는 주제들 사이의 유사점을 발견하는 데 약간의 어려움이 있을 것이다. 그리스도인들이 하나님나라의 시민권과 특정한 나라들의 거주를 둘러싼 장기간 계속되는 문제들에 직면하기 때문에, 교회에 대한 요더의 도전은 오늘날에도 적절하다.

우리의 목표는 요더의 작품을 이해하기 쉬운 형태로 이용이 가능하도록 만드는 것이기 때문에, 우리는 그의 저술들을 가능한 읽기 쉽게 편집하였다. 우리는 본래의 설교나 글들의 본질을 훼손하지 않고 유지하려 했다. 때로 어순을 바꾸고, 지나치게 장황한 문장을 간략하게 하고, 구두점을 조절하거나, 문장의 흐름을 개선하고자 단어나 구절을 더하였다. 오디오 파일에서 녹취한 장들에는 더 많은 편집이 필요했다. 요더 생애 후기에 포괄적 성에 대한 의식 기준이 마련되었으므로, 우리는 요더의 용어를 그 기준에 맞추었다. 성서 인용들은 NRSV로 바꾸었다.

이 글들의 대부분의 정보적 특성들을 고려할 때, 원문들에는 각주를 달지 않았다. 이 책의 모든 각주들은 그러므로 편집자가 삽입하였다. 어떤 각주는 그렇게 하지 않는다면 독자들에게 효과가 없어질 특별한 자료들의 상황을 분명히 했고, 어떤 것들은 각 글의 출처를 표시했고, 어떤 각주는 독자들에게 요더가 같은 주제에 대해 더 자세하게 이야기한 자료들을 알려준다. 요더의 특별한 주제에 대해 더 다루는 곳을 확인하기 원하는 사람들은 무료 온라인 요더 색인을 사용할 것을 권장한다.http://www.yoderindex.com

제1부 · 예수의 증언

1. 예수와 정치[2]

공적인 증언에 깊이 관심을 두는 그리스도인들은 예수가 정치적인 사람이었는지 그리고 그렇다면 예수는 어떤 종류의 정치적인 사람이었는지 묻지 않을 수 없다. 이것은 중요한 질문인데, 이는 대부분의 기독교 전통에서 예수님이 직접적으로 우리가 정치라고 부르는 것과 연결되지 않는다고 주장하기 때문이다. 이 장은 예수의 정치적 상관성에 대한 흔한 반대를 평가하고, 누가복음에 따라 예수의 정치적 중요성을 보여주며, 예수는 어떤 종류의 정치적 증언을 옹호했고 옹호하지 않았는지를 논의한다.

정치적 예수에 대한 반대

정치적으로 중요한 예수라는 개념에 대한 반대를 가장 잘 이해하고 평가하려면, 우리는 먼저 "정치"를 정의해야 한다. 대부분의 사람들은 정치가 광범위하게 사회에 영향을 미치는 권력과 부와 의사결정의 영역을 의미한

---

2) 이 글은 세 강연을 결합한다. 첫째, "예수는 정치적인 사람이셨는가?"(Was Jesus a Political Person?)는 1973년 10월 22일 고센 대학 예배에서 강연했다. 나머지 "예수님은 어떤 종류의 정치적 사람이셨으며 왜인가"(What Kind of Political Person Was Jesus and Why?) 1부와 2부는 원래 1978년 홀든 마을에서 강연했으며, 이 책을 위해 허가를 받고 사용했다. 홀든 마을은 종종 주목을 받는 연설자를 초대하는 루터파 수양 센터이다. 더 많은 정보를 위해서는 http://www.holdenvillage.org/를 방문하라. 이 강연의 길이와 정보 특성 때문에, 우리는 이 책의 다른 장들보다 더 축약하고 편집해야 했다. 다른 강연자와 더불어 원본 MP3를 http://audio.holdenvillage.org/node/3734.에 있는 홀든 마을의 온라인 음성 자료에서 다운로드할 수 있다. 이 책의 1부에서 다뤄진 주제에 대해 더 깊이 읽으려면 다음을 보라, John Howard Yoder, 『예수의 정치학』*The Politics of Jesus*, 2nd ed. (Grand Rapids: Eerdmans, 1994).

다고 생각한다. 정치는 도시polis와 관련이 있다고 말하는 것이 더욱 적절하다. 정치는 어떻게 특정 장소에 있는 특정 사람들이 자신들의 삶을 함께 관리하는가이다. 성서는 이것에 대해 처음부터 끝까지 말한다. 아담과 하와는 어떻게 그들이 사는 세상을 관리해야 하는지에 대한 지침을 받는다. 노아, 아브라함, 모세, 예언자들은 인간 공존의 형태에 대해 구체적인 지침을 받는다. 성서는 분명하게 정치적인 이슈를 다루는데, 어떤 사람들은 왜 예수가 정치적이지 않다고 주장하는가?

예수를 정치와 분리하기

나는 사람들이 예수를 정치와 분리하는 이유를 네 가지로 본다. 첫째, 사람들은 종교가 전적으로 정치와는 다른 어떤 것이라는 태도를 보인다. 이들의 관점에서 종교는 인간 실존의 내적 측면을 다루며, 정치는 외적 측면을 다룬다. 신앙은 개인을 다루고, 정치는 단체를 다룬다. 종교는 영원을 다루고, 정치는 일시적인 것을 다룬다. 사람들이 인간 실존을 서로에게서 분리하려고 하는 영역들로 세분하는 다른 많은 방법들이 있다. 게다가 많은 그리스도인들은 그리스도인이 되는 최선의 방법이 정치를 포함해서 일상 삶과 역사의 비종교적인 영역에서 적당한 거리를 두는 것이라는 사실을 당연하게 생각한다.

사람들이 예수를 정치적으로 보지 않는 둘째 이유는, 그가 "성과"가 있을 것 같지 않은 일들을 말하기 때문이다. 돈과 폭력을 생각해보라. 예수는 자신을 따르는 사람들은 그들의 모든 소유를 거저 주어야 하며, 어느 누구도 미래를 위해 보물을 쌓아두어서는 안 된다고 말한다. 또한 그는 사람들이 친한 이웃뿐만 아니라 적대적인 원수도 사랑해야 한다고 말한다. 나는 맹세하지 않아야 한다는 것마5:33-37과 같은 다른 예들을 논의할 수 있지만, 이 두 가지는 아마도 가장 놀라운 것일 듯하다. 예수는 우리에게 우리 관점에서는 실제적이지 않아 보이는 돈과 원수를 다뤄야 한다고 말한다. 우리는 사회를 이런 식으로 운영할 수 없다. 정직하게 말해서, 여기서 실질적인 어려움은, 우리가 예수가 말한 것을 실천하거나 그가 한 일을 따르는 것이다.

많은 이들이 예수가 우리의 정치적 경험에 적용되지 않는다고 여기는 셋째 이유는, 예수와 우리 사이의 시대적 차이이다. 예수는 많은 이들이 세상이 끝날 것이라고 생각했던 시대에 살았다. 이것이 사실이라면, 우리는 예수가 추천하는 방식으로 살 수 있다. 우리는 돈이 더는 필요하지 않기 때문에, 돈을 거저 줄 수 있다. 우리는 방어하거나 맞서 싸울 것이 없기 때문에 원수를 사랑할 수 있다. 세상은 끝나지 않았으므로, 아마도 예수의 윤리는 실제로 우리 세상에 적용되지 않는 듯하다.

이 견해에 따르면, 우리를 예수와 분리시키는 차이는 또한 우리가 사는 세상의 크기와 관련이 있다. 예수는 대부분 시골 지역의 작은 마을에서 설교했다. 그는 작은 사회를 다루었고, 그가 가르친 많은 것들은 개인의 동기부여와 관련 있다. 예수는 마음을 변화시키고 하나님을 의지하는 데 초점을 두었다. 그는 예를 들어 어떤 이가 뺨을 때리거나 옷을 요구할 경우 오로지 신자가 어떻게 행동해야 하는지에만 관심을 두었다. 개인의 행동과 동기부여가 초점이어서, 인간관계와 옳고 그름의 의미에 대한 예수의 모범은 사회나 정치에 적용되지 않는다. 따라서 이것들은 제도적 책임이나 정치적 책임을 지니는 어느 누구에게도 상관이 없다.

예수를 정치와 분리시키는 넷째 방법은, 그의 가르침이 오직 일부 그리스도인에게나 삶의 일부 영역에만 적용되는 것을 당연하다고 생각하는 것이다. 중세 가톨릭주의에서 성직자와 수도승에게는 복음서에 있는 예수의 가르침을 따르도록 기대했으나 이것이 모든 그리스도인들에게 적용되는 것은 아니었다. 성직자는 국가의 전쟁과 치안 기능에 대한 책임에서 유일하게 면제됐다. 종교개혁 당시 마틴 루터는 율법과 복음을 구분함으로써 다른 종류의 구분을 유지했다. 루터의 견해에서 복음이 작용하는 영역은 율법이 작용하는 영역과 구분된다. 하나님은 다른 방법과 다른 목적을 위해 이 영역들을 통치한다. 루터의 모토는 "주님은 복음으로 세상을 다스리실 수 없습니다."였다. 물론 우리는 여전히 세상을 다스려야만 하므로루터가 주장한대로, 우리는 율법으로 그렇게 해야만 할 것이다. 그러므로 예수는 개인 구원과 용서에 관련이 있지만 정치에는 관련이 없다.

몇 가지 관심 문제

나는 이 논의가 전형적으로 고안된 방식에 대해 몇 가지 관심을 가진다. 그 한 가지 방식은 우선 우리가 일들에 관해 생각하는 방식과 관련된다. 예수가 인간 문제이 경우 정치의 기존 영역에 대한 표준이 아니라고 결정하면, 우리는 그리스도 안에서의 계시에 대해 실제로 무엇을 믿어야 하는가? 예수에게서의 독립이라는 이 선언이 얼마나 멀리 갈 것인가? 우리는 어떻게 다른 어떤 가치가 우리를 안내하는지 결정하고, 얼마나 광범위하게 이 가치들을 적용해야 하는가? 예수는 다른 차원에 계시기 때문에, 그가 우리를 정치에서 인도하지 않는다면, 어떤 다른 영역들도 그에게 복종하지 않아도 되는가?

나는 또한 예수가 실제로 가르친 것 때문에 기초를 삼아야 하는 이 방식에 관심을 가진다. 아마도 우리는 예수보다는 우리 문화에 더 영향을 받기 때문에 예수와 정치를 분리하는 듯하다. 예수는 원수를 사랑하라고 말하지만, 세상은 그렇게 해야 할 때 원수를 거세게 비판하라고 말한다. 예수는 우리의 부를 나누라고 말하지만, 세상은 가능한 한 모든 부를 얻으라고 말한다. 불행하게도 기독교 주류는 이 문제에 대해 예수가 아니라, 종종 세상의 편을 들었다. 우리가 세상의 가르침에 따라 경쟁에 더 비중을 둔다면, 예수가 우리의 주님이라는 의미는 무엇인가?

우리 시대에 그리스도인들이 예수와는 다른 방식으로 세상을 운영하려고 멋대로 행할 때, 우리에게는 의심할 타당한 이유가 있다. 결국 예수를 무시하고서 세상을 운영하는 것은 결코 성공적인 것으로 드러나지 않았다. 우리는 예수의 방법보다는 세상의 방식으로 함으로써 세상의 경제 문제를 해결하지 못했다. 우리는 예수의 방법보다는 세상의 방식으로 원수를 대함으로써, 전쟁과 폭력의 문제를 해결하지 못했다. 우리는 1500년 동안 예수가 이 문제에 대해 말할 것이 전혀 없었다고 가정한 채 세상을 운영하라는 명령을 수행했다. 하지만, 우리는 예수의 방식을 사용하지 않음으로써 세상의 문제를 분명하게 해결하지는 못했다.

누가의 정치적 예수

사람들이 때때로 예수와 정치를 분리하는 일반적 이유들을 검토했다면, 예수와 정치가 분리할 수 없는 하나임을 말하고 있는 성서적 이유들을 숙고해볼 필요가 있다. 예수의 질문과 정치를 염두에 두고 성서를 살펴볼 때 무슨 일이 일어나는가? 이것은 예수가 정치적이 아니라는 일반적 전제를 확증하는가? 먼저 누가복음에 초점을 둘 것이다. 우리는 예수가 정치적으로 관련이 있는지의 문제를 다루는 몇 가지 핵심 사항을 살펴볼 것이다.

정치적 기대

예수는 누가복음 첫 장에서 정치적인 논제가 모두에게 중요한 문화적 배경에 들어왔다는 점을 분명히 한다. 예수 당시 유대인들에게 정치적인 압제는 메시아가 와서 다루게 될 문제의 일부였다. 누가복음 1장의 마리아의 찬가는 우리 예전에서도 널리 사용하기 때문에 잘 알려져 있다. 하지만 우리는 마리아의 찬가에 너무 익숙하기 때문에, 찬가가 원래 청중에게 무엇을 의미했는지 이해하는 데 실제 어려움을 겪을 수 있다.

마리아의 영혼은 주님을 찬미한다. 하지만, 주님이 하려는 것이 도대체 무엇인가? "그는 그 팔로 권능을 행하시고 마음이 교만한 사람들을 흩으셨으니, 제왕들을 왕좌에서 끌어내리시고 비천한 사람을 높이셨습니다. 주린 사람들을 좋은 것으로 배부르게 하시고, 부한 사람들을 빈손으로 떠나보내셨습니다."눅1:51-53 이것은 정치적이며 경제적인 용어다. 이것은 경건이나 예전의 용어가 아니며, 급진적인 사회 변화의 용어다. 권력자들은 낮춰지고, 겸손한 자들은 높여지며, 부자들은 한때 이들이 가졌던 것을 잃게 되고 가난한 자들은 변화되어 번성한다. 이것은 종교적인 정서가 아니라 급진적인 사회 비판이다. 하나님이 행하실 때, 이것이 하나님이 하려는 것이다.

누가복음 1장 마지막에서, 우리는 다른 노래를 보게 되는데, 이 노래는 예수의 사촌, 요한의 출생을 명시한다. 요한의 아버지는 마리아와 비슷한 노래를 한다. "하나님은 우리가 원수의 손에서 구원받아 두려움 없이 하나님을 섬기게 하려고, 원수와 우리를 미워하는 모든 이의 손에서 우리가 구원받는다는 자신의 약속을 기억하셨습니다."[3] 이 진술은 신중하게 그리고 문자 그대로 받아들여야 한다. 유대인들은 심각한 정치적 압박을 받으며 살았다. 유대인들은 로마인들에게 식민지화됐다. 이들은 국제 관계에서 독립하지 못했으며, 주권을 갖춘 국가가 아니었다. 무거운 세금 부과는 고통

---

3) 요더는 눅1:68-79에서 온 구절을 바꾸어 표현하고 합친다.

의 삶을 야기했다. 그럼에도, 유대인들은 희망을 품었는데 그 이유는 무엇인가? 누가복음 1장에 따르면, 이들은 정치적, 경제적 해방을 희망했다. 하나님은 약속하셨기 때문에, 이것을 행하실 것이다. 우리는 유대인들이 다음과 같이 노래하는 것을 듣는다. "그 약속은 우리 조상에게 했던 것이고, 우리는 그 자유를 우리 시대에 원한다."

그러나 압제는 정치적이며 경제적일 뿐만 아니라, 사상적이며 종교적이었다. 로마의 압제자들은 정결하지 못한 음식을 먹는 다신론자이자 우상숭배자였다. 이들은 가장 근본적인 점에서 하나님의 율법을 어겼으나 군사적이며 정치적으로 성공했다. 따라서 그것은 압제당하는 고통의 문제만이 아니었으며, 하나님의 명예가 도전받는 문제였다. 유대인들의 관심은 단순히 자신들의 안녕을 위한 이기적인 관심이 아니다. 이들의 관심은 신학적이다. 유대인들은 하나님이 자신들을 자유롭게 하기를 희망했는데, 이것은 하나님이 진정으로 세상 역사를 주관한다는 사실을 입증하기 때문이다. 예수는 사람들이 분명하게 정치적이며 사회적인 격변을 기대했던 상황으로 들어왔다고 말하는 것이 옳다. 사람들은 정의가 이뤄지고 그에 따라 하나님이 명예롭게 될 것을 기대했다.

우리가 누가복음 3장으로 옮겨가면서, 침례 요한의 공적인 활동의 시작을 보게 된다. 요한은 사막에서 주님의 길이 곧게 되어야 한다고 전한다. 주님을 위한 왕의 대로를 만들려고, 산들은 내려앉게 하고 골짜기들은 높여질 것이다. 요한의 말은 사람들의 마음을 자극했다. 대중들은 "그러면 우리는 무엇을 해야 합니까?"눅3:10라고 묻는다. 요한은 새로운 경제 질서가 오고 있으며, 두 개의 겉옷을 가진 자는 하나도 없는 사람과 나눠야 하고, 음식이 있는 자도 동일하게 해야 한다고 응답한다.

요한은 두 부류의 사람에게 도전했고, 이들은 무엇을 해야 하는지에 대한 구체적인 질문을 가지고 그에게 찾아온다. 이들은 세리들 및 병사들과 같은 공적인 사람들로, 붕괴되고 심판받을 체제를 대변하는 자들이라는 것에 주목하는 것이 중요하다. 세리들은 요한에게 무엇을 해야 할지 물을 때, 요한은 이들에게 오직 징수해야 할 것만을 징수하라고 말한다. 마찬가지로 요한은 병사들에게 강탈하지 말고 자신들의 봉급에 만족하라고 말한다. 요한은 병사들에게 개인적인 이득을 취하려는 수단으로 폭력적인 태도를 사용하지 말라고 요구한다. 세리들과 병사들은 대개 자신들의 몫보다 더 많이 걷어 생활했으므로, 이것은 사람들에게 엄청난 희생이었을 것이다.

예수가 침례 받을 때, 하늘에서 들린 목소리는 예수를 기름 부음 받은 자, 곧 하나님이 기뻐하는 선택받은 자라고 한다. 이 용어는 어디에서 왔는가? 이것은 정치적인 용어다. "너는 내 사랑하는 아들이요."는 시편 2편에서 발견되는데, 시편 2편은 메시아 즉위시다. 즉위시는 고대 이스라엘에서 왕들의 대관식에 불렸다. 예수는 하늘의 목소리에 의해 왕으로 지목된 자로 환영받는다. "나는 너를 좋아한다."는 이사야 42장 1절에서 발견된다. 이 표현은 하나님의 특별한 종을 가리킨다. 예수가 왕으로 지목되자, 어떻게 그가 왕이 될 것인가 하는 문제가 대두한다. 유혹 기사가 이 문제를 다룬다.

정치적 유혹

마태복음 4장과 누가복음 4장의 세 가지 유혹은 우리가 종종 당연하다고 여기는 것보다 훨씬 더 정치적이다. 예수를 거룩함이라는 문제로 유혹하지 않고, 어떻게 왕이 될 것인가로 유혹한다. 유혹하는 자가 "왜 당신은 빵을 만들지 않는가?"라고 말할 때, 예수는 긴 금식이 끝나가면서 사막에 있다. 이것이 단순히 자신의 허기를 채우는 문제였다면, 예수는 많은 빵이 필요하지 않았을 것이다. 사람들은 금식이 끝나자마자 많이 먹지 않는다. 그런데 예수가 돌들을 빵이 되게 하라는 유혹을 받는다는 사실마4:3은, 더 많은 것을 시사한다. 예수의 특별한 메시아적 권능을 사용함으로써, 사람들을 먹여 만족시킬 수 있다. 이것은 로마에게 직접적인 도전이 될 것인데, 로마는 군중들을 먹임으로써 정치적인 주권을 유지하고 있기 때문이다. 사실 몇 장 후에, 예수는 사막에서 많은 사람들을 먹였고, 사람들은 예수를 왕으로 삼고 싶어 했다. 유혹하는 자는 옳았다. 곧 왕이 되는 한 방법은 군중들을 먹이는 것이다. 이 유혹은 개인 윤리의 문제라기보다는 예수가 어떤 왕이 될 것인가의 문제이다.

마찬가지로, 성전 뜰로 뛰어내리는 문제는 어떻게 왕이 될 것인가에 대한 유혹이다. 이 유혹은 단지 예수가 "여길 봐! 나는 뛰어내려도 다치지 않을 수 있어!"라고 말할 수 있는, 단순한 기적적인 증거가 아니다. 오히려 예수는 유혹하는 자가 제안한 대로 했더라면, 말라기 3장 1절의 기대, 곧 "내가 나의 특사를 보내겠다. 그가 나의 갈 길을 닦을 것이다. 너희가 오랫동안 기다린 주가, 문득 자기의 궁궐에 이를 것이다. 너희가 오랫동안 기다린, 그 언약의 특사가 이를 것이다. 나 만군의 주가 말한다."라는 말씀을 성취하게 될 것이다. 사람들은 성전 지붕을 보며 시간을 보내지 않는데, 만약 예수가 갑작스럽게 성전 위에서 나타난다면, 사람들은 예수가 하늘에서 오셨다고 생각했을 것이다. 사람들은 예수가 성전을 넘겨받아 정화하러 왔다는 것을 당연하게 여길 것이다. 이것은 메시아가 되려는 자가 시작하기에 좋은 방법이다. 사실 예수는 이것을 나중에 계속 한다. 예수는 자신의 사역 마지막에, 성전에 들어가, 모두를 놀라게 하며, 성전을 청결하게 한다. 그래서 다시 유혹의 질문은 예수의 자기 정의의 문제가 된다. 곧 예수는 어떻게 유혹하는 자가 제안하는 왕권에 맞서서 자신의 왕권을 정의하는가?

예수는 "아니다. 너는 나를 완전히 오해했다. 나는 네게 성례를 가르치려고 한다. 나는 이 모든 정치적인 일에 관심이 없고, 단지 종교적인 제도를 시작하기를 원한다."라고 결코 말하지 않는다는 점에 주목하라. 예수는 사람들에게 왕을 원해서는 안 된다고 말하지 않는다. 반대로 그는 그들이 찾는 왕이라고 주장한다. 사람들의 문제는 자신들이 예수에게서 무엇을 기대할지 잘 모른다는 것이다. 이런 이유로 어떤 이들은 실망하고 예수를 거부한다. 사람들은 예수가 정치적이기보다는 "종교적"이거나 "영적"이기 때문에 그를 거부한 것이 아니다. 절대로 아니다. 예수는 정치적이지만, 사람들이 좋아하지 않는 방식으로 정치적이다. 예수는 "너희들은 왕을 기다리고 있으나, 나는 왕이 되지 않을 것이다."라고 말하지 않았다. 그는 "너희가 기다리고 있는 왕은 하나님이 너희에게 주는 그런 왕이 아니다. 하지만, 하나님은 그분의 나라가 이제 너희들의 경험에 침투하고 있다고 약속한다." 이것을 가리키는 예수의 용어는 종교적 제의나 추상적인 신학을 중심으로 다루고 있지 않다. 하나님나라라는 용어는 어떻게 살 것인가, 어떻게 결정할 것인가, 권력으로 무엇을 할 것인가, 지위에 대해 무엇을 할 것인가, 즉 정치와 관계가 있다.

정치적 선언

내가 보려는 마지막 구체적인 본문은, 예수가 자신의 고향 회당에 등장하는 본문으로 거기서 예수는 이사야 61장 1-2절을 읽는다. 본문은 "나는 메시아다. 주님의 성령이 내게 임하였으니 그분이 내게 기름 부으셨기 때문이다."라고 기록되어 있다. 이 기름 부음 받은 자가 무엇을 하려고 하는가? 다섯 가지 곧 가난한 자들에게 복음을 전하며, 사로잡힌 자의 놓임을 선포하고, 눈먼 자에게 시력을 회복하며, 압제 당한 자를 놓아주며, 주님의 은혜의 해를 선포하는 것이다. 우리는 이 마지막 항목에 특별히 주목해야 한다. 주님의 은혜의 해라는 구절은 영어권 독자들에게 많은 것을 의미하지 않을 수도 있지만, 원래 히브리어로는 희년을 가리키는 분명하게 정의된 용어였다.

구약에서 "여호와의 날" 또는 "희년"이라고 불리는 특별한 시기가 있다. 이것은 하나님이 부를 정기적으로 재분배하도록 지시 내리는 신명기 15장과 레위기 25장에서 묘사된다. 고대 이스라엘에서, 만일 당신이 매우 부지런하고, 농장에서 당신을 도울 수 있는 건강한 자녀들이 있거나, 잘 관리하는 자며 운이 좋았다면, 부유하게 되었을 것이다. 운이 좋지 않거나, 네 자녀들이 모두 여자며, 당신이 아프거나 훌륭하지 못한 관리자면, 일반적으로 당신은 가난했을 것이다. 모세 법은 어떤 사람들이 부자가 되고 어떤 사람들이 가난하게 되도록 하는 일과 생산성의 작동원리에 지장을 주지 않는다. 하지만, 율법은 50년마다 모든 것들이 균등하게 될 것이라고 진술한다. 7년마다 땅이 쉬고 노예는 풀려나는 안식년이 있다. 하지만 희년인 50년째에 모든 땅은 50년 전에 소유했던 가족에게로 돌아갔다. 이런 식으로 가난해진 사람들은 다시 시작할 기회를 가지게 된다.

지금 우리는 유대 사람들이 희년을 실행한 적이 있었는지 알지 못한다. 우리가 그런 방식으로 세상이 운영될 것인지 확신하지 못한다는 점에서, 모세와 예수의 윤리는 비슷하다. 하지만, 이 땅이 주님께 속한다는 메시지는 분명하다. 주님은 땅을 우리에게 주었고, 지파와 가족들 사이에 땅을 나누었으며, 이런 식으로 땅은 유지돼야 한다. 당신은 청지기다. 만약 좋은 일을 하고 더 많은 것을 생산한다면, 더 많은 것이 당신에게 맡겨질 것이다. 하지만 50년마다 우리는 다시 시작한다. 땅을 잃은 자의 손자와 손녀들은 하나님의 땅 가운데 자신의 몫을 잘 이용할 기회를 얻는다. 이것이 구약 본문의 시각이다. 히브리인들이 이것을 실행한 적이 있었는지에 대한 여부에 상관없이, 예언자들은 메시아가 이것을 실행하기를 기대했다. 이것이 예수님이 이사야 61장에서 읽고 다음과 같이 계속 말한 바다. "이 성경 말씀이 너희가 듣는 가운데서 오늘 이루어졌다."눅4:21 다시 말해서, 이 메시아적 기대가 일어나고 있다.

예수의 정치적 선택

누가복음의 나머지에서, 예수의 정치성은 완성되고 확증된다. 가장 중요한 것은 예수가 새로운 제자 단체를 만든다는 것이다. 이것은 당신이 사회를 변화시키기를 원한다면 할 수 있는 놀라운 일이다. 즉 당신이 하고 있는 일에 깊이 헌신하는 작은 집단의 사람들을 만들고, 전체 사회가 바뀌기를 기다리기 보다는 더 큰 사회와 다르게 살아가려는 하부 구조를 건설하라. 이 정치적인 선택의 독특성과 힘을 충분히 평가하려면, 우리는 예수가 거부하셨던 대중적인 정치적 선택을 고려할 필요가 있다.

열심당의 선택

예수는 자신의 정치적 운동을 여러 경쟁 운동이 이미 일어나고 운영 중인 때에 시작했다. 이 가운데 몇몇은 5장에서 논의되지만, 우선은 예수님의 운동과 가장 가까워 보이는 정치적 운동에 초점을 맞춰보는 것은 가치가 있다. 열심당은 본질적으로 기회를 잡아 나라를 떠맡을 적절한 시기를 기다리는 지하 반란자들이 시작한 민족 해방 전선이었다. 마카비 왕국이 예수가 오기 전 수 세기에 넘어진 이후로, 정의에 열심인 사람들열심당은 의로운 혁명을 달성하려고 노력했다. 십 년이나 이십 년마다 반란이 있었고 로마는 항상 진압했다. 예를 들어 AD 66년 열심당 운동은 한동안 성공했다. 이들은 2년 동안 예루살렘을 차지했고, 로마가 이 반란을 무찌르고 성읍을 파괴하는 데 2년 더 걸렸다.

열심당은 의로운 혁명을 원했다. 아마도 천사를 보냄으로써, 하나님이 그들을 도우러 오기 때문에 혁명은 기적이 될 것이다. 바람직한 명분을 내세워 하나님의 대적에 맞서기 때문에, 혁명은 의로울 것이다. 하나님의 율법에 순종하기 때문에, 혁명은 진보적일 것이다. 성전과 다윗 시대의 주권을 다시 세울 것이기 때문에, 혁명은 보수적일 것이다. 사람들이 압제를 경험할 때마다, 열심당의 선택은 항상 매력적으로 보인다. 오늘날의 세계에서 독재나 압제에 대한 가장 분명한 반응이 혁명임을 많은 곳에서 확인할 수 있다.

신약은 이 정치적 현실을 다양한 곳에서 언급한다. 예수의 제자들 가운데 하나는 열심당 시몬이라고 불린다. 여러 다른 제자들 또한 열심당 출신일지도 모른다. 의로운 혁명이라는 이 모델은, 예수의 청중들 가운데 주요 무리의 분명한 관심이자 기대였다. 열심당의 길은 예수에게 실제로 유혹이 되었다. 예수는 이들의 용어로 말하였고, 이들이 맞선 것에 맞서며, 하나님의 개입이 세상을 바르게 할 것이라는 이들의 목표를 공유했던 것으로 보인다. 하지만 예수를 따르는 자들에게는 항상 열심당과 비슷한 면이 있었지만, 궁극적으로 예수는 열심당이 아니었다.

열심당의 선택은 예수에게 근본적인 유혹이었다. 예수에게 정치적 기구에 들어가 권력을 잡으라고 유혹하지 않았고, 사업과 사회적 영향력이 야기하는 성공으로 유혹하지도 않았다. 예수는 의로운 혁명을 하라는 유혹을 받았다. 어디에서 우리는 이것을 가장 극적으로 보는가? 성전 정화가 쉽게 떠오르지만, 겟세마네가 훨씬 더 충격적이다. 우리는 겟세마네 이야기를 너무 경건하게 존중하며 읽기 때문에 종종 실제로 무슨 일이 일어나고 있는지 생각할 수 있는 기회를 갖지 못한다. 예수는 잔이 자신에게서 지나가기를 구한다. 다시 말해서 예수는 자신이 할 필요가 없다면 십자가의 길을 가고 싶지 않다.

다른 무슨 길이 있었는가? 유일하게 진지한 대답은 성전 곧 예수가 열심당의 방식을 택하는 것이다. 열심당은 성전이 왔을 때, 하나님이 자신들을 위해 싸우며, 천사를 보내고 승리를 보장할 것이라고 믿었다. 성전은 여호수아의 시대와 같이 하나님의 승리일 것이다. 단순히 스스로 십자가에 못 박히도록 내어주는 대신에, 하나님이 예수의 편이시기 때문에 그는 자기 대적과 싸우고 무찌를 수 있었을 것이다. 예수는 천사의 열두 군단을 부를 수 있다고 지적함으로써 자신을 보호하려는 베드로를 꾸짖는다. 로마 군단은 6천 명의 병사들이므로 열두 군단은 7만 2천의 천사가 될 것이다. 이는 분명히 예수에게 전쟁에서 이길 좋은 기회를 제공할 것이다. 마태복음에 따르면, 예수는 이것을 실제 선택할 수 있는 것으로 생각했고, 그 다음으로 이 선택을 제쳐두었으나 이에 대해 생각했다. 그리고 예수는 왕권을 주장했다고 고발당하여 죽음을 당했다. 누군가를 처형할 때, 로마법은 다른 잠재적인 범죄를 막으려고 공적인 설명을 요구했다. 예수의 처형에 대한 공적인 설명은 그가 "유대인의 왕"이라는 것이었다. 이것은 예수를 열심당이자 반란자로 분류한 것이다.

예수의 선택

예수가 사용하는 용어와 그가 성취하려는 목표가 열심당과 매우 비슷하지만, 핵심적인 방법에서 이들과는 달랐다. 예수는 역사를 통제하여, 역사를 바로 잡도록 상명하달 식으로 역사를 운영하려 하지 않았다. 이는 예수가 두 공동체가 대변하는 두 역사가 있다고 이해했기 때문이다. 한 역사는 확립된 공동체, 즉 세상에 속한다. 다른 역사는 다른 역사를 지닌 구체적인 공동체에 속한다. 첫째 공동체와 서로 맞물리지만 완전히 다른 대안적인 사회다.

예수는 이 역사관을 고안하지 않았으며, 새롭게 했을 뿐이다. 아브라함은 메소포타미아 분지에 있는 문화의 중심지를 떠나 유목민이 되었다. 요셉은 이집트 제국을 자신의 지혜로 경제적인 몰락에서 구했지만, 자기 백성들을 이집트 문화에 병합시키지 않았다. 모세는 자기 백성을 당시 지배적인 사회에서 이끌어 냈다. 다윗은 왕권과 왕국을 세웠지만, 오래지 않아 왕국이 갈라지고 추방이 일어났다. 선지자 예레미야는 하나님이 이런 왕국을 포기했고, 하나님의 백성은 흩어져서 살아야 한다고 우리에게 말한다. 아브라함의 부름과 선지자들의 부름은 항상 "다른 민족들과 같은 민족이 되지 말라"라는 것이었다. 이것은 예수가 새롭게 한 바다. 즉 예수는 다른 것들과 같지 않은 백성들, 집단들, 공동체들을 만든다. 그것은 기본적인 구조적 특성, 즉 우리가 정치적이라고 생각하는 특성에 있어 세상의 나라들과는 현저하게 다르다.

그렇다면, 예수는 어떤 정치적 인물이었는가? 그는 대안적 정치 체제의 창조자 또는 재창조자였다. 교회라는 단어는 흔히 오늘날 정치 조직과는 대조적인 종교적 조직을 가리키는 데 사용된다. 하지만 교회를 가리키는 그리스어 단어인 '에클레시아' 는 종교적인 단어가 아니라 정치적인 단어다. '에클레시아' 는 마을 회관, 모임, 또는 집회를 의미한다. 이것은 사람들이 결정하고 사업을 하려고 함께 모이는 곳이다. 예수는 다음과 같은 방식으로 다르게 그 사업을 수행할 공동체를 만들었다.

* 모든 사회에는 처벌이나 교화를 통해 범죄자를 다루는 방식이 있다. 예수는 범죄자를 다루는 다른 방법을 제시한다. 예수는 심지어 모범 기도에 이것을 첨부한다. "우리가 용서하여 준 것 같이 우리의 죄를 용서하여 주시고"마6:12, 18:21-35 참조

* 모든 정치 구조에는 군주제나 민주제와 같이 결정하는 방식이 있다. 예수는 자기 백성들에게 성령의 인도 아래 대화와 의견 일치를 통해 결정하는 방식을 제시한다.마18:15-20; 행15:22-31

* 모든 사회에는 사람들을 계층화하는 방식이 있다. 구조는 정치적인 체제가 함께 유지되도록 돕는다. 가장 분명한 예는 주인 아래 있는 노예나 종, 부모 아래 있는 자녀들과 남자 아래 있는 여자다. 이것들은 로마 시대의 계층화의 표준 유형이었으며, 이 가운데 많은 유형이 오늘날도 시행되고 있다. 대조적으로, 예수는 동등한 존엄이 확언되는 사회를 세운다.막9:35-42; 눅22:25-27

* 모든 정치적 체제에는 돈을 취급하는 방식이 있다. 예수는 나누는 것으로 돈을 취급하는 공동체를 세운다.막10:29-30; 행2:42-45, 4:32-34

* 모든 정치적 체제는 종족의 정체성에 대한 어떤 일을 한다. 즉 정치적 체제는 생물학적이든, 민족적이든 또는 다른 문화적인 요소이든 그 안에 외부인과 내부인이 있기 마련이다. 사도행전 15장엡2:11-22; 골3:1에서 자세히 말한 대로, 정체성을 분명히 하는 데 한 세대가 걸릴 지라도, 예수는 모든 사람이 속한 공동체를 만든다.

* 모든 정치적 체제는 폭력과 죽일 수 있는 능력이라는 권력의 극단적인 형태의 문제를 다룬다. 대부분의 정치 집단은 이 권위부여를 몇 사람으로 제한한다. 사실 이것은 국가를 정의하는 한 방법이다. 즉 국가는 죽이는 권한 부여를 통제하는 체제이다. 하지만 예수는 어떤 폭력도 없어야 하는 사회를 세운다.마5:21-26, 38-48; 롬12:17-21

우리는 다른 예들을 볼 수 있지만, 이것들은 요점을 짚는 역할을 한다. 예수는 다른 방법이지만, 다른 공동체와 비슷한 문제를 다루는 공동체를 세운다. 이것은 열심당이 원했던 방식으로 팔레스타인을 해방하지 않고, 열심당이 한때 이겨 로마가 치명적인 반격을 하도록 자극했던 방식으로 팔레스타인을 멸망시키지도 않았다. 대신 예수는 세상에 새로운 이야기, 곧 하나님의 해방인 참된 정의와 일치하는 새로운 이야기가 진행되도록 했다.

정치적인가, 개인적인가, 혹은 둘 다인가?

사람들은 때로 "위로하는 개인적 구주로서의 예수 개념과 함께 정치적 예수를 유지할 수 있는가?"라고 묻는다. 이 질문에 대한 대답은 우리가 위로하는 구주가 의미하는 바에 달려 있다. 하나님의 뜻을 알고 행할 때에, 당신이 위로를 발견한다면 둘은 동일하다. 한편 "위로"라는 당신의 견해가 당신 자신의 것이며, "구주"로 의미하는 바가 당신 자신의 취향에 맞는 친숙한 인물이라면, 당신은 십자가가 없는 그리스도를 찾고 있다. 이런 그리스도는 성서에 없으며, 인간을 향한 하나님의 말씀이 아니다.

누군가가 십자가가 없는 그리스도를 원한다면, 그들은 예수를 원한 것이 아니다. 예수는 이것을 예상했다. 누가복음 14장에서 우리는 대중들의 피상성에 대한 예수의 반응, 곧 필시 꽤 많은 사람들을 내쫓았을 반응을 본다. 실제적으로 예수는 "너희가 비용을 계산하지 않는다면 나를 따르지 말라"26-35라고 말한다. 그리고 예수는 두 가지 정치적 재담으로 이 경고를 뒷받침한다. 그는 탑을 세우기 시작하고 그것을 마칠 충분한 돈이 없는 왕에 대해 말한다. 헤롯이 이 일을 방금 했다. 예수는 전쟁을 시작하고서 그것을 마칠 충분한 군대를 가지지 않은 왕에 대해 말한다. 헤롯이 역시 이 일을 방금 했다. 이 비유는 사회적인 논평일 뿐만 아니라, "너희가 원하는 것이 위로하는 구주라면 나를 따르지 말라."라는 경고이기도 하다.

이것은 현대 서양인들에게 중요한 내면과 개인적인 진실성의 요소를 경시하는가? 당신이 의미하는 것에 따라 그럴 수도 있다. 당신이 외적이고 정치적인 것에 맞서 내적이고 개인적인 것을 앞세운다면, 당신은 현대라는 안경을 쓰고 성서를 읽고 있는 것이다. 어떤 그리스도인이 생각하듯이, 당신이 정치적으로 당신의 원수들을 죽이도록 도우면서 내적으로 그들을 사랑할 수 있다거나, 당신의 이웃을 정치적으로 차별하거나 깔보는 듯한 태도로 대하면서도 그들을 내적으로 사랑할 수 있다고 생각하는 것은 잘못이다. 실제로 정치에 무관심한 기독교는 예수의 인간애를 부인한다. 곧 요한일서가 "적그리스도"라고 부르는 부인이다.요일4:2-3 한편 당신이 당신의 정치적인 순종을 더욱 믿을 만하게 하고, 더 이해할 만하게 하며, 더 쉽게 전달될 수 있게 하며, 더 건전하게 하고, 더 기쁨에 가득하게 하려고 내적인 성찰을 사용한다면, 당신은 내적이자 개인적인 것을 외적이자 정치적인 것과 적절하게 연결시키기 시작한 것이다.

예수의 정치는 회복된 개인적인 진실성과 신실한 사회적인 헌신이 만나는 지점이다. 성서의 하나님이 아브라함, 모세, 이사야, 예레미야 또는 궁극적으로 예수 안에서 인간에게 올 때, 우리에게 현실적 세계에서 은둔하도록 가르치는 신비적인 구루힌두교, 시크교의 스승이나 지도자-역주로 오지 않는다. 하나님은 정치적인 용어인 메시아, 주님, 종으로 온다. 하나님은 우리 자신을 잃음으로써 스스로를 찾도록 우리를 부르신다. 하나님은 우리가 그의 십자가에 참여 할 때 그의 승리에 함께 참여하도록 한다.

2. 예수와 평화[4]

"그의 왕권은 점점 더 커지고 나라의 평화도 끝없이 이어질 것이다. …
만군의 주님의 열심이 이것을 반드시 이루실 것이다."사9:7

"평화를 이루는 사람은 복이 있다. 하나님이 그들을 자기의 자녀라고 부
르실 것이다." 마5:9

"그리스도는 우리의 평화이십니다. …양쪽으로 갈라져 있는 것을 하나
로 만드신 분이십니다."엡2:14

"…하나님께 간구와 기도와 중보 기도와 감사 기도를 드리라고 그대에
게 권합니다. 왕들과 높은 지위에 있는 모든 사람을 위해서도 기도하십
시오. 그것은 우리가 경건하고 품위 있게, 조용하고 평화로운 생활을 하
기 위함입니다."딤전2:1-2

성서에 따르면 평화는 약속, 실행, 사람, 기도이다.

위의 구절들에서 공통적인 것은 그것들이 우리 시대의 대부분의 사람들
이 공유하고 있는 기본적인, 평화가 조성될 수 있다는 가정을 막는다는 것
이다. 바꾸어 말하면, 사람들은 전형적으로 세상을 바르게 만들고자 우리

---

4) 이번 장은 원래 "…그리고 땅의 평화에 관하여…"로 출판되었다. Mennonite Life 20, no.
3 (July 1965): 108-110. 이번 장에서 소개되었던 주제들에 관해 더 많이 읽기를 원하는
사람들은 존 하워드 요더의 『선포된 평화, 예수의 평화 설교』*He Came Preaching Peace*
(2013, 대장간) 과 『그럼에도 불구하고, 평화』*Nevertheless: The Varieties and Shortcom-
ings of Religious Pacifism*, (2016, 대장간)를 보라.

가 우리의 마음, 우리의 사역, 우리의 근육, 우리의 미사일의 힘을 사용할 수 있다고 가정한다.

하나님이 약속한 평화는 현실적이고, 인간적이고, 사회적인 평화이다. 성서는 "순수하게 영적인" 나라에 대해 알지 못한다. 그러나 하나님만이 하나님의 약속을 지킬 수 있다. 우리가 위해서 기도하는 평화 그리고 심지어 우리 지도자들이 때로 제공하는 무너지기 쉽고 부분적인 평화가 사회적 실재이다. 그럼에도, 로마 제국, 대영 제국, 혹은 오늘날의 다양한 제국들의 부분적인 평화는 그리스도인들이 치를 수 없었던 가격으로 샀다. 그 평화는 교회와 상의하지 않은 통치자들이 산 것이고, 그들의 빈틈없는 계산도 결국에는 역사의 조롱거리가 될 것이다. 그럼에도 인간의 격노는 교회가 무엇을 하든 관계없이 하나님을 찬양하는 데시76:10사용될 수 있고, 또 사용될 것이다.

평화는 하나님에 근거한다

예수가 살았고, 게다가 예수가 그의 백성들 안에 유대인과 이방인들의 화해함으로써 만들었던 이 평화엡2:11-15는, 단순한 마음의 상태가 아닌 충분히 인간적이고, 충분히 사회적이다. 그러나 사랑의 교제 안에 있는 그런 완전함은 어떤 인간이나 어떤 나라들에게도 강요될 수 없다.

산상수훈에 따르면, 하나님의 자녀의 특징인 "평화를 이루는 것"은 방향이지 달성이 아니다. 그들이 세상을 변화시키고 평화를 이루는 데 실패하는 것이 이들의 계획을 무효로 만드는 것처럼 그렇게 기대하기 때문에 그들은 사랑하지 않는다. 그들이 사랑하는 것은 하나님이 사랑하기 때문이다. 그들이 "완전"한 것은—이 문맥에서 그들의 사랑에서 차별하지 않음을 의미한다—하늘의 아버지께서 완전하기 때문이다.마5:43-48 그들은 세상을 변화시키고 평화를 이룰 것을 기대하기 때문에 사랑하지 않는다. 그들이 세상을 변화시키고 평화를 이루는 데 실패하는 것이 이들의 계획을 무효로 만드는 것처럼 그렇게 기대하기 때문에 그들은 사랑하지 않는다.

만일 "평화주의자"라는 라벨을 세상을 평화스러운 곳으로 만들 수 있는 능력 혹은 의도의 의미로 이해하는 이해한다면 그것은 사기이다. 평화를 약속하는 사람은 동부와 서부의 군사전문가들이다. 평화주의자들을 돋보이게 하는 것은 평화를 이루려는 그들의 소망 혹은 능력이 아니라. 그들의 이웃들이 전쟁을 할 때 그들이 하는 것이다. "평화주의자"의 서약이 운명을 같이 하는 지점은, 여전히 완전하지 않은 세상에서도 그것이 유효하게 "작용"하건 안 하건 관계없이, 이미 그리스도 안에서 인간과 맺은 평화의 터 위에서 살아가는 것을 고집하는 것이다. 기독교 평화주의는 그것의 지속을 열매가 아니라 뿌리에서 도출해낸다.

기독교 평화주의는 기독교 공동체의 증언과 삶이 원수들을 화해시키고 사회적 양식들을 변화시키는 일에 효율적이라는 사실을 부인하지 않는다. 그러나 이 가치 있는 결과가 기독교 평화주의의 목표는 아니다. 그리스도인의 순종은 사회적으로 효율적이지만 그 효율을 추구하는 것은 순종의 대안이 아니다.

만일 기독교 순종이 효율에 초점을 맞추는 실용주의와, 행위로 스스로를 정당화하는 바리새주의에서 근본적으로 분리된 것이라면, 우리가 어떻게 기독교 순종을 판단하고 안내할 수 있는가? 만일 결과가 정당하지 않다면, 의도 혹은 원칙들은 정당화할 수 있는가? 기독교 순종은 아마도 이 둘 다일 것이다. 하지만 그것은 그 이상이다. 평화의 실천은 자기 정당성을 입증하는 것이다. 평화의 실천이 그 자체의 목적이고 보상이다. 선한 행위가 보상과 별개라거나, 선한 행위의 동기와 보상의 측정이 별개라는 것이 아니다. 평화실천가는 "하나님의 자녀로 불리게 될 것이다."마5:9 그럼에도, 이 타이틀은 행위와 구별되는 보상도, 원인과 구별되는 결과도 아니다. 예수 의 말에서 "그들이 불리게 될 것이다"라는 것은 "그들이 그렇다는 것을 보 게 될 것이다." 혹은 "그들이 그렇다"와 전혀 다르지 않다. 평화를 이루는 것과 하나님의 자녀가 되는 것은 같은 것이다.

평화는 평화를 향해 가는 길이다

평화는 실천해야 할 행위이지 확립되어야 할 일에 대한 상태가 아니기 때문에, 하나님의 자녀는 목적에 의해 수단을 정당화하는 것을 피해야 할 것이다. 이런 추론의 방식은 어떤 보람 있는 결과를 위해서 다른 악한 행 위를 하는 것도 괜찮다고 주장한다. 우리는 이런 견해를 어느 정도 거절해 야 한다. 왜냐하면 성서는 세상을 바르게 드러나도록 만드는 방법에 대해 거의 말하지 않기 때문이다. 우리는 이런 견해를 어느 정도 거절해야 한다. 왜냐하면 인간의 어떤 것도 은혜에 의하는 것 외에 정당화될 수 없고 수단 의 특징이 결과의 특징을 가리키기 때문이다. 우리는 이런 견해를 어느 정 도 거절해야 한다. 왜냐하면 우리의 이기적이고 유한한 사물에 대한 견해 에서 우리의 행위와 다른 이들의 행위가 어떻게 끝날 것인지에 대한 우리 의 예측은 대개 틀리기 때문이다. 그러나 우리가 목적으로 수단을 정당화 하지 않아야 하는 더 깊은 이유는 우리가 하나님이 아니기 때문이다. 그렇 게 하는 것은 우리의 것이 아닌 통치권과 우리가 가지고 있지 않은 궁극적 목적에 대한 비전을 우리의 것이라고 생각하는 것이다. 우리는 하나님이 주신 화해를 반영하고 시험하는 방식으로 활동할 수는 있지만, 우리가 세 상에 평화를 가져올 수는 없다.

평화는 사람이다

평화는 새 사람을 만들고자 벽을 허무는 것이기 때문에 기독교 순종은 국가적 민족적 경계에 대해 무관심할 것이고, 그것들을 무효로 하는 것에서 기쁨을 느낄 것이다. 그리스도인들은 죽이는 것이 잘못된 것일 뿐만 아니라, 그들의 조국은 그들이 속한 각각의 나라가 아니고, 국경을 넘어 동료 제자들과의 새로운 연합이 그들의 지역적 연고보다 더 높은 충성의 대상이기 때문에, 전쟁에 참여하는 것을 거절해야 할 것이다. 세계적인 기독교 평화 운동은 신학적 정치적 문제들을 해결하려는 것이 아니다. 이 운동은 그 일을 할 수 없다. 이 운동은 압력을 가하거나 정당한 이유들을 지지하는 것으로 "타당성"을 찾기 때문에 타당한 것이 아니다. 이 운동의 중요성은 세상이 평화가 무엇이며 그것을 어떻게 도모할 것인지에 대해 이미 가지고 있는 비전을 뒷받침할 때도 타당하지 않다. 이런 종류의 "선을 위한 폭력"과의 동맹은 이 운동의 가장 큰 유혹이다. 세계적인 교회에서 중요한 것은 지금의 교회이다. 세계 평화에 대한 교회의 기여는 단순하게 그 사실을 선언하는 것이다. 세계적 공동체에 대한 교회의 기여는 세계적 공동체가 되는 것이고 그러므로 전쟁을 축복할 수 없게 되는 것이다. 우리는 "단지 무언가를 하려 하지 말고, 가만히 있으라!"는 일반적인 맹세를 해야 한다. 신실한 그리스도인 증언에 대한 시험은 지역적 애국심이라는 일시적인 타당성을 기꺼이 거절하는 것이다. 그리스도인들은 각 사회의 부재자들의 옹호자, 모든 개혁 운동의 흥을 깨는 자, 문제의 다른 면이 있음을 일깨우는 자로 생생하게 존재해야 한다. 우리는 사회의 자부심을 격려하는 양심이 되어야만 하고 모든 우세한 쪽을 축복하는 예배당 목사가 되어서는 안 된다.

평화는 세상에 약속되어 있기 때문에, 기독교 순종은 충돌의 중심에서 벗어나서는 안 될 것이다. 우리는 결국 마르스전쟁의 신가 주님이라고 증언하는 사람들에게 활동영역을 남겨주어서는 안 된다. 하나님은 사회적 제도에서 떠나라고 우리를 부른 것이 아니라 다른 방식으로 참여하라고 불렀다. 우리는 다른 사람들이 하고 있는 잘못된 것들을 피하는 것이 아니라 이 시대의 통치자들을 창조적으로 당황하게 함으로써 다가오는 시대를 미리 맛보게 해야 한다. 그들에게 억압할 필요가 없는 봉사, 품위를 떨어드리지 않는 자선, 비인간화되지 않는 제도, 학정을 펴지 않는 권위, 풍속을 문란시키지 않는 용서를 보여주는 것이다. 그런 것이 가까이 와 있는 하나님 나라이다.

3. 예수와 폭력[5)]

예수께서 성전에 들어가셔서, 성전 뜰에서 팔고 사고 하는 사람들을 다 내쫓으시고, 돈을 바꾸어 주는 사람들의 상과 비둘기를 파는 사람들의 의자를 둘러엎으시고, 그들에게 말씀하셨다. "성경에 기록한 바, '내 집 은 기도하는 집이라고 불릴 것이다' 하였다. 그런데 너희는 그것을 '강 도들의 소굴'로 만들어 버렸다."마21:12-13

예수가 성전 뜰을 차지하기 직전에, 예수는 자신을 해방자로 환영하는 무리의 선두에서 성읍에 들어갔었다. 사람들의 마음속에는 승리의 입성과 성전을 청결하게 하는 것 사이의 분명한 연관성이 있다는 생각을 가지고 있었을 것이다.

기독교 설교와 가르침에서는 이 사건을 부정적으로 사용하였을 뿐 상대적으로 이 사건의 중요성에 거의 주목하지 않았다. 어떤 사람들은 예수가 동물을 몰아내려고 채찍을 사용한 것을, 폭력이 도덕적으로 그리스도인들에게 용인된다는 증거라고 주장했다. 사실 마태복음, 마가복음, 누가복음에서는 채찍을 전혀 언급하지 않는다. 예수는 환전하는 자들의 상에만 물

---

5) 이 장은 원래 다음으로 출판됐다. "Cleansing the Temple" Epiphany: A Journal of Faith and Insight 4 (Spring 1984): 16-18. 이 장에서 다룬 이 주제에 대한 더 깊은 읽기에 관심이 있는 자들을 위해, 다음을 보라, John Howard Yoder, *The War of the Lamb: The Ethics of Nonviolence and Peacemaking* (Grand Rapids: Brazos, 2009) 그리고, *Nonviolence: A Brief History* (Waco, TX: Baylor University Press, 2010).

리적인 힘을 사용하고, 말씀의 권위로만 사람들을 몰아낸 것으로 묘사된다. 채찍은 요한복음 2장 13-16절에 언급되는데, 여기서 이 묘사는 이야기에서 다른 장소에 나온다. 거기서 채찍은 양과 소를 몰아내는 데 사용됐다고 구체적으로 말한다. 이 한 사건이 폭력을 정당화하는 근거라고 주장하는 것은, 진리에 충실하지 않은 것이다. 더군다나 이 사건은 최소한 예수를 따르는 자들에게는 사람에 대한 폭력을 정당화하지 않을 것이며, 치명적인 폭력은 더더욱 정당화하지 않고, 전쟁의 제도적 폭력은 절대로 정당화하지 않을 것이다.

그러나 진리에 충실하다면, 우리는 성전을 청결하게 하는 것이 하나님의 이름을 지니는 백성과 성읍에 대한 하나님의 권리를 증명하는 극적인 방법임을 인정하지 않을 수 없다. 예수는 무질서한 비폭력 시위로 이 일을 행한다. 양과 소에 대해 읽을 때, 우리는 온순한 동물을 생각하지만, 이것들은 희생 제물로 사용하기에 적합한 실제로 흠이 없는 어린 수사슴과 황소였다.

사건의 의미

해석자들은 예수가 왜 당시 벌어지던 상황을 비난했는지에 관해서는 의견을 달리한다. 희생제물을 위한 동물과 제의상 허용되는 주화를 쉽게 얻을 수 있도록 함으로써 성전 고객들의 요구를 충족시키지만, 그 일에서 너무 많은 돈을 벌지 않도록 한 것이 적절했는가? 잘못된 사람들이 그것을 제공하고 있었는가? 사람들은 잘못된 방법으로 그것을 제공하고 있었는가? 아니면 예수는 희생제의 자체가 더는 하나님을 찬양하거나 화해를 야기하고 기념하는 적절한 방법이 아니라는 것을 의도하고자 이런 과도한 행동을 한 것인가? 한 유대 전통이 제안하는 대로, 그것은 대제사장의 가족이 제의적 정결에 근거하여 규제된 상업적 독점으로 부당하게 이득을 챙긴 것이었나? 이사야 56장 7절은 이방인들이 오는 것을 언급하고, 성전이 모든 민족들을 위한 기도의 집이 되어야 한다고 가리키는데, 예수가 이사야 56장 7절을 인용하는 데는 특별한 취지가 있는가?

이 의미들 중 어떤 것이 예수의 마음에 중심을 차지한다고 하더라도, 이 행동이 메시아적인 상징이라는 점은 분명하다. 여호와의 날에 대한 예언적 환상을 구성하는 일반적인 요소는, 성전과 제사장직이 정화되어 이들의 희생제물이 여호와께 받아들여질 만하게 되는 것이었다.말3:3-4 우리에게는 여기서 성전과 성전의 뜰, 예배 장소와 장사 장소, 영적인 것과 정치적인 것을 구분할 근거가 없다. 기름 부음 받은 자가 모든 것을 바르게 하러 오며, 그는 인상적인 타고난 직감으로 그렇게 한다.

마가복음 이야기에서 예수의 원수들이 그를 죽이고자 계획하도록 한 것은, 바로 이 행위였다. 요한복음 2장 17절은 이 사건이 제자들에게 시편 69편 9절, 즉 "주님의 집에 쏟은 내 열정이 내 안에서 불처럼 타고 있습니다."를 떠올리게 한다고 기록한다. 예수의 행동이 신자들을 위한 모범 역할을 할 수 있다면, 우리는 어떤 의미에서 그리고 어떤 명분을 위해 "열정"이 미덕이고, 열정 있는 몸짓이 바람직한지의 여부를 물을 필요가 있다. 대부분 그리스어 용어 '젤로스'zelos는 "질투"로 번역된다. 이것은 종종 "다툼"과 병행을 이룬다. 몇몇 사례에서만 이런 부정적인 의미가 아니라 더욱 부드럽게 "관심"으로 번역한다. 심지어 "하나님을 향한 열정"도 어울리지 않는다. 복음서 이야기의 어디에서도 당시나 현재 독자들에게 이 이야기 안에 참여하도록 초대하지 않는 듯하다.

우리에게 이 사건이 지니는 의미

그리스도인에게 무슨 의미가 있는지를 이 독특한 복음 이야기에서 도출해야 하는가? 아마도 때로 우리는 의식에 관한 종교 사업에 참여하고, 그것을 안전과 이득의 원천으로 바꾸는 듯하다. 이것이 사실이라면, 우리는 상인과 환전하는 자들의 위치에서 우리 자신을 볼 필요가 있다. 다음으로 우리는 회개라는 부름에 직면하고 예수를 따른다. 우리가 이전에 취했던 이득을 버릴지라도, 이 부름은 해방으로 들려야 한다.

아마도 우리 몇몇에게는 제사 제도로 말미암아 성전 예배가 엄두도 못 낼 만큼 비싸게 되어 접근이 힘든 "땅의 가난한 자들"과 자신이 비슷한 처지에 있다고 생각하는 것은 적절할 것이다. 아마도 우리는 우리 마음이 우리 몸을 "성전"으로 볼 풍유적 시각을 여러모로 활용하도록 허용해야 할 것인데, 질투하는 주님은 우리가 "영적 예배"롬12:1로서 우리 자신을 순결한 희생 제물로 바치게 하려고 우리 몸이 제의적 절차로 정화되는 것을 보고 싶어 하신다.

하지만, 이 이야기에서 우리 자신을 보는 최선의 방법은, 하나님에게 영광을 돌리며, 우리가 따르도록 부름을 받은 인간 실존을 예수 안에서 인식하는 제자로서 단순히 보는 것이다. 이 목적을 위해 우리가 도덕적 특권을 지닌 위치에 있다고 때로 확신하도록 하자. 우리는 불의를 보고 하나님의 명예, 순수한 예배의 진정함, 가난한 자들의 위엄이 위기에 처한 지점에서 정의를 대변한다고 스스로 생각한다. 이 강력한 명분을 분명하게 지지하는 인간은 거의 없다. 나는 결코 그래 본 적이 없다. 나는 독자들 대부분이 그런 적이 있었다고 믿지 않는다.

하지만, 이것이 사실일 수 있으며, 매우 분명하고 공정하게 하나님의 명예라는 명분과 착취당하는 자들의 권리를 대변할지도 모른다고 인정하자.

무가치한 동기와 부패한 제도가 합쳐져 사회적 악과 의례적 악을 만드는 곳에 유례없는 예언적 권위로 증언하도록 보냄을 받았다는 것을 확신할 것이라고 인정하자. 매우 명백하게 부패한 현상에 직면하면서, 인간 경험에서 가장 의로운 사람 가운데 하나라고 인정하자. 이런 다차원적 악에 직면하면서, 하나님의 특별한 기름 부음이라는 모든 권위로, 예수는 추적하는 로마 병사들과 성전 근위대를 막으려고 계속 비폭력적으로 무기나 무력을 사용하지 않고 인격적인 태도라는 진리로 당당하게 맞선다. 우리가 단어들의 의미를 확대하고 밧줄로 "폭력"이라는 도구를 만든다 하더라도, 심지어 이 "상징적인 무기"는 여전히 칼이나 무기를 잡는 것보다 무장해제되는 것에 더 가까울 것이다.

예수의 행동의 힘

우리가 예수의 도덕적 힘과 영적인 힘의 위대함을 이해하면 할수록, 그의 행동은—어떤 경비대도 없고 근위대도 없으며 무기도 없이—그 의미에 있어 가능할 뿐만 아니라 본질적이라는 사실이 더욱 분명해진다.

다른 이들은 이전에 무력으로 성전을 청결하게 하려고 시도했었지만, 유대교는 마카비 왕조가 실패했었다고 동의한다. 성전, 성읍과 땅을 무력으로 청결하게 하는 것은 여전히 열심당의 꿈이다. 열심당은 잠시 동안, 곧 메나헴Menachem 지도 아래 66-70년에 그리고 시몬 바르 코흐바Simon Bar Kokhba의 지도 아래 132-35년에 성공한 듯 했다. 그러나 이런 노력들은 심지어 군사적으로도 실패했다. 예수가 사막과 겟세마네 동산에서 유혹받은 점은, 열심당의 사고방식에서 잘못된 것이 정치적이며 군사적으로 실패할 운명이었다는 것이 아니라, 순교로 이어진다는 것임을 분명히 한다. 열심당의 사고방식은 하나님의 성전이나 사람들이 정화될 수 있는 방식이 아니었기 때문에 잘못됐다. 원수의 피는 더렵혀진 성전이나 민족을 정화할 수 없다. 혁명이나 반란의 칼은 자유롭고 공정한 사회를 만들 수 없다.

적절하게도 메시아가 잘못한 자들을 심판할 때, 그는 이들의 피가 아니라 자신의 피를 위태롭게 했다. 우리가 거룩한 명분을 감당한다고 생각할 때마다, 우리는 기꺼이 동일하게 행해야만 한다.

4. 예수와 위엄[6]

"위엄"은 본래 접근하기 어려운 상태를 의미했다. 이스라엘은 이집트의
노예에서 해방된 지 얼마 지나지 않아 하나님의 위엄을 언뜻 보았다.

주님께서 모세에게 말씀하셨다. 너는 백성에게로 가서, 오늘과 내일 이
틀 동안 그들을 성결하게 하여라. 그들이 옷을 빨아 입고서, 셋째 날을
맞이할 준비를 하게 하여라. 바로 이 셋째 날에, 나 주가, 온 백성이 보는
가운데서 시내 산에 내려가겠다. 그러므로 너는 산 주위로 경계선을 정
해 주어 백성이 접근하지 못하게 하고, 백성에게는 산에 오르지도 말고
가까이 오지도 말라고 경고하여라. 산에 들어서면, 누구든지 죽음을 면
하지 못할 것이다. 마침내 셋째 날 아침이 되었다. 번개가 치고, 천둥소
리가 나며, 짙은 구름이 산을 덮은 가운데, 산양 뿔나팔 소리가 우렁차
게 울려퍼지자, 진에 있는 모든 백성이 두려워서 떨었다. …모세는 백성
이 하나님을 만날 수 있도록 진으로부터 그들을 데리고 나와서, 산기슭
에 세웠다. 그 때에 시내 산에는, 주님께서 불 가운데서 그 곳으로 내려
오셨으므로 온통 연기가 자욱했는데, 마치 가마에서 나오는 것처럼 연

---

[6] 그의 위엄에 대한 증언"(Witnesses to His Majesty)이라는 제목의 설교는, 이전에 출판된
적이 없으며, 1984년 3월 4일 미시간 주의 칼라마주에 있는 제일 장로교회에서 설교된
바 있다. 이 설교는 하워드 요더 수집물, Hist. Mss. 1-48, Box 143, folder "First Presbyte-
rian Kalamazoo, 1984," Mennonite Church USA Archives, Goshen, Indiana에서 필사로
발췌했다.

기가 솟아오르고, 온 산이 크게 진동하였다. 나팔 소리가 점점 더 크게 울려퍼지는 가운데, 모세가 하나님께 말씀을 아뢰니, 하나님이 음성으로 그에게 대답하셨다. 주님께서 시내 산 곧 그 산 꼭대기로 내려오셔서, 모세를 그 산 꼭대기로 부르시니, 모세가 올라갔다. 출19:10-12, 16-20

거룩함에 대한 이런 의식은 우리에게 어느 정도 도움이 된다. 너무 오랫동안, 우리 문화는 인간 영의 차원에 포함될 수 있는 용어로 하나님을 재정의하고자 노력해왔다. 우리는 그 이상이 있다고 생각나게 하는 자가 필요하다. 신적인 주도가 있을 필요가 있었다. 이것이 폭풍과 전쟁으로 정의되는 하나님, 구름 기둥과 불 가운데를 다니시는 만군의 주님이다.

다음으로 중재자가 있어야만 했다. 모세는 특별히 부름을 받음으로써 이 과업에 자격을 갖춰야만 했다. 모세는 그의 백성들과 하나님을 위해 불 같은 구름 속으로 들어가려는 위대한 용기 역시 필요했다. 비록 그것이 중대하지만, 나의 주된 주제는 하나님은 거룩한데, 너무 거룩해서 우리가 하나님의 현존에 녹아들어야만 한다는 우리의 의식을 강화해야 할 필요가 있다는 것이 아니다. 비록 그것도 중요하지만 나의 주된 초점은 피조물과 창조주 사이의 중재자를 제공하는 것은 하나님의 주도이지 우리가 아니라는 이해를 새롭게 할 필요가 있다는 것도 아니다. 만일 우리가 마태복음 17장 1-9절에서 발견되었던 복음서 본문을 이해하기 원한다면, 우리는 그 주제들과 배경에 있는 그림이 필요하다.

그리고 엿새 뒤에, 예수께서는 베드로와 야고보와 그의 동생 요한을 따로 데리고서 높은 산에 올라가셨다. 그런데 그들이 보는 앞에서 그의 모습이 변하였다. 그의 얼굴은 해와 같이 빛나고, 옷은 빛과 같이 희게 되었다. 그리고 모세와 엘리야가 그들에게 나타나더니, 예수와 더불어 말을 나누었다. 그 때에 베드로가 예수께 말하였다. "선생님, 우리가 여기에 있는 것이 좋습니다. 원하시면, 제가 여기에다가 초막을 셋 지어서, 하나에는 선생님을, 하나에는 모세를, 하나에는 엘리야를 모시도록 하겠습니다." 베드로가 아직도 말을 하고 있는데, 갑자기 빛나는 구름이 그들을 뒤덮었다. 그리고 구름 속에서 "이는 내 사랑하는 아들이다. 나는 그를 좋아한다. 너희는 그의 말을 들어라" 하는 소리가 들려 왔다. 제자들은 이 말을 듣고서, 얼굴을 땅에 대고 엎드렸으며, 몹시 두려워하였다. 예수께서 가까이 오셔서, 그들에게 손을 대시고 말씀하셨다. "일어나거라. 두려워하지 말아라." 그들이 눈을 들어서 보니, 예수 밖에는 아무도 없었다. 그들이 산에서 내려올 때에, 예수께서 그들에게 명하셨다. "인자가 죽은 사람들 가운데서 살아날 때까지는, 그 광경을 아무에게도 말하지 말아라."

그들이 산에서 내려올 때에, 예수가 그들에게 명했다. "인자가 죽은 사람들 가운데서 살아날 때까지는, 그 광경을 아무에게도 말하지 말아라."

우리는 그리스도의 얼굴이 빛났다는 기사의 시각적인 효과를 강조하기 때문에, 이 장면을 보통 "그리스도의 변모"라고 부른다. 종종, 사람들은 이것이 무엇을 의미하는지 단순하게 추측한다. 우리는 추측을 해서는 안 된다. 그 구체적인 내용은 모세의 이야기를 반영한다. 모세가 산 위에 있던 시간의 마지막을, 우리는 출애굽기 34장 29-35절에서 읽게 된다.

모세가 두 증거판을 손에 들고 시내 산에서 내려왔다. 그가 산에서 내려올 때에, 그의 얼굴에서는 빛이 났다. 주님과 함께 말씀을 나누었으므로 얼굴에서 그렇게 빛이 났으나, 모세 자신은 전혀 알지 못하였다. 아론과 이스라엘의 모든 자손이 모세를 보니, 모세 얼굴의 살결이 빛나고 있었다. 그래서 그들은 그에게로 가까이 가기를 두려워하였으나, 모세가 그들을 부르자, 아론과 회중의 지도자들이 모두 그에게로 가까이 갔다. 모세가 먼저 그들에게 말을 거니, 그 때에야 모든 이스라엘 자손이 그에게로 가까이 갔다. 모세는, 주님께서 시내 산에서 자기에게 말씀하신 모든 것을 그들에게 명하였다. 모세는, 그들에게 하던 말을 다 마치자, 자기의 얼굴을 수건으로 가렸다. 그러나 모세는, 주님 앞으로 들어가서 주님과 함께 말할 때에는 수건을 벗고, 나올 때까지는 쓰지 않았다. 나와서 주님께서 명하신 것을 이스라엘 자손에게 전할 때에는, 이스라엘 자손이 자기의 얼굴에서 빛이 나는 것을 보게 되므로, 모세는 주님과 함께 이야기하러 들어갈 때까지는 다시 자기의 얼굴을 수건으로 가렸다.

중재자

부르심을 받아 하나님의 뜻을 전하는 자가 되고자 하나님께 접근할 수 있게 된 사람은, 말하자면, 하나님의 영광을 위해 투명하게 된다. 사람들은 모세의 메시지와 능력이 단순히 모세 자신의 것이 아니라는 것을 알 수 있다. 만일 우리가 그리스도의 변모를 이해하기 원한다면, 제자들이 겪어야만 했던 것과 같이, 그것을 시내 산 이야기의 재개로 보아야 한다. 예수는 모세와 같이, 하나님의 의해 부르심을 받고 보내심을 받았다. 이것은 우리가 이 본문을 이해하는 데 먼 배경으로 주로 기여한다. 여기에 새 모세, 중재자, 계시자가 있다. 그의 말을 들으라. 그러나 그렇다면 이 예수가 정확히 누구에게 누구의 말을 한 것인지가 중요하다. 그 때문에 우리는 직접적인 배경을 평소보다 더 자세히 볼 필요가 있다.

우리가 성서의 본문들을 읽는 방식은 종종 그것들을 따로 떼어 놓는다. 우리는 성서의 구절들을 읽은 후에, 그것이 "성서"이기 때문에 그 구절 자체만으로 해석하려고 노력한다. 그러나 우리는 편지를 그런 식으로 읽지 않는다. 우리는 전기를 그런 식으로 읽지 않는다.

만일 우리가 이 이야기의 일종의 전환점으로서 마태복음 16장 13-28절을 되돌아본다면, 우리는 예수의 질문 "사람들이 인자를 누구라 하느냐?" "너희는 나를 누구라고 하느냐?"의 의미를 알 수 있다. 시몬 베드로는 "당신은 메시아이십니다."라고 말했다. 예수는 깜짝 놀라게 하는 두 가지 말씀으로 대답했다. 첫 번째, 그는 고난을 받을 것이라고 말했다. 그것은 질병이 아니고 내면의 영적 고난도 아니었다. 그는 배척을 받을 것이고 사회의 지도자들에게 죽임을 당하게 될 것이었다. 베드로는 "주님, 안됩니다. 절대로 이런 일이 주님께 일어나서는 안 됩니다."라고 항의했다. 두 번째, 예수는 그를 따르는 이들 역시 고난을 받게 될 것이라고 말했다. 이 역시 질병이나 단순히 내면의 영적 고난이 아니었다. 당국에게 배척을 받을 것이다. 예수는 그것을 "십자가"라고 불렀고, 그것은 위협에 대한 당국의 적대적 반응을 의미한다.

따라서 우리가 "변모"라고 부르는 사건은 그 자신만을 위해 발생한 것이 아니었다. 그것은 베드로가 제기했던 문제와 도전에 대한 대답이기도 하다. 베드로가 제기했던 문제와 도전은 "나는 하나님의 구원자가 고난을 받아야만 한다는 사실을 믿고 싶지 않다. 나는 예수의 제자로서 고난을 받아야 한다고 믿고 싶지 않다. 나는 하나님의 승리의 확신을 원하고 그것과 함께 하고 싶다."는 것이었다. 이 특별한 반대에 응하여, 예수와 제자들은 시내 산의 경험을 재개하고, 이것이 답이라는 것을 듣고자 산 위로 올라갔다.

선택하지 않은 길들

예수는 다른 무엇을 할 수 있었는가? 베드로는 무엇을 원했는가? 이것이 우리의 증언과 무슨 관계가 있는가? 십자가를 피하는 우리의 정상적인 방식은 갈등을 가까이 하지 않거나 정치를 가까이 하지 않는 것이다. 예수는 사람들이 기도하는 법과 십일조를 내는 법을 가르치는 것에 관심을 기울 수도 있었다. 예수는 돈, 물질, 권력의 사용과 같은 정의에 대한 질문으로 방향을 분명히 할 수도 있었다. 때때로 우리는 이것을 "정적주의"라고 부른다. 그것이 우리가 정상적으로 좋아하는 것이다. 정적주의는 매번 어떤 종교적인 모습으로 우파건 좌파건 간에 어느 한 쪽을 택한다. 어떤 사람들은 언제나 "정치와 종교는 섞일 수 없다."라고 말하며 반대할 것이다. 예수는 그런 분리를 거절했다. 그는 권력과 정의 문제에 관심을 가졌다. 그의 히브리 이름은 모세의 계승자 여호수아와 마찬가지로 "구원자"를 의미한다. 그는 나라에 대해 말했다. 그는 돈을 다르게 다루는 것에 대해 사람들에게 말했고, 하인들, 외부인들, 원수들을 다르게 대했다.

예수가 다른 무엇을 할 수 있었겠는가? 베드로가 다른 무엇을 원했겠는가? 베드로가 진정 원했던 것은 국가 해방 운동이었다. 그는 정의의 편에 서서 힘을 원했다. "정의"는 이스라엘의 자유를 의미했다. 이스라엘의 자유는 군대의 힘과 하나님의 도우심으로 쟁취할 필요가 있었다. 그는 예수가 조지 워싱턴이나 피델 카스트로가 되기를 원했다.

이것은 우리에게보다는 예수에게 더 생생한 선택권이었다. 예수는 정의로운 혁명이 요구되는 것으로 보이는 상황에 살았다. 그의 열두 제자 가운데 어떤 이들과 그의 설교를 좋아했던 군중 가운데 많은 이들은 역사가들이 '열심당' 이라고 부른 저항 운동에 속해 있었다. 그들의 명분은 정의였다. 그들의 적은 우상을 숭배하는 압제적인 로마제국이었다. 사막에서 겟세마네 동산까지, 이것은 예수에게 진정한 유혹이었다. 그의 유혹은 정적주의가 아니었다. 만일 그 길을 선택했다면, 예수는 승리, 지배, 그리고 그와 하나님의 원수들을 멸함으로써 십자가를 피했을 것이다.

하지만, 예수는 그 길을 선택하지 않았다. 그는 그것을 포기했다. 왜냐하면 그는 종이 되기를 선택했고 폭군이 되는 것을 선택하지 않았다. 그는 원수를 사랑하기를 선택했다. 왜냐하면 하나님이 그렇게 하시기 때문이다. 그는 평화의 일꾼이 되기를 선택했다. 예수에게 "평화"는 우리 정치가들 가운데 어떤 이들이 그러하듯이 그의 원수들에게 겁을 주어 복종하게 하는 것을 의미하지 않았다. 또 평화는 불의에 대해 포기하는 것을 의미하지도 않았다. 평화는 그가 대가를 치른 화해를 의미했다. 평화는 원수에 대한 사랑을 의미했다. 그리고 이 모든 것이 베드로의 의심 앞에서 변모를 타당한 것으로 만든 것이었다. 정적주의의 거절과 폭력의 거절이었던, 이 모든 것이 하늘에서 천둥처럼 들려왔던 소리, "이는 내 사랑하는 아들이다. 나는 그를 좋아한다. 너희는 그의 말을 들어라."마17:5가 의미하는 것이다.

베일을 벗은 얼굴로 평화를 도모하기

많은 교회들과 교단들이 평화를 도모하는 일의 중요성을 더욱 뚜렷하게 보기 시작했다. 이것은 새롭게 전쟁이 일어날 것 같은 분위기에서 몇 년간 계속된 일시적 유행으로 지나가는 현상의 증거인가? 아니면 그것은 사라지지 않을 새로운 상황에 직면한 진정한 배움인가?

그 질문에 대한 대답은 우리가 어디에서 시작하는가에 달려 있다. 우리는 단순히 전쟁이 우리를 위협하기 때문에 전쟁을 두려워하는가? 우리는 평화가 더 쉽게 얻을 수 있고 더 편하기 때문에 평화에 관심을 가지는가? 혹은 평화는 만군의 주님의 위엄과 관계가 있는가? 평화는, 우리에게 내려와 어떤 선택도 주지 않는 전능한 하나님의 압력을 받고 있는 것과 무슨 관계가 있는가? 평화는 우리 이름으로 우리를 위해 중재하는 분, 우리 이름과 우리의 구원을 위해 불타는 듯한 구름 속으로 올라갔다가 하나님의 말씀—비록 우리의 원수일지라도 서로 사랑하라고 우리를 가르치는 말씀. 그가 하셨던 것처럼 대신 종이 되기 위해 지배를 포기하라고 우리를 가르치는 말씀. 다른 사람에게 억지로 시키기 위한 프로그램으로서가 아니라 선물, 전제조건으로서 우리에게 평화를 제공하는 말씀.—과 함께 돌아온 이와 어떤 관계가 있는가?

어떤 의미에서 평화를 모도하는 일은 오해의 소지가 있는 용어이다. 평화를 도모하는 일은 평화가 부재하여 우리가 평화를 창조하거나, 혹은 더 나쁜 것으로, 평화를 사람들에게 강요할 수 있다는 암시를 줄 때, 잘못된 그림을 제공한다. 평화는 우리에게 주어졌다. 화해는 우리를 위해 이루어졌고 우리는 거기에 따라 행동해야 한다. 우리는 원수들과 친구가 될 수 없다. 하나님이 그 일을 하셨다. 우리는 이 새로운 실재를 받아들이고 그것에 따라 행동하라는 부르심을 받았다. 오래된 속담, "평화로 가는 길은 없다. 평화가 길이다."는 맞는 말이다. 만일 우리가 우리의 원수들을 사랑하기로 결심하지 않는다면, 우리의 사랑하지 않은 행동으로 말미암아, 우리는 사랑할 수 있는 자리에 이르지도 못할 것이다.

우리 역시 불타는 듯한 구름 속으로 올라가 그 빛남의 투명한 중재자가 된다. 우리는 우리 자신의 힘으로 그렇게 되려고 해서는 안 될 것이다. 우리 자신의 지혜로 그렇게 되는 법을 알지 못할 것이다. 그러나 만일 우리가 모세, 엘리야, 우리에게 그의 방식들을 가르치기 위해 예수를 산 위에 오르게 한 이스라엘의 거룩한 자, 만군의 주님을 예배한다면, 만일 우리가 "이는 내 사랑하는 아들이다. … 그의 말을 들어라."라는 소리를 베드로가 들었던 것처럼 존경과 신뢰로 하나님께 나아간다면, 베드로에게 그렇게 했던 것처럼, 그 목소리가 우리에게 삶의 방향을 제시할 수도 있다. 어떤 사람들이 정의하듯, 평화도모가 우리의 국가적 이익을 위태롭게 하는 것은 매우 당연하다. 그러나 만일 그렇다면, 그것은 훨씬 더 나은 국가 사회의 비전을 위하는 것이 될 것이다. 평화도모는 당연히 우리에게 정적주의와 폭력 사이에 있는 길의 방향을 잡기 위한 무엇인가를 대가로 요구할 것이다. 평화도모는 예수에게 그의 생명을 요구했다. 그러나 만일 우리가 예배하는 하나님은 예수를 보낸 분이시고, 그가 보낸 예수가 복음이 말하는 사람이라면 우리는 선택의 여지가 없다. 만일 우리가 하나님의 자녀라면, 평화의 실천가가 되는 것은 선택사항이 아니다.

5. 예수와 구약성서 전쟁7)

많은 그리스도인들이 그리스도에 대한 헌신 때문에 비폭력에 헌신한다. 이 같은 그리스도인들은 '당신은 구약성서에 대해 어떻게 생각하느냐?'는 해석에 대한 기초적인 질문을 피할 수 없다. 현대 독자들이 구약성서를 탐구할 때, 폭력은 단순히 관대하게 다루어지고 있는 것이 아니라 조장되고 미화되고 있는 것을 볼 수 있다. 우리는 이것을 특별히 (a) 모세와 여호수아와 사사들의 거룩한 전쟁, (b) 자신들의 죽음을 담보로 한 토라의 민법에 대한 주장과 용서 이외의 정신이 숨 쉬고 있는 다른 종류의 보복, (c) 왕의 일가의 운명과 성쇠에 관한 강조와 함께 이스라엘과 유다 왕국의 국가적 존재의 중요성, (d) 시편 기자와 예언자들이 이스라엘의 원수들의 파괴의 가능성에 대해 기뻐하는 곳에서 볼 수 있다.

구약성서의 폭력에 대한 반응에서, 가능한 설명은 제한적인 것으로 보인다. 여기서 나는 수 세기에 걸쳐 제기되었던 네 가지에 대해 논의할 것이다.

---

7) 본래 *The Original Revolution: Essays on Christian Pacifism* (Scottdale, PA: Herald Press, 1971)에 있는 "만일 아브라함이 우리의 아버지라면"(If Abraham Is Our Father)으로 출판되었다. 원래의 작품은 관점이 매우 기술적이어서 편집자들이 가능한 모든 곳에서 단순화하는 작업을 하였다. 이 글을 학문적으로 사용하고 싶은 사람은 원래의 작품을 보는 것이 좋을 것이다. 이 주제에 관한 요더의 견해를 더 많이 읽고 싶은 사람은 요더의 *The War of the Lamb: The Ethics of Nonviolence and Peacemaking* (Grand Rapids: Brazos, 2009)에 있는 "여호수아의 전쟁으로부터 유대 평화주의까지(From the Wars of Joshua to Jewish Pacifism)"와 존John C. 누겐트(Nugent)의 *The Politics of Yahweh: John Howard Yoder, the Old Testament, and the People of God* (Eugene, OR: Cascade, 2011)을 읽는 것이 도움이 될 것이다.

새 시대

산상수훈에서 예수는 "너희는 들었다. … 나는 말한다. …"라고 여섯 번 말한다. 많은 사람들은 이것이 앞에 나타났던 것을 간단히 무시하는 세계사에서 예수가 새로운 시대의 시작을 알리고 있음을 의미하는 것으로 해석한다. 이 견해에 따르면, 우리는 구약과 신약성서 사이의 어떤 모순에 관해서도 당황할 필요가 없다. 예수는 구약성서의 어떤 것들은 더는 적절하지 않다고 선포하였다. 예수는 새로운 규칙을 가진 새 언약을 소개하였다. 문제가 해결되었다.

이 접근 방법은 종교적 진리에 대해 진보적이거나 발전적인 견해를 가진 사람들에게 매력적이다. 이 방법은 또한 하나님의 통치라는 특별한 관점에도 적절하다. 하나님은 원하면 언제든지 사물의 질서를 바꿀 수 있다. 이것이 바로 하나님이 책임진다는 것이 의미하는 바이다. 하나님은 모든 사람들의 명백한 불일치와 모순에 대해 책임지지 않는다. "세대주의"로 알려진 보수적인 입장은 하나님이 인간과 관련하여 다른 방식을 가지는 일곱 가지 다른 시대혹은 세대가 있다고 본다. 한 시대에서 다른 시대로 이동하는 것은, 역사의 운동이 앞으로 나아가는 것이다. 하나님은 각 이동을 의도적으로 만들기 때문에 우리는 이 이동들 가운데 어떤 것도 모순으로 보아서는 안 된다.

이 입장은 많은 진지한 사상가들을 매료시켰지만, 두 가지 심각한 결점을 가진다. 첫 번째, 예수는 구약성서를 무시하고 있다고 말하지 않는다. 예수가 "너희는 들었다.…"라고 말할 때, 그는 구약성서를 인용하지 않는다. 대신 예수는 구약성서 율법의 틀린 해석이나 오용을 인용한다. 예수는 구약성서의 결점을 지적하기보다는 그것의 원래 의도를 분명하게 한다. 예수는 고유의 명령들을 내리기 전에 자신이 율법학자들과 바리새인들의 의

보다 큰 의를 요구하고 있다고 말한다. 율법을 폐지하는 대신, 예수는 자신이 율법의 아주 작은 것 하나까지도 성취할 것이라고 말한다.마5:17-19 만일 우리가 산상수훈의 내용에 주목한다면, 예수가 구약성서 율법을 무시하려는 의도가 없다는 것을 볼 수 있다.

두 번째 결점은, 만일 우리가 합법적인 법전을 무시하는 것에 대해 말하고 있다면, 우리는 옛 것이 정확하게 언제, 누구의 권위로 폐지되었는지에 대해 분명히 할 필요가 있다. 구약성서 전체가 폐지되었는가, 아니면 특별한 합법적 요구만이 폐지되었는가? 만일 단지 약간의 단편들만이 폐지된다면, 우리는 어떻게 어떤 것이 여전히 타당한 것인지를 알아낼 수 있는가? 독실한 유대인인 예수가 정말로 자기 백성들의 성서의 권위가 전혀 남아 있지 않기를 바랐는가? 만일 모든 것이 폐지되지 않았다면, 우리는 무엇이 폐지되었는지를 결정하려는 조심스런 절차가 필요하다. 이런 유형의 과정은 자명하지 않다. 하나님이 관리하고 율법을 만들고 바꿀 수 있는 권리가 있다고 말하는 것은 다른 것이다. 그러나 하나님이 분명하게 말씀하지 않을 때 인간이 하나님의 목적의 변화에 공헌하는 것은 또 다른 문제이다.

예수는 이스라엘의 믿음과 유대인의 소망을 성취했다고 주장한다. 성서의 하나님은 신실하고 믿을만한 목격자라고 주장한다. 이 두 주장은 시대의 변화를 알리는 선언이 되어 심각하게 위태로워진다. 만일 우리가 변화의 본질과 왜 그것이 발생했는지, 그리고 어디까지 나아갈 것인지에 대한 분명한 이해가 부족하다면, 이것은 특별히 그러하다. 마태복음 5장의 예수의 말씀들은 우리의 문제를 완전히 없애는 것은 아니다. 만일 그렇다면, 그 말씀들은 모든 구약성서를 쓸모없이 만들 것이며, 그것은 분명 그 말씀들이 의도하는 것이 아니다.

불순종에 대한 양보

예수의 말씀, "그러나 나는 말한다.…"를 해석하는 다른 방식이 있을 수 있다. 이 말씀들은 하나님의 목적을 실현할 수 있도록 밝히고 이끄는 새로운 단계를 가리킬 수 있다. 우리는 하나님의 목적이 언제나 같다고 말할 수 있지만, 구약성서 시대에 불순종하는 사람들은 하나님의 완전한 목적을 받아들이고 순종할 의지가 있거나 준비가 되어 있지 않았기 때문에 양보하셨다고 말할 수 있다. 옛 것에서 새로운 것으로의 변화가 있지만, 그 변화는 하나님이 인정을 끝내셨기 때문에 일어난다.

이 접근에 대한 가장 강력한 증거는 예수가 신명기 24장의 이혼에 관한 일반적 원칙을 해석한 방식이다. 예수는 "모세는 너희의 마음이 완악하기 때문에 아내를 버리는 것을 허락하여 준 것이지, 본래부터 그랬던 것은 아니다."라고 말한다. 예수가 하나님의 본래의 목적과 우리의 순종할 수 있는 능력에 대한 우리의 지식을 회복했기 때문에, 이스라엘의 완악한 마음에 대해 양보하는 것과 닫힌 마음이 철회되었다.

이 입장은 이전의 것보다 나은 몇 가지 논리적 이점을 가지고 있다. 이 입장은 하나님의 명령의 진정한 변화를 인식하지만, 그것은 이 변화에 대한 더욱 철저한 근거를 제공한다. 이 입장은 단순히 하나님의 변덕스러운 뜻이나 알 수 없는 목적들을 가리키지 않는다. 하나님이 아니라 인간이 그 양보에 대해 책임이 있다. 하나님의 반응은 인내에 근거했다. 그것은 절대 하나님의 궁극적인 뜻이 아니었다.

이 접근에도 역시 결점이 있다. 우리가 어떻게 이혼과 결혼의 논리에서 폭력과 무저항에 대한 질문에 이르기까지 도달할 수 있는가? 우리가 같은 조치를 취하도록 장려하는 구약성서에서 전쟁과 이혼은 공통점을 가지는가? 무저항의 사랑과 결혼이 신약성서에서 어떤 공통점을 가지는가? 아마도 어떤 유사한 점이 있겠지만, 하나님의 양보는 이혼과 관련해서는 분명히 풍부하게 이루어질지라도 전쟁과 관련해서는 그렇지 않다.

게다가, 이 접근은 구약성서 자료의 형태에 사실상 적절하지 않다. 구약성서는 이혼을 명하지 않는다. 이혼은 주된 목적이 이혼을 제한하고 여성의 위엄을 보호하기 위한 정황에서만 마지못해 허락된다. 성전聖戰이나 사형에 대해 똑같이 말할 수 없다. 이런 문제들의 대해, 양보의 개념은 완전히 이질적이다.

교육적 전략

아마도 하나님은 마음의 완악함에 맞추는 대신, 미개한 도덕적 미숙함에 맞추려 했을 것이다. 폭력의 파괴적인 결과와 사랑의 구속적인 결과에 대한 통찰은, 이것들이 여러 단계에 걸쳐 진보된 이후에라야 문화에 의해 획득될 수 있다. 하나님의 궁극적인 가치들은 모세 시대의 거칠고 문맹인 백성들에게 요구하기에는 너무 많았을 것이다. 그러나 예수 시대에 이스라엘은 예언자들, 유배의 경험, 로마의 법에서 수많은 교훈들을 배웠다. 따라서 예수의 고통 받는 사랑에 대한 요청은 1세기에는 훨씬 더 현실적이었다.

이 교육적 접근은 잘 알려진 양육의 직무에 비유될 수 있다. 2살 때 부모는 아이에게 성냥이나 전기 소켓을 만지지 말라고 명령한다. 몇 년 후에 부모는 아이에게 성냥과 전기 소켓의 적절한 사용법을 가르쳐줄 수 있다. 그 부모는 일관성이 없는 것이 아니다. 불 또는 전기의 본질은 변하지 않았다. 그러나 아이가 그것들을 이해하고 사용할 수 있는 능력에서 변화가 있었다. 이제 아이가 어떤 행동들을 적절하게 할 수 있는 방법을 이해하기 때문에, 부모들은 이전에는 금지했던 행동들을 허락할 수 있다.

이 입장과 관련된 한 가지 장애는, 이 입장이 인간 사회를 진화적 관점에서 본다는 것이다. 이것은 정당화하기 어려운 도덕적 우월성을 지닌 고대 이스라엘을 무시하는 것이다. 사람들은 성서의 권위를 향한 조금 느슨한 태도 역시 가져야만 한다. 성서에서, 하나님은 "미성숙함의 적응"이라는 항목에 쉽게 들어맞는 특별한 가르침들을 준다. 성서에서, 아이가 불을 사용하는 것에 대한 유추는 의미심장하게 역전된다. 이스라엘의 전쟁의 사례에서, 위험한 무기를 사용하라는 명령이 먼저 나오고, 뒤늦게 금지된다.

영역 사이의 차이

앞에 나온 세 가지 견해들은 구약의 전쟁을 신약의 무저항보다 덜 지지하는 것으로 해석한다. 이 모든 견해에는 중대한 단점이 있다. 이 단점을 고려할 때, 주류 기독교 사상가들은 성서 자료를 다른 차원이나 영역으로 구분함으로써 이 문제를 해결했다. 이들은 구약과 신약이 단순히 다른 주제에 대해 말한다고 주장함으로써 구약과 신약을 조화시킨다. 구약은 사회 질서를 위한 윤리적 가르침을 제공하고, 신약은 개인을 위한 가르침을 제공한다. 이런 접근으로 우리는 성서가 온전하게 통일된다고 볼 수 있다. 성서의 진리와 가르침은 시간과 상관없이 유효하며 모순이 없다. 우리는 다른 주제들 사이의 차이점을 인식하기만 하면 된다.

구약 이야기는 히브리 백성들의 사회생활을 다룬다. 하나님은 사회 질서가 스스로 지켜지도록 명령을 내리며 승인했다. 이것에는 외부 적들과 사회의 내부 위협에 맞서는 폭력 사용이 포함된다. 이 견해에 따르면, 이 명령들은 당시와 우리 시대에 사형과 군사적 폭력에 정당성을 부여한다. 신약은 이것 가운데 어느 것도 부인하거나 철회하지 않는다. 신약은 동일한 주제에 대해 말하지 않기 때문에 그렇게 할 수 없다. 신약에서 어떤 것도 사회 질서를 위한 표준을 정하지 않는다. 이 문제를 말하는 유일한 신약 본문들은, 사회 질서가 자신의 환경을 통제한다고 인정하는 본문들이다. 이 것은 "황제의 것은 황제에게 돌려주고"마22:21와 "사람은 누구나 위에 있는 권세에 복종해야 합니다."롬13:1와 같은 진술을 한다. 신약 윤리는 비폭력 과 권리 포기와 자발적인 고난의 감수에 대해 말할 때, 개별 그리스도인들 만이 자신들의 개인 관계와 교회에 적용한다. 그러므로 모순은 없다.

이 접근에는 실제로 문제를 해결할 필요가 없다는 큰 장점이 있다. 이 접 근은 단순히 문제가 있다는 것을 거부한다. 하지만 이 접근 역시 중대한 단 점이 있다. 우리가 개인과 사회를 분명하게 구분하려 할 때, 단점들이 표면 으로 드러난다. 우리는 신약이 단순히 황제에게 순종하는 것보다 사회와 정 치 질서에 대해 더 많이 이야기한다고 인정할 때, 또한 단점들이 표면으로 드러난다. 구약의 사회법에서 현대 사회 질서에 대한 지침을 제공하는 것 이 정확하게 무엇인지 물을 때, 더 큰 결점이 있다. 이것은 성전聖戰에서 성 읍을 대량학살하거나 자기 부모에게 대꾸한 젊은 사람을 돌로 치는 것에 대한 구체적인 세부 내용을 포함하는가? 아니면 이것은 단순히 사회 질서 의 일반적인 원리인가? 그렇다면 우리는 일반적인 원리와 구체적인 적용 사이를 어떻게 구분하는가? 이 접근의 또 다른 약점은, 이것이 구속사의 과정에서 어떤 진전도 인정하지 않는다는 것이다. 하지만 구속사는 약속 과 성취 또는 예견과 기대의 문제다. 이것은 일종의 변화를 당연하다고 여 긴다.

상황적 견해

위의 접근 대부분은 신약에서 구약을 되돌아봄으로써 문제를 진술한다. 다시 말해서 대부분의 접근법들은 하나님이 항상 동일하고, 가장 분명하 게 예수에게서 드러난다고 전제한다. 다음으로, 이 접근법들은 어떻게 하나님이 일관되게 예수와는 다른 것을 예수 이전 시대에 명령할 수 있는가라고 묻는다. 우리가 신약 관점에서 구약을 볼 때, 구약과 신약 사이의 차이점이 인상적으로 떠오른다. 이 차이점은 살인이 금지됐는가, 아닌가의 기로에 있는 듯하다. 하지만, 이 이야기는 이런 식으로 들리지 않는다. 이 이야기는 신약 관점에서 구약을 되돌아보며 고찰하지 않는다. 반대로 이야기는 반대 방향으로 의도적으로 움직인다고 자세히 말한다.

구약 사건들이 일어난 것으로 보고 신약을 예상할 때, 상황이 꽤 달라 보인다. 우리가 구약 이야기를 읽을 때, 먼저 그것이 나중에 나오는 이야기와 어떻게 다른지 묻지 말아야 한다. 대신 우리는 이전 이야기와 어떻게 다른지, 또는 당시 무엇이 공통적이었는지를 물어야 한다. 다음으로, 우리는 구약 이야기가 나중에 나올 이야기를 향해 진행할 것인지의 여부와 어떻게 진행하는지를 물을 수 있다. 우리가 이런 식으로 질문하면, 살인에 대한 명령의 다양성이 기본적인 문제가 아니라는 것을 발견한다. 기본적인 문제는 언약 공동체를 이해하고, 언약 공동체가 자체를 존재하게 하고, 그것을 돌보겠다고 약속한 하나님과 맺은 관계를 이해하는 것이다.

구약의 역사적 맥락에서 구약의 의미에 초점을 두어야 할 이 필요성은, 아브라함이 아들, 이삭을 바치라는 하나님의 명령창22장을 살펴봄으로써 설명될 수 있다. 우리가 이 본문을 원래 상황보다는 현재 상황에서 해석할 때, 이 본문 자체를 시종일관 오해하게 된다. 특히 피의 의식에서 자기 아들을 죽이는 것은 도덕적으로나 문화적으로 혐오스럽다고 알고 있다. 우리는 이 이야기를 해석할 때, 사람이 어떻게 혐오스러운 일을 하라는 하나님의 명령을 다룰 수 있는지를 묻는다. 하나님이 이런 끔찍한 일들을 우리에게 하도록 명령할 권리를 가질 자격이 있기 때문에, 우리는 이 이야기가 하나님의 주권에 대해 무어라고 말하는지 궁금하다.

하지만, 우리에게는 이상해보이지만, 아브라함의 문화에서는 첫 태어난 아이를 희생 제물로 바치는 것에 대해 도덕적으로나 문화적으로 전혀 혐오스러운 것이 없었다. 아브라함의 이웃들도 동일한 행위를 저질렀다. 자기 장자를 희생 제물로 바치는 것은 자연스러웠다. 하나님또는 신들은 아내의 다산에 대해 책임을 진다고들 여겼으며, 이 희생제물은 아내의 미래 다산을 보장하는 방식이었다. 이스라엘 족속과 이스라엘의 이웃들은 자기 가축 떼와 곡식의 첫 열매를 바칠 때 비슷한 논리를 따랐다. 다산은 하나님의 선물이기에 태와 가축과 무화과나무의 첫 열매는 하나님에게 속한다. 만일 아브라함 이야기를 인간에게 끔직스러운 일을 하게 하는 하나님의 역설적인 명령으로 이해한다면, 우리는 그 이야기를 전적으로 오해하는 것이다. 원작에서 요더는 쇠렌 키에르케고르와 디히트리 본훼퍼를 이런 종류의 요점을 강조하는 자들의 예로 언급하는데, 이는 이들이 현대 관점의 렌즈를 통해 본문에 초점을 두기 때문이다.[8]

또 다른 현대의 오해는, 자기 자녀에게 감정적으로 애착하는 것에 초점을 둔다는 것이다. 우리 문화는 아버지가 아들에게 감정적으로 깊게 애착하는 것을 강조한다. 현대의 아버지가 자기 아들의 목숨을 빼앗는 것은 생각할 수 없다. 그래서 하나님은 사람에게 자신의 가장 깊은 성품과 충동에 그토록 반대되는 일을 요구하고 있는데, 우리는 이 본문이 하나님의 성품이나 하나님의 주권에 대해 우리에게 무엇을 말하는지 궁금하다. 그러나 우리는 다시 현대화한다. 아버지와 아들 사이의 이런 감정적 애착은, 아브라함 시대에는 우리와 같지 않았다.

그렇다면 아브라함에게 무엇을 시험한 것인가? 창세기의 더 광범위한

---

8) 원작에서 요더는 쇠렌 키에르케고르와 디히트리 본훼퍼를 이런 종류의 요점을 강조하는 자들의 예로 언급하는데, 이는 이들이 현대 관점의 렌즈를 통해 본문에 초점을 두기 때문이다.

이야기와 히브리서 11장은, 아브라함이 생존을 위해 하나님을 신뢰할 것인지 그 여부에 대한 시험이었다는 사실을 분명히 한다. 이삭은 아브라함의 유일한 적법한 아들이었으며, 하나님은 아브라함에게 허다한 후손을 가지게 될 것이라고 약속했었다. 자기 아들이 죽는다면 어떻게 아브라함은 후손을 가질 수 있겠는가? 위기에 처하는 것은 단순히 아브라함 개인의 이익만이 아니라, 하나님의 약속과 목적이었다. 문제는 "내가 하나님에게 내 이익을 희생할 수 있는가"가 아니라, "그렇게 하는 것이 하나님 자신의 목적을 위험에 빠뜨리게 하는 것으로 보일 때, 내가 하나님에게 순종할 수 있는가?"였다. "하나님이 제공할 것이다"라는 대답은 주로 우리의 생존이나 위로에 대한 것이 아니다. 오히려 "하나님은 제공할 것이다"는, 그렇게 하는 것이 하나님 자신의 목적을 위험에 빠뜨리게 하는 것처럼 보일 때조차도 하나님에게 순종하는 것이 합리적이라고 단언하는 것이다.

구약 전쟁에 대한 적용

우리의 문화적 전제에 문제를 제기하는 이 실행으로 말미암아, 우리는 고대 이스라엘에서 성전聖戰의 현상을 해석할 준비를 하게 된다. 여기서 우리는 게하르트 폰라드Gerhard von Rad와 밀러드 린드Millard Lind의 선구자적 연구를 광범위하게 따를 수 있다.9) 고대 이스라엘에서 성전은 어떤 사회 현상이었는가? 우리는 성전이 신약의 제자도와 어떻게 다른지가 아니라, 그것이 원래 문화적 상황에서 어떻게 독창적이었는지를 물어야 한다.

우리는 성전 현상을 이해하고자, 아브라함 이야기를 자체 상황에서 해석함으로써 배운, 다음과 같은 다섯 가지 원리를 적용할 수 있다.

---

9) Gerhard von Rad, *Holy War in Ancient Israel, trans.* Marva J. Dawn and John Howard Yoder 그리고 Millard Lind, *Yahweh is a Warrior* (Scottdale, PA: Herald Press, 1980).

1. 다른 어떤 해석학적 작업을 하기 전에는, 동일한 명령 자체를 우리 자신에게 적용하려는 노력으로 너무 성급하게 해석하지 말라.
2. 당시 시대와 장소의 문화적 선택권의 관점에서 본문의 긍정적인 의미를 해석하라.
3. 아브라함의 결정 가운데 다른 상황으로 바꿀 수 있는 요소를 확인하라.
4. 신약에서 사용한 동일한 이야기히11장에서 실마리를 찾아라.
5. 이런 식으로 자료를 해석할 때, 최소한 우리 해석이 우리가 읽고 있는 이야기에 공정하기를 원한다면, 살인이 옳은가 아니면 그른가의 문제는 시작하기에 적당한 것이 아니라는 것을 알게 된다.

이 원리를 염두에 두고, 초기 구약 이야기의 종교적 전쟁으로 돌아가자. 어떤 요소들은 홍해에서 사울 왕까지의 이야기 전반에 있다. 우선 생명을 취하는 것이 옳은가 아니면 그른가의 문제는 이 이야기에서 대두하지 않는다. 이 본문들 가운데 어느 본문도 성전을 "살인하지 못한다."출20:13라는 명령과 연결시키지 않는다. 구약은 정당한 전쟁 이론과 마찬가지로 살인이 어떤 상황을 제외하고는 잘못이라고 주장하지 않는다. 이 지점에서 누구도 십계명에서의 살인 금지가 전쟁과 관련된다고 생각하지 않았다.

고대 이스라엘의 성전은 종교적 사건이다. 성전은 의식으로 묘사된다. 성전 이야기는 헤렘이라는 용어를 부각시키는데, 이 용어는 "분리" 또는 "금기"를 의미한다. 공격받기 전에 가나안 성읍은 "여호와에게 바쳐질" 것이다. 이것은 성읍의 거주자를 포함해서 전체 성읍을 희생 제물의 대상으로 삼는 의식이었다. 피흘림은 아버지나 어머니 또는 자녀로 간주될 수 있는 인간의 목숨을 빼앗는 것으로 여기지 않았다. 대신 성전은 적을 이스라엘의 손에 넘긴 하나님에게 바치는 피흘림의 대규모 희생 제물이었다. 이스라엘이 개인적인 차원에서 적들을 미워하기 때문이 아니라, 훨씬 제의적 방법으로 이들은 인간 희생 제물이 되기 때문에 죽임을 당한다.[10]

이 제의적 상황에는 경제적인 부작용이 있다. 적의 모든 노예와 가축이 한 번의 대규모 희생 제물로 죽임을 당한다면, 전쟁의 전리품은 없을 것이다. 전쟁은 약탈을 통해 즉시 풍요로워지는 원천이 되지 않는다. 그리고 전쟁은 전리품을 어떻게 나눌 것인가에 대해 병사들 가운데 다툼의 원천이 되지도 않는데, 이는 전리품이 없기 때문이다.

구약의 성전은 전략적인 계획의 예측 가능한 결과가 아니라 그때만의 카리스마적인 사건이다. 이스라엘은 이웃하는 적의 압력에 영향을 받아, 왕족이나 전문적인 군사 계급에 속하지 않는 지도자가 일어난다. 지도자의 부름에 반응하여, 이스라엘의 남자들은 각기 무기를 들고 오는데, 무기는 전형적으로 이들이 막 사용하고 있던 것들이다.도끼, 괭이 등 전문적인 군대나 군사 전략가는 없다. 이스라엘의 군대가 이기면, 그것은 이스라엘이 더 큰 전문적인 기술을 가졌거나 숫자가 많아서가 아니다. 승리는 기적이었다. 즉 "주님께서는 그들의 모든 원수를 그들의 손에 넘기셨"기 때문이다. 수21:44 때로 여리고 성을 도는 전쟁과 기드온 전쟁에서처럼, 전체 전투의 비이성적이며, 비전문적이고 기적적인 성격을 분명히 하고자 특별히 상징적인 조치를 취한다. 그러나 이스라엘 족속이 다른 나라들처럼 왕과 상비 군대를 가지기를 원할 때, 기적적인 성전은 종결된다.

---

10) 우리가 이 관점을 야만적이라고 판단하기 전에, 당시의 전쟁은 적 병사들을 중대하게 다른 관점에서 보는지에 대해 생각해야 한다. 적들은 자녀, 배우자 또는 형제가 아니라, 나라의 더 큰 명분에 비추어 희생되어야 할 "부수적인 피해"나 생명으로 간주된다. 우리는 심지어 우리를 대신해서 이들의 목숨을 "희생시키려고" 우리 나라를 위해 싸운 자들을 존경한다. 구약은 이스라엘 족속들도 자신의 대적들의 목숨을 희생시키고 있다고 인정한다는 점에서 단지 더 분명할 뿐이다[편집자의 해설].

그렇다면 성전의 원래 경험은 이스라엘에게 무엇을 의미했는가? 핵심은 이스라엘의 생존이 여호와 곧 자신들의 왕의 보호에 맡겨졌다는 점이다. 이스라엘은 스스로의 제도적 철저한 준비나 왕족의 안정성에 의지할 필요가 없었다. 여호와가 제공할 것이다.

성전의 핵심 의미에 대한 이 해석은, 후대 예언가들과 역대기 저자에게서 뒷받침된다. 그들은 이스라엘이 아말렉 족속을 죽였기 때문에, 하나님의 적 모두를 처형해야 한다고 결론 내리지 않는다. 오히려 그들은 여호와가 항상 과거 자신들을 돌보았기 때문에, 자신들의 가까운 미래를 위해 공급하는 하나님을 의지해야 한다고 믿었다. 성전 전통은 후대 세대가 해석하는 대로, 군사 계급, 군사 동맹 그리고 군사력에 근거한 정치적 전략의 발전에 맞서 작용했다.

다른 요소도 있다. 폰라드에 따르면 여호수아서를 표면적으로 읽을 때 얻는 그림은 오해하기 쉽다. 이 그림은 매우 제한된 시기에 팔레스타인 곳곳을 빠른 군사력으로 휩쓸었다는 인상을 준다. 이런 군사적 운용은 공격적이며 전략적으로 보인다. 그러나 비평적 역사 재구성에 따르면, 이스라엘은 서서히 가나안 정착지 사이의 공간에 침투했고 결국에는 더 많이 정착하게 되고 유목생활이 줄어들게 된 것 같다. 이스라엘이 정착하면서, 그 땅의 이전 거주민들에게서 위협을 받았고, 어떤 식으로든 이들을 처리해야만 했다.

그래서 우리는 여호수아서를 읽을 때, 수 세대 동안 이스라엘 가운데 지속된 가나안 성읍들에 대한 다른 성서의 기록 역시 주목해야만 한다. 동일한 영토 내에서 블레셋, 가나안, 암몬, 다른 가까운 이웃들이 있다. 이스라엘이 팔레스타인에 어느 정도 공격적으로 침투했지만, 실제 성전의 군사적 운용은 방어적인 경향이 있었다.

역사적 견해에 대한 사례

우리는 역사적 맥락에서 구약 전쟁의 의미에 중점을 둘 때, 고대 히브리인들을 향해 저자세나 독단적이 되는 것을 꺼린다. 우리는 하나님이 그들에게 싸우라고 말씀했다거나, 하나님이 그들의 의식적인 불순종에 대해 "양해"했다는 그들의 틀린 생각에 대해 말하는 것을 거린다. 우리는 이 사건들에서 이야기가 전하는 대로, 역사적으로 적절한 용어로 이스라엘에게 말씀하는 만군의 여호와에게서 실제 말씀이 있었다고 단언할 수 있다.

성전의 경험은 특정 문제, 곧 하나님의 백성들이 생존을 위해 기꺼이 하나님의 기적에 의존하고자 함을 말한다. 이스라엘의 성전은 자신의 정체성과 공동체를 위해 여호와를 의지하는 것 이외에 다른 어떤 버팀목도 필요하지 않다는 구체적인 경험이다. 게다가 여호와는 왕이기 때문에, 이웃 나라들처럼 지상의 왕이 있을 필요가 없다.

고대 히브리인들에게서 후기 예언자들을 거쳐 예수에게 이르기까지, 실제적인 역사적 움직임, 즉 실제적인 "진보"가 있었다. 하지만 이 진보의 초점은 변화된 윤리 법전이 아니라, 하나님의 백성이 된다는 것이 무엇을 의미하는지에 대해 점차적으로 정확해지는 정의다. 이스라엘 백성이 이스라엘 국가와 동일시되는 것은, 구약의 사건과 예언으로 점차적으로 사이가 벌어졌다. 이 동일시 됨은 모든 백성들을 위한 여호와의 관심에 대한 성장하는 비전의 발전과 모든 백성들이 율법을 배우러 예루살렘에 올 때에 대한 약속으로 사이가 벌어졌다. 그것은 또한 신실한 남은 자라는 개념의 발전에 의해서도 사이가 벌어졌는데, 이는 더는 지리적이며 민족적 단체로서의 모든 이스라엘이 여호와의 목적에 쓸모 있다고 여겨지지 않기 때문이다.

이 두 변화는 살인 금지의 적절함을 변경시켰다. 모든 사람들을 장차 언약에 참여할 자로 보게 되면, 외부자는 더는 인간보다 못한 존재나 희생 제물로 바칠 대상으로 간주될 수 없다. 자신의 민족적 존재를 더는 여호와의 은혜의 보증으로 여기지 않는다면, 성전과 같은 기적이 더는 민족적 존재를 구원하기를 기대할 수 없다. 이와 같이 성전 개념은 새로운 민족적 요구를 선언함으로써가 아니라, 하나님 아래 공동체라는 이스라엘의 개념을 재구성함으로써 제거된다.

이전에 묘사된 다른 관점들 가운데, "교육적 전략"이 가장 유용하다. 이 견해는 인간들이 구속사 과정을 통해 준비됨에 따라, 하나님이 인간들에게 어떤 것들을 가르친다고 본다. 그러나 우리가 이것을 하나님이 이끈 사건 과정보다는 우리 자신, 즉 청중에게 초점을 두는 것으로 본다면, 이 견해는 문제가 있다. 교육이라는 주제는 우리에게 모든 학생들이 자신의 학습능력에 따라 반응하는 교육과정이라는 그림을 제공한다. 하지만 학습자 중심의 그림은 기만적이다. 구원사는 반복될 수 있는 교육과정이라는 그림에 적합하지 않은 확고부동함과 최종적인 성격을 지닌다. 예수는 자기 시간이 됐기 때문에 시간이 차서 오직 한 번만 왔다. 많은 유대인들이 하나님이 다음에 가르치려는 것에 대해 준비가 되어 있는 자신들의 강의계획서의 한 지점에 도달했기 때문에, 예수가 온 것은 아니다. 실제 역사에서 실제 하나님의 실제적인 사역은 학습자의 능력이 결정하는 어떤 속도로 교육과정을 통과하는 과정으로 축소될 수 없다. 게다가 사람들이 예수 시대보다는 오늘날, 그리고 여호수아 시대보다는 예수 시대에 더 "준비가 됐거나" "성숙"하다고 말하는 것은 정확하지 않을지도 모른다.

우리는 살인을 허용하는 구약과 허용하지 않는 신약으로 뚜렷하게 경계를 나누지 않아야 한다. 대신 우리는 성전에서 새로운 것으로 시작하고 인간 예수에 대해 새로운 것으로 계속 단계를 밟아가며 움직이면서, 일관된 선을 따라 움직이는 긍정적인 움직임을 목격할 것이다. 이미 구약성서의 첫 단계에서 사람의 생존을 위해 하나님을 의존하는 것이라는 주제는 새롭다. 이미 이스라엘의 가장 초기 입법에서 간접적인 보복 거부와 같은 신선함이 있는데, 이는 다른 고대 민족들의 법의 일부분이었고, 여자와 노예들에게 더 큰 존엄성을 부여한다. 예언자들은 점차적으로 이야기가 진행됨에 따라 이 동일한 차원을 강조한다. 이 움직임은 다양한 방식으로 이어진다. 즉 비 이스라엘 사람들은 지파에 통합되고, 이스라엘의 부름이라는 비전이 다른 나라들을 포함하기까지 확대되며, 예언자들은 이스라엘 족속이 왕권과 영토적 주권을 자신들의 정체성의 중심이라고 보는 방식을 비판했고, 역사는 궁극적으로 이 왕권에 대한 예언자들의 비판을 확증하며, 영토의 주권은 보류됐다.

이 움직임은 궁극적으로 침례 요한이 예수를 위한 문을 여는 지점에서 절정에 이른다. 곧 "너희는 속으로 '아브라함은 우리의 조상이다' 하고 말하지 말아라. 내가 너희에게 말한다. 하나님께서는 이 돌들로도 아브라함의 자손을 만드실 수 있다."눅3:8 아브라함의 자녀가 된다는 것은 아브라함의 신앙을 공유한다는 것을 의미한다. 이와 같이 민족적-정치적 민족성의 중요성이 줄어드는 것은 두 방향으로 완성된다. 가족 관계는 하나님이 이방인들에게 열 수 있는 기적적인 선물이기 때문에, 아브라함의 잠재적 자녀가 아닌 자는 어느 민족에서도 없다. 한편 아브라함 언약으로 태어난 자들이 자신들의 불신앙으로 언약에 대한 주장을 위기에 빠뜨릴 수 있으며 또한 위기에 빠뜨렸기 때문에, 아브라함 언약을 감당하는 자로서 다른 사람들에 맞서 스스로 변호할 수 있는 기존의 민족적-정치적 민족성은 전혀 없다. 자기 백성들의 안전과 정체성을 위해 하나님을 자발적으로 의지하고자 함이 성전의 본래의 구체적인 도덕적 의미였다. 이 본래의 자발성은 이

제 성전에 본래의 의미를 부여했던 백성과 적들에 대한 이전 정의를 자발
적으로 거부하는 것으로 다시 표현된다.

제2부 · 교회의 종교

6. 하나님의 백성과 세상 역사[11]

사회적 영역에 관해 생각할 때, 우리는 종종 두 개의 관심에 초점을 맞춘다. 하나는 개인이다. 개인은 믿음을 가진 사람, 하나님에게서 멀리 떨어져 있는 사람, 혹은 구원 받은 사람이다. 동시에 개인은 결정하는 사람이므로, 그래서 자신의 동기, 죄, 혹은 회개에 관하여 말하기에 적절하다. 다른 초점의 핵심은 전체로서의 역사이다. 우리가 역사를 생각할 때, 대개 자신들을 대변하는 나라들과 정부들에 초점을 맞춘다. 때로 우리는 문명이나 경제와 같은 세계적인 실재에 대해 말한다. 하지만, 우리는 역사를 큰 그림을 만드는 사건들의 넓은 범위로 생각하는 경향이 있다.

기독교 사회 윤리의 대부분의 논의는 개인과 이 커다란 사회 구조 사이의 관계를 중심으로 다룬다. 그리스도인들은 이 둘이 어떻게 서로 관련되고 어느 하나가 다른 것보다 더 중요한지에 관해 동의할 필요가 없다. 이같은 논의는 중요하지만 우리는, 성서적으로 말하자면, 이것이 전체 그림이 아니라는 것을 알 필요가 있다. 성서의 비전에서, 단순하게 한편으로 역사, 다른 한 편으로 개인이라는 거대한 흐름은 없다. 세 번째 요소가 있다.

---

11) 이번 장은 원래 1978년 홀든 마을에서 했던 "대안적 공동체와 사회적 윤리"(Alternative Community and Social Ethics)라는 제목의 강연이다. 1장에서와 같이, 이 강연의 길이와 형식을 따지지 않는 본질 때문에 우리는 이 자료를 이 책의 다른 장들보다 더 요약하고 편집할 수밖에 없었다. 이번 장에서 소개된 주제에 대해 더 많은 것을 읽고 싶은 사람은 존 하워드 요더의 『제사장 나라; 복음으로서의 사회적 윤리*The Priestly Kingdom: Social Ethics as Gospel*』(Notre Dame: University of Notre Dame Press, 1984)와 『왕같은 제사장; 교회적이고 에큐메니컬한 논문*The Royal Priesthood: Essays Ecclesiological and Ecumenical*』(Grand Rapids: Eerdmans, 1994)을 보라.

즉 단순하게 개인들의 그룹이 아닌 특유의 사회가 있다. 그 사회는 특별하게 선택된 사람, 더 큰 사회에서 불러낸 특별한 그룹이다. 이 그룹의 창시자와 상징은 아브라함이다. 그는 자신을 통해 세상의 모든 사람들이 복을 받게 될 것이라고 들었다. 그러나 아브라함에게서 모든 나라들이 축복을 받는 방식은 구별된 백성을 통해서이다. 이 백성의 정체성은 성서의 중심 주제이다.

세계 역사에서 우리의 위치를 발견하기

민수기 22-24장에 이상한 이야기가 있다. 모세와 그의 백성들이 약속의 땅으로 가고 있을 때, 그들의 원수들 가운데 하나인 발락 왕이 이 침입자들에 반하는 예언을 해줄 누군가를 찾았다. 그래서 그는 예언하러 산으로 가는 발람을 오게 하였다. 불행하게도 발락에게는 이스라엘을 대적하는 대신 이스라엘을 위하는 신탁이 나왔다. 그러나 발람이 산 위에 올랐을 때, 그가 본 그림은 무엇인가? "바위 산꼭대기에서 나는 그들을 내려다본다. 언덕 위에서 나는 그들을 굽어본다. 홀로 사는 저 백성을 보아라. 그들 스스로도 자신들을 여느 민족들 가운데 하나라고 생각하지는 않는다."민23:9 이것이 아브라함과 모세의 백성의 특징에 관한 묘사이다. 그들은 그들 자신을 다른 나라들처럼 생각하지 않기 때문에 다르다.

이 사고의 기술적인 용어들 가운데 하나는 우리가 출애굽기 19장에서 발견하는 "제사장 나라"이다. 하나님은 십계명을 주기 바로 직전에, 모세를 통해 백성들에게 말씀하신다. "너희는 내가 이집트 사람에게 한 일을 보았고, 또 어미독수리가 그 날개로 새끼를 업어 나르듯이, 내가 너희를 인도하여 나에게로 데려온 것도 보았다. 이제 너희가 정말로 나의 말을 듣고, 내가 세워 준 언약을 지키면, 너희는 모든 민족 가운데서 나의 보물이 될 것이다. 온 세상이 다 나의 것이다. 그러므로 너희는 내가 선택한 백성이 되고, 너희의 나라는 나를 섬기는 제사장 나라가 되고, 너희는 거룩한 민족이 될 것이다."출19:4-6 사도 베드로는 베드로전서 2장 9절에서 우리에게 각각 같은 나라의 실재를 묘사하는 네 개의 명칭, 즉 택하심을 받은 족속, 왕과 같은 제사장들, 거룩한 민족, 하나님의 소유가 된 백성을 제공하며 이 구절을 암시한다. 각각에는 나라의 특징을 묘사하는 형용사로 수식되는 명사가 있다. 제사장 나라가 된다는 개념은 요한계시록 5장에서 다시 표면에 등장한다.

우리는 이 관찰의 의미를 깊이 파악할 필요가 있다. 하나님 백성의 실재는 하나님의 목적에서, 세계역사의 과정과 개인 신자들의 삶 사이에 있다. 이 사실은 우리가 세계 역사의 큰 그림을 하나님의 세상보다 좁게 한정할 때 사라지고 만다. 우리가 역사의 의미에 대해 말할 때, 우리는 대개 북미가 중심이 되고, 워싱턴 D.C.가 중심이 되고, 백악관이 중심이 되는 서구 문명의 운명을 의미한다. 그럼에도, 이런 중심들 모두는 거짓이다. 우리가 실제로는 교회의 앞길을 가로막게 하는 것은 하나님의 세상이라는 큰 그림이 아니라 어떤 한정된 그룹, 어떤 다른 지역주의, 민족주의, 민족적 정체성, 혹은 특권을 가진 그룹이다.

성서 자료로 되돌아가자. 대안사회의 가치는 하나님이 그 사회를 통해 일하기로 선택한 성서의 메시지와 함께 시작된다. 하나님은 아브라함에게 갈대아에 대한 대안이 되라고 말했다. 갈대아인들의 왕권은 막대하게 강력한 사회적 종교적 사상체계였다. 갈대아인들의 문화는 수천 년 동안 잃어버렸던 기술과 수단들로 메소포타미아의 계곡들에 물을 댈 수 있었을 정도로 종교, 과학, 사회적 조직과 연계되어 있었다. 갈대아는 고도로 계획된 사회였고 아브라함은 그곳을 완전히 떠나라는 부름을 받았다.

아브라함은 새로운 역사를 시작하려고 그 모든 것을 뒤로하고 갈대아를 떠났다. 아브라함은 자신의 것이 될 것이라고 예상했던 땅에 도착했지만 그 땅을 소유할 수가 없어서 곧 그곳을 떠났다. 아브라함이 얼마 후 되돌아 왔을 때 두 세대가 그곳에 머물렀고, 그의 자녀들은 여호수아가 마침내 그 들을 데려올 때까지 다시 떠나야만 했다. 그들이 마침내 그 땅에 정착했을 때, 우리는 언약 백성으로서의 그들을 위한 하나님의 의도와 가나안인들의 왕정체제와 매우 다른 사회 사이의 줄다리기를 본다. 어떤 사람들은 가나 안처럼 왕들을 원했다. 사무엘과 요담은 "왕은 우리에게 필요치 않다. 하 나님이 우리의 왕이시다."라고 말했다. 그러나 백성들이 왕을 너무도 원해 서 마침내 하나님이 포기하시고 사무엘은 그들이 왕을 가지도록 하였다.

이스라엘 백성들은 가나안인들의 왕정체제로 실패를 경험하면서 그 다 음 몇 세기를 보냈다. 기억하라. 다윗의 군사들은 히브리인들이 아니었다. 왜냐하면 아브라함의 자손들은 병역과 관련된 기술을 가지지 않았기 때문 이다. 다윗이 그의 아내를 취하여고 죽였던 사람은 누구였는가? 헷 족속 우리아였다. 이스라엘은 일반적으로 외국인들을 군사로 모집했다. 왜냐하 면 이스라엘은 자신들의 군대를 운영하는 법을 몰랐기 때문이다. 다윗 왕 국을 세우고자 택한 정치적 수완은 가나안인들에게서 빌려온 것이었다. 사 무엘은 그것을 알았다. 사사기 9장에 나오는 요담의 우화는 정치적 수완 에 대한 날카로운 빈정거림이다. 구약성서에서 사용되었던 거룩한 전쟁까 지도 보통의 정치적 수완이 아니었다. 이스라엘은 상비군도, 장군도, 전쟁 동료도, 병마와 병거도 없었다. 거룩한 전쟁은 그것이 일어났을 때 기적이 었다. 하나님이 그의 백성들에게 승리를 주셨다고 정녕 말할 수 있다. 이사 야와 예레미야는 왕정체제에 대한 실험을 수용한 후에, 최종적으로 이렇게 말했다. "너희들에게 말한 바와 같이, 왕정체제는 하나님이 진정으로 원하던 것이 아니었다. 그러므로 우리는 다른 방식으로 다시 왕정체제를 실시하게 될 것이다. 우리는 그것을 아브라함의 방식으로 할 것이다. 우리는 믿음에 의해 살게 될 것이며 하나님이 우리의 유일한 왕이 되게 하라."

그러므로 예수가 대안적인 사회를 만들었을 때, 그는 새로운 무엇을 하고 있는 것이 아니었다. 예수는 단지 아브라함 이후 계속되었던 것을 새롭게 하고 재확인한 것일 뿐이다. 우리가 신약에서 아브라함의 자녀가 된다는 것이 예수를 믿는 것이라고 다른 곳에서 세 번 듣는 것은 놀랍지 않다. 우리는 이것을 침례요한의 설교에서,마3:9 요한의 복음에서,요8:31-47 바울서신서에서갈3:7 발견한다. 예수는 아브라함의 일을 다시 행하고 있다. 예수는 하나님의 백성들을 하나님의 대안적인 비전을 중심으로 재구성한다. 우리가 우리 자신의 주인이어서는 안 된다. 하나님이 우리의 왕이시기 때문이다.

예수는 개인들에게 만일 너희들이 너희의 머리와 마음을 바르게 하면 너희는 개인으로서, 시민으로서, 너희 분야의 전문가로서 사회에서 더욱 잘역할을 하게 될 것이라는 메시지를 소개하지 않았다. 또한 예수는 상명하달 식으로 강요될 수 있는 새로운 사회의 비전을 제시한 적도 없다. 예수는 새로운 제도, 새로운 일련의 법, 혹은 세계의 경제구조와 사회구조를 조정하는 새로운 방식을 제시하지 않았다. 예수가 제시한 것은 특별하고 구별된 백성이 되는 새로운 방식이다.

세계 역사에서 우리의 자리를 분별하기

우리는 예수가 제시한 하나님의 백성이 되는 새로운 길을 올바르게 인식하고자, 그의 시대에 하나님의 백성들이 이용할 수 있는 사회적 선택권의 유형분류체계를 만들 수 있고, 그것이 지금 우리 앞에 있는 선택권들과 어떻게 연관되는지를 고려할 수 있다. 그의 사회에 있는 네 가지 그룹의 사람들은 계속해서 상황을 정리하려고 하는 네 가지 이론적 방식들을 대표한다. 이 그룹들 모두는 하나님의 백성들에 대하여 철저히 걱정했고 그들 가운데 아무도 무책임하지 않았다.

예수의 세계 안에 있는 사람들 가운데 한 그룹은 사두개인이었다. 때때로 우리는 사두개인들이 헤롯당과 연관되어 있음을 발견한다. 그들은 나쁜 상황에서도 나름대로 최선을 다하려고 노력한다. 그들은 로마인들이 오랫동안 그곳에 있었고 맞서 싸웠지만 그들을 제거할 수 없다는 것을 알았다. 우리는 이 사람들을 부정적으로 보는 경향이 있지만, 그들은 악당이나 협력자들이 아니었다. 그들은 로마의 점령 하에서 유대인의 정체성을 유지하고자 그들이 할 수 있는 최선을 다하는 책임 있는 사회지도자들이었고 그 일을 꽤 잘해냈다. 그들은 로마인들이 우상을 숭배하는 깃발을 예루살렘 안으로 가져오지 않을 것을 약속하게 만들었다. 로마의 군대가 예루살렘에 들어왔을 때 그들은 유대인들의 우상숭배 반대에 대한 확신을 불쾌하게 하지 않으려고 깃발을 뒤에 남겨두고 떠났다. 사두개인들은 성전세를 지불하는 데 특별한 동전을 사용할 수 있는 허가도 얻었다. 이것은 황제의 이름과 우상의 형상이 새겨진 동전을 사용함으로써 성전이 황제의 이름을 새긴 동전 위의 우상의 형상에 의해 더럽혀지지 않게 했다. 그들은 현명한 정치적 협상을 통해, 유대인들의 종교적 자유를 얻었다. 유대인들은 전체 로마 제국에서, 황제를 숭배하지 않을 수 있는 유일한 그룹이었다. 그러므로 사두개인들은 제도 안에 있는 바람직하지 못한 관계와 일에서도 나름대로 최선을 다함으로써 사회를 위한 책임을 행사하는 선택권을 대표한다. 이것은 예수의 시대에 현명하고, 명예로운 전략이었다.

그 범위의 다른 쪽 끝에는 열심당원이 있었다. 이들은 예수의 시대에 국가적 해방운동의 선봉에 있었다. 이들은 로마인들이 관대함을 외치는 자비로움에 이끌릴 수 없는 사람들이라는 것을 알았다. 이들은 오직 폭력만을 해결책으로 이해했고, 따라서 열심당원들은 그들 자신의 조건에 따라 대응했다. 이것은 의로운 폭력으로 그들을 몰아내려는 시도를 의미했다. 예수의 이전시기에서 **AD 135**까지 이런 시도 때문에 매년 갈릴리에서 누군가가 죽음에 처해졌다고 한다. 몇 번의 혁명이 있었고 결과적으로 그들은 언제나 로마인들에 의해 억압을 당했다. 그럼에도, 열심당원들은 하나님의 능력과 아마도 천사들의 도움으로 그들이 다시 한때 마카비가 의로운 나라를 세웠던 것처럼 이방인들을 몰아내고 성전을 정화할 것이라고 주장했다. 매우 다른 전략이긴 하지만 이것 역시 예수의 시대 책임 있는 선택이었다.

그들의 불순한 전술 때문에 사두개인이나 열심당을 인정하지 않는 다른 사람들이 있었다. 에세네파는 하나님만이 이스라엘을 구할 수 있고 그들이 구원을 위한 준비가 끝난 후에야 그렇게 될 수 있다고 믿었다. 그들은 어떻게 준비했는가? 그들은 회개해야만 했고, 자신들을 훈련했으며 예루살렘 밖에 신실한 공동체들을 형성했다. 그들은 사막으로 나갔다. 그들이 예루살렘에 대해 무관심했기 때문이 아니라 그들은 예루살렘과 이방인들에 의한 예루살렘의 오염에 대해 너무 많이 걱정했다. 오직 하나님만이 도울 수 있고 하나님이 행동할 때 그들은 성전을 빼앗을 준비를 하고 있었다. 그 사이에, 그들은 정기적으로 기도하고 신실하게 남아, 성서를 연구하고 하늘의 섭리를 기다리면서 하나님이 행동하기를 청원했다.

네 번째 그룹은 바리새인으로, 바리새인이란 "구별된 자"를 의미했다. 그들은 육체적으로 이주하지 않고 문화적으로 이주했다. 그들은 계속해서 일하고, 돈을 벌고, 곡물을 수확하고, 사회에서 장사를 했다. 그러나 그들은 자신들이 로마인들에 포함되는 것에 대한 매우 분명한 선들을 가지고 있었다. 예를 들어, 그들은 왕의 동전을 만지거나 혹은 오염된 물건들을 다룰 수 없었다. 바리새인들은 더 넓은 사회와 경제생활의 가운데서 하나님에 대한 신실함을 지키고자 규율과 정결함에 따라 그들의 생활양식을 발전시켰다.

당신은 어떤 문화에서도 이 네 가지 선택을 시도할 수 있다. 당신은 문화가 무너질 때까지 그것을 부인하고 물러날 수 있다. 당신은 의로운 혁명으로 현재의 질서를 파괴하고자 투쟁할 수 있다. 당신은 그 안에서 체제에 대항하여 예민하게 일할 수 있다. 혹은 당신은 당신이 변화시킬 수 없는 세상에서 깨끗한 상태로 남으려고 어떤 선들을 그릴 수 있다. 이것들은 당신이 받아들일 수 없는 상황 속에 있을 때 당신이 할 수 있는 네 가지 일이지만, 예수는 이 넷 가운데 어떤 것도 하지 않았다. 그렇지만 네 그룹 모두가 예수에게 같은 비중을 차지하지 않았다는 것이 중요하다. 예수는 단순히 그들 모두를 내버린 것이 아니었다. 예수는 우리 대부분이 그러하듯 사두개인이 되고자하는 유혹을 받았었다는 어떤 징후도 없다. 비록 예수와 침례요한에 대한 관계 그리고 유혹의 배경인 광야 이야기가 그가 그렇게 하던 사람들에 대해 어느 정도 알고 있었다는 것을 가리키지만, 우리는 예수가 사막에 머물고 싶은 유혹을 받고 있었다는 사실에 대해 알지 못한다. 그러나 예수는 물러서지 않았다. 그는 그의 얼굴을 예루살렘을 향해 고정했고 의식적으로 권력과 문제들이 있는 곳을 향해 나아갔다.

복음서에 따르면, 예수는 다른 어떤 사람들보다 바리새인들에 대해 더 많이 이야기했다. 이 사실은 그들이 나쁜 사람들이었다고 생각하도록 만들지만, 그것은 본문에 대한 더 넓은 사회적 정황에 대해서는 더더욱 그렇다. 바리새인들은 이전의 두 그룹보다 예수에게 더 가까이 있었다. 그것이 그들이 서로 그토록 논쟁을 벌이게 된 이유이다. 그들은 같은 담론을 가진 우주에 살았고, 같은 관심사를 가졌고, 많은 같은 것들에 대항하여 서있었다. 예수는 하나님의 율법, 정의, 순종에 대한 관심에서 바리새적 운동의 일부였다. 그는 그들이 하는 것을 하지 말고 혹은 최소한 그들이 그것을 행하는 방식을 하지 말라고 했지만 바리새인들이 말하는 것은 행하라고 권하기까지 했다.마23:3 가르침의 용어에서 예수는 바리새인들의 운동의 일부였다. 그러나 사람들을 불러 자신을 따르게 하는 예수의 방식은 바리새인들이 사람들을 불러 정결을 지키게 하는 것과 달랐다. 그렇다면 우리는 바리새인들이 예수를 제거하고자, 본질적으로 그들의 원수들이었던 사두개인들과 협력할 때, 그것이 매우 유별난 협력이었다는 것에 주목해야할 것이다.

네 번째 입장인 열심당의 의로운 혁명은 예수에게 가장 가까이 있던 유혹이다. 그의 제자들 가운데 하나는 열심당원 시몬이라는 이름을 가지고 있기까지 했다. 어떤 학자들은 열두 제자들 가운데 절반이 열심당의 배경을 가지고 있었다고 주장했다. 이것이 사람들이 예수에 매료되었던 이유이다. 예수는 열심당의 언어로 말했다. 그는 총체적 헌신, 현 제도의 부당함, 그리고 일들을 바르게 만들고자 하시는 하나님의 의도에 대해 이야기했다. 예수가 열심당원과 너무 비슷하게 이야기했기 때문에, 그의 제자들 가운데 많은 사람들이 그를 열심당원이라고 생각했다. 제자들은 예수가 하늘나라에 열심당 왕국을 설립할 것이라고 생각했다. 그래서 그들은 누가 그의 오른 편에 앉을 것인가를 놓고 다투었다. 예수는 너무도 열심당과 같아보여서 그가 유대인의 왕이었다는 사실로 말미암아 로마인들에 의해 죽임을 당했다. 모든 목격자들이 그것을 반복하는 것을 단념하도록 하려고 로마의 십자가 위의 명패는 범인의 죄목의 내용을 진술한다. 예수의 명패는 "유대인의 왕"이었다. 비록 빌라도가 그것이 이야기의 전부가 아니라는 것을 알았지만, 그것은 여전히 예수의 십자가형에 대한 법률적인 이유였다. 예수는 열심당원, 폭도, 왕좌에 대한 위협이었다. 비록 예수가 열심당원이 아니었지만, 그는 기꺼이 열심당원으로 오해받기를 원했다. 예수는 그 이미지에 너무 가까워지기를 원했기 때문에 그는 그 이미지 때문에 죽을 수 있었다. 그럼에도, 예수는 열심당원이 아니었다. 그 선택은 패배할 운명이었지만 그 일은 AD 70년과 130년에 발생했다 그것이 그 선택을 거절한 이유는 아니다. 예수가 그 선택을 거절한 이유는 그것이 고난 받는 종의 길이 아니었기 때문이다.

그러나 만일 예수가 위에 언급한 네 가지 가운데 어떤 것도 택하지 않았다면, 그는 무엇을 했는가? 그는 사람을 심었다. 그는 범죄자, 희생자, 외부인, 돈, 리더십, 의사결정을 다루는 다른 방식을 가진 새로운 인간 운동을 시작했다. 비록 예수의 추종자들이 연약하고, 혼란스럽고, 흩어졌지만, 그들은 그럼에도 새로운 사회적 선택을 살아냈다. 신약성서의 비전에서 그 선택은 역사의 의미를 가져오는 것이다. 역사는 세계적으로 가시적인 제국의 구조들이 하고 있는 것이 아니다. 역사의 의미는 하나님이 이 새로운 백성들 안에서 행하는 것이다.

이 일의 가장 극적인 비전은 요한계시록 4-5장이다. 요한은 하나님이 봉인된 두루마리를 손에 가지고 보좌에 앉은 하늘의 법정의 환상을 본다. 이 두루마리는 세상사의 열쇠이다. 그것은 계획, 하늘의 신비, 역사의 비밀을 포함하고 있지만 아무도 그것을 풀 수 없었다. 아무도 그 두루마리를 열어 어떤 운명이 본질인지를 파악할 수 있는 능력과 도덕적 권위를 가지지 못한다. 요한은 그 두루마리를 열 자격이 있는 이를 알게 되기까지 울었다. 그때 요한은 죽임을 당한 양을 보았고 하늘에 있는 무리들이 새로운 노래, 즉 역사의 의미, 요한이 버려진 섬에 앉아 하나님의 승리가 어디 있는지 의

아해하고 있을 때 요한이 했던 질문에 대한 노래를 불렀다. 그 의미는 그때 밝혀졌다. 그것은 새로운 백성을 모으기 위한 양의 사역이다. "주님께서는 그 두루마리를 받으시고, 봉인을 떼실 자격이 있습니다. 주님은 죽임을 당하시고, 주님의 피로 모든 종족과 언어와 백성과 민족 가운데서 사람들을 사서 하나님께 드리셨습니다. 주님께서 그들을 우리 하나님 앞에서 나라가 되게 하시고, 제사장으로 삼으셨습니다, 그래서 그들은 땅을 다스릴 것입니다."계5:9-10 여기에 우리를 위한 말씀이 있다. 하나님이 역사에서 행하는 것은 땅에서 새로운 백성을 모으는 것이다. 이것이 세계 역사의 의미이다.

황제는 자신이 하고 있던 일이 세계 역사의 의미라고 생각했다. 요한은 교회가 하고 있는 일이 세계 역사의 의미였다는 것을 알았다. 초대교회는 이것을 표현하고자 신학적 언어를 사용했다. 예수 그리스도는 주님이다. 우리는 주님이라는 단어를 시화하거나 영적인 의미를 부여한다. 우리 관습에서 그리스도가 주님이라는 것은 내가 그를 나의 주님으로 모신다는 것을 의미하게 되었다. 그럼에도, 그리스도의 통치권은 단지 우리에 대한 통치가 아니라 우주에 대한 그의 통치를 의미한다. 그것이 통치자들과 권세자들에 대한 관계이며 모든 역사의 의미에 대한 관계이다. 그것이 그리스도가 주님이라고 말할 때 신약성서가 의미하는 것이다.

초대교회 그리스도인들은 우리와 같이 개인적인 구원에 관하여 걱정하지 않았지만, 그들은 하나님이 어디에서 세상을 취하실 것인가를 신경 썼다. 그들은 세계 역사에 대해 두 가지 일을 말했다. 그들은 역사의 진정한 의미가 모든 종족과 언어와 나라들 가운데서 새로운 백성을 모으는 것이라고 말했다. 그들은 올라가신 주님이 황제, 페르시아인들, 권세자와 통치자들, 천사들의 세상보다 훨씬 더 높은 아버지의 오른 손에 앉았다는 것도 말했다. 비록 우리가 어떻게 그런지를 알 수 없지만 그는 그들 모든 것 위에 있다. 양의 주변에 모인 눈에 보이는 공동체가 있었고 오른 편에 앉으신 그리스도와 함께 하나님의 보이지 않는 통치가 있다. 보이는 것과 보이지는 않은 것 사이의 이 구분은 중대한데, 이는 오래지 않아 하나님의 백성들이 이 구분을 잃기 시작하기 때문이다.

세계 역사에서 우리의 자리를 잃기

성서와 우리 시대 사이의 역사에서 본질적인 변화는 4세기 콘스탄틴 황제에 의해 나타났다. 왜냐하면 그는 기독교로 개종했고 로마 제국도 같이 개종하도록 했기 때문이다. 콘스탄틴은 상징이다. 그가 얼마나 신실했는지, 그가 정말로 회심했는지, 그가 왜 죽기 바로 직전까지 세례를 받지 않았는지에 대한 그의 전기에 대한 논의들이 있다. 그러나 콘스탄틴에 의해 상징되는 변화는 단순히 인간 콘스탄틴과 그의 관용 포고와 함께 발생한 것이 아니다. 그 변화와 타협은 신학이 콘스탄틴의 정착을 유지할 수 있게 되기 전까지 최소한 1세기가 걸렸다. 콘스탄틴이 등장하기 오래 전에, 그리스도인들은 친 제국 반 유대주의가 되었다. 이 현상은 311년 혹은 320년에 모든 것이 갑자기 일어난 것이 아니다. 이미 이 방향을 향해 진화되고 있었다.

그럼에도, 몇 가지 변화가 결국 일어났다. 우선, 윤리에서 변화가 있었다. 콘스탄틴이 교회의 중요한 구성원이 된다면, 우리는 전쟁을 반대하는 대신 지지하게 될 수밖에 없을 것이다. 변화가 일어났고 그것은 기독교 윤리의 역사에서 잘 문서화되었다. 교회의 의미에도 변화가 있게 될 것이다. 만일 제국이 기독교라는 사실 덕에 이제 문화 전체가 기독교라면 모든 사람들은 자동으로 그리스도인이 된다. 침례 받은 아이는 제국 안에 태어나고, 이처럼 기독교 속으로 태어나서 도리에 맞는 행동을 하기 시작한다. 이

것이 규범이 되면, 모든 사람들은 성인들이 메시지를 들은 것을 기초로 결정을 하는 것에 반대하여 자동적으로 그리스도인으로 여겨진다.

교회의 본질과 기독교 윤리의 본질에서의 변화 아래에는, 구원사의 변화가 있다. 다시 말해, 하나님이 세상에서 하신 일에 차이가 있다. 콘스탄틴 이전에, 당신은 교회, 하나님의 백성이 있었다는 것을 안다. 그리고 그것을 하나님이 우주를 통치하셨다는 믿음으로 여겼다. 콘스탄틴 이후에, 당신은 바로 콘스탄틴처럼 하나님이 우주를 통치하신다는 것을 확실하게 알지만, 그것을 교회가 있다는 것으로 여겨야만 했다.

이 지점에서, 어거스틴은 보이지 않는 교회의 교리를 발전시켰다. 당신은 누가 신자인지 실은 모른다. 그러나 우리는 모든 사람들에게 세례를 준다. 세례는 더는 믿음과 상호 관계가 있지 않다. 어떤 사람들은 잘 처신하고 어떤 사람들은 그렇지 못하다. 이교도들은 잘 처신할 수 있고 신자들은 나쁘게 처신할 수 있다. 따라서 진짜 교회가 무엇인지 알 수 있는 방법이 실제로 없다. 진짜 교회는 비가시적이기 때문에, 우리는 진짜 교회가 아닌 보이는 교회로 임시변통할 수밖에 없다. 하나님이 세상을 구원하기 위해 일하는 곳에도 역시 근본적인 변화가 있다. 콘스탄틴 이전에는 가시적인 하나님의 백성과 보이지 않는 섭리가 있었다. 콘스탄틴 이후에는 보이는 섭리와 보이지 않는 하나님의 백성이 있게 되었다. 그것이 역사와 실재를 보는 방법에서의 본질적인 구조의 변화이다.

종교개혁과 현대성의 요소들은 이것을 수정하려고 하였다. 루터와 칼빈과 같은 종교개혁자들은 로마 가톨릭 교회의 칭의, 성례전, 교회 조직을 비난했다. 그런 비난들은 옳지만 더 깊은 콘스탄틴의 타협 자체라는 문제에 도전했던 사람들은 거의 없었다. 그리스도인 공동체에 지체가 된다는 것의 의미, 교회의 연결과 제도로서의 상태, 기독교 문화의 방어에서 폭력을 위한 입장, 이런 것들은 소수의 근본적인 개혁자들만이 질문했던 것이다.

영미 민주주의는 그것의 일부로서 "제도"의 의미를 변화시켰다. 비록 현대 민주주의에서 종교에 관한 공식적인 제도가 없지만, 제도의 개념은 여전히 우리의 기분에 따라 많이 좌우된다. 당신은 제도로서의 교회를 제도로서의 상태와 분리한다. 그럼에도, 교회는 여전히 기성 조직에 대한 소속 기관으로 기여한다. 따라서 사람들이 콘스탄틴의 유산에 따라 더 많이 생각하고 사는 것은 우리 시대에 일반적인 것으로 남아 있다. 20년 전에 존 스마일리John Smylie는 짧지만 의미심장한 논문 "기독교 교회와 국가적 에토스"The Christian Church and the National Ethos를 썼다. 스마일리는 우리 가운데 많은 사람들에게 국가는 교회보다 더 "선택된 백성"이라고 주장했다. 이것을 다른 말로 하면, 국가는 우리들 가운데 많은 사람들에게 신앙의 공동체이다. 이것은 세 가지 방식으로 일어난다.

첫 번째, 국가는 역사에서 하나님의 중요한 행동의 주된 대리인이 되었다. 전 세계의 미국화가 역사의 분명한 목표가 되었다. 국가는 하나님의 선택된 백성이 되었고 새 이스라엘로서의 구원 받은 사람들의 공동체를 대치했다. 우리는 역사적으로 이것을 두 원천, 즉 뉴잉글랜드 안으로 끌어들여진 구약성서의 모범들과 국가를 역사의 의미심장한 단위로 만드는 역사의 낭만적 견해에서 얻었다.

두 번째, 국가는 개인들이 개인적 정체성을 발견하는 중요한 사회가 됨으로써 교회를 대치했다. 국가는 모든 다원주의자들을 흡수하고 사람의 개인적 삶의 실현을 가능하게 해주는 새로운 개체이다. 북미의 개인주의와 다원주의는 최우선의 개체 그리고 때때로 모든 것을 여기서 같은 것으로 만드는 동질성에 대해 우리를 눈멀게 한다. 우리는 우리가 함께 제자인 백성에게서가 아니라 국가에서 자신의 정체성을 얻는다.

세 번째, 국가는 역사적 목적과 정체성을 정의하는 중요한 공동체가 되었다. 그것은 교회의 기능을 정의의 공동체로서 받아들인다. 다시 말해, 국가는 우리의 도덕성을 규제할 수 있고 교회는 더는 도덕성을 규제할 수 없다. 예를 들어 오늘날 대부분의 그리스도인들은 그들이 얼마나 많은 돈을 벌고 있는지를 교회가 알기 원치 않는다. 그러나 정부는 그것을 알 권리가 있다고 말한다. 그리스도인들은 자신들의 교회가 이웃들에게 그들의 개인적인 삶에 관해 묻는 것을 원하지 않는다. 하지만 FBI는 할 수 있다. 우리는 사람들이 역사에서 국가가 하나님의 의미 있는 사역의 전달자라고 가정하는 시대에 살고 있다는 것을 이제 폭넓게 인식하고 있다.

세계 역사에서 우리의 자리를 회복하기

이것은 복음과 극명한 대조를 이룬다. 예수의 윤리는 역사에서 하나님의 사역의 전달자로서 다른 공동체를 가능하게 하고 전제한다. 이 공동체는 하나님이 세상에서 하기 원하시는 것에 대한 견해와 헌신에 있어 근본적으로 다르다. 이것은 단지 동시대의 경험에서 발생하는 대안이 아니다. 어떤 사람들에게 도덕적 통찰은 새로워야만 하고, 새롭다는 것은 대개 더 나은 것이다. 그들은 반대되는 문화적 공동체의 개념을 좋아한다. 왜냐하면 그것이 가장 새로운 것으로 일어나기 때문이다.

다른 사람들에게 도덕적 통찰은 역사 속에서 역사를 통해 입증되어야만 하는 역사적 교훈에 기인한다. 만일 콘스탄틴의 정착이 그것 자체의 무게 아래 붕괴된다면, 우리는 그것이 지나치게 중앙집권화 되었는지 혹은 균형을 잃었는지 물어야 한다. 만일 우리의 연료를 많이 소비하는 문화가 결국 유지될 수 없는 것으로 드러난다면, 우리는 세상의 모든 자원들이 우리가 소비할 수 있는 것이라는 가정에 의문을 제기해야한다. 그 사실 후에만 우리는 이러한 일들을 배울 수 있다. 만일 리차드 닉슨이 거짓말을 한다면, 우리는 상류사회 사람들의 미덕에 관해 조금 더 회의적이 될 것이다. 만일 세상에서 가장 강력한 군대가 베트남의 게릴라들을 쳐부수지 못한다면, 우리는 미국 국방성이 얼마나 많이 우리 문화에서 역할을 해야 하는지 의문을 제기할 것이다. 이러한 경험은 우리의 가정이 종종 틀리다는 것을 가르쳐준다. 그리고 나쁜 경험에서 틀린 가정에 관해 배우는 것이 좋을 것이다.

그러나 신학이 중요하다면, 복음이 좋은 소식이라면, 계시가 진짜라면, 우리는 우리가 언제나 이러한 일들을 알았다는 사실을 꽉 붙들 수 있어야만 한다. 세속적인 힘은 사람들이 화해를 위해 사용된 적이 있다고 생각할 때조차도 실제로는 결코 사용된 적이 없었다. 세상의 자원들은 그것이 우리에게 무한한 것으로 보였을 때조차도 낭비해도 좋은 우리들의 것이었던 적이 없었다. 세상을 돌아가게 하기 위한 콘스탄틴적 접근은 결코 예수가 그의 추종자들이 하기를 원했던 것이 아니었다. 하나님이 원하시는 것은 처음부터 끝까지 아브라함으로 돌아가는 것이며 그것은 예수와 오순절 백성 안에서 회복되었다. 모든 것을 창조하신 하나님에 대해 가장 중요한 일은 그들의 정체성과 위엄이 분명하게 그들의 다름과 그들의 타자성인 특별한 백성들을 세상으로 보내는 것이다. 그들은 단순히 다름을 위해서 달라진 것이 아니다. 그들은 너무 비폭력적이어서 하나님까지도 스스로 고난받는 것을 제외하고는 통제할 수 없는 세상에서, 하나님의 도구가 되기를 열망하고, 하나님의 아들처럼 되기를 원하기 때문에 달라졌다.

7. 하나님의 백성과 국가[12]

이 글의 목적은 국가가 국가로서 기능해야 하는 방법에 대해 그리스도인들이 국가에 증언하는 것이 왜 적절한지 이해하는 것이다. 하지만 우리가 본격적으로 이를 논의하기 전에, 논의할 필요가 있는 몇몇 그리스도인이 있다는 것을 지적하자. 대부분의 그리스도인과 비 그리스도인은 동일하게 국가에 봉사하고, 국가를 운영하며, 그 안에서 권력을 추구하는 것에 대해 어떤 이의도 제기하지 않는다. 이들에게 국가에 대해 말하는 것은 어떤 윤리적 문제도 일으키지 않는다. 사람이 기꺼이 참여하여 조정하고자 하는 문제를 논의하는 것에 어떤 잘못도 없다. 국가에 대해 말하는 문제는, 확신하기 때문에 사람들이 논의한 결정을 실행하는 데 참여하지 않는 자들과 마주할 때 특히 중요해진다. 예를 들어 모두가 자원한 군대가 있다면, 우리는 양심적 병역 거부자들이 자신들이 포함되어 있지 않은 문제에 대해 말할 수 있는 것인지에 대해 물을 수 있을 것이다. 이것이 논리적이며 타당한가?

---

12) 이 장은 원래 다음으로 출판됐다, "Things That Are Caesar's, Part 1," *Christian Living* (July 1960): 4-5, 34; "Things That Are Caesar's, Part 2," *Christian Living* (August 1960): 14-17, 39; "Things That Are Caesar's, Part 3," *Christian Living* (September 1960): 16-18. 이 장에서 다룬 주제에 대한 더 깊은 읽기에 관심이 있는 자들은 다음을 보라, John Howard Yoder, The *Christian Witness to the State* (Scottdale, PA: Herald Press, 2002).

그리스도는 주님이다

초대 교회의 근본적인 신앙 고백은 "그리스도는 주님이다"라는 두 마디로 요약된다. 우리는 이 구절을 우리 종교적 어법에 너무 자주 사용하여, 우리가 말하는 것의 의미를 알지 못하고서도 반복할 수 있다. 사도들은 그리스도의 신적인 아들됨을 믿었지만, 가장 먼저 그리고 무엇보다도 그의 통치권을 선언했다. 사도들은 예수의 기적적인 탄생, 가르침, 예기된 재림을 믿었지만, "우리 주님이 통치한다!"라고 전파했다. 오순절에 베드로는 "하나님께서는 여러분이 십자가에 못박은 이 예수를 주님과 그리스도가 되게 하셨습니다."행2:36라고 선포했다. 빌립보서 2장 11절에서, 바울은 "모두가 예수 그리스도는 주님이시라고 고백해야 한다."라고 말했다.

"만유의 주님인 그에게 면류관을 드리자!"는 사랑받는 찬양의 후렴구다. 감정적인 면으로는 훌륭하지만, 교리적인 면으로는 결코 완벽하지 않다. 그리스도는 주님이다. 그에게 면류관을 씌우는 것은 우리의 몫이 아니며, 우리는 다만 그의 통치권을 인정해야 한다. 우리가 이것을 인정하지 않는다면, 곧 개인, 사회 집단 또는 국가로서든 우리가 계속 우리 자신의 주인이 된다면, 예수의 통치권의 실재 또는 불변함 가운데 어떤 것도 바뀌지 않는다. 이것은 단순히 우리가 세우기를 거부한 반석 위에서 우리 자신을 깰 것이라는 것을 의미한다. 그리스도는 왕이며, 그의 지배는 영원하다. 그가 부활하고 하나님의 오른편에 높여짐으로, 죽음과 그의 다른 적들이 아직 온전히 예속되지 않았더라도 그는 통치하고 있다. "하나님께서 모든 원수를 그리스도의 발 아래에 두실 때까지, 그리스도께서 다스리셔야 합니다." 고전15:25

이것은 경건한 열정의 시적인 언어인가, 아니면 이것은 국가 및 정치적 윤리의 구체적인 문제와 관련이 있는가? 초대 그리스도인들은 자신들이 영적 전쟁을 벌인 "보좌, 통치, 통치자들과 권력자들" 가운데 정부의 우두머리와 대행자들이 있다고 확신했다. 그들은 하나님이 통치권으로 어떤 목적을 달성하려고 이 "권력들"을 사용하고 있다고 믿었다. 타락한 권력자들은 우리의 선을 위해 하나님의 종이 될 수 있다.롬13:4 평화를 유지함으로써, 이들은 인류가 진리의 지식에 도달하도록 촉진시킨다.딤전2:2-4

국가를 포함해서 세상에서 일하는 권력자들이 자발적이며 신중한 제자도의 수준에서 그리스도를 섬기지는 않을지라도, 그들은 여전히 그리스도의 영광을 위하며 그를 섬기는 데 사용될 수 있다. 이것은 전통적으로 섭리라고 불리었다. 대신 이것을 그리스도의 통치권이나 왕권으로 언급함으로써, 신약은 더욱 분명하게 이것을 그리스도의 사역과 수난과 부활의 승리에 연결시킨다. 이것은 또한 우리가 그리스도와의 자발적인 교제와 그리스도에 대한 순종에 참여하도록 부름 받았다는 것을 분명히 한다.

그의 통치권을 알림

이것은 아직 우리가 묻고 있는 질문에 답하지 않았다. 그리스도는 나라들이 반드시 그것을 알고 있는 것은 아니지만 그들을 다스리며, 그가 그렇게 하는 것은 우리의 조력에 의존하지 않는다. 그렇다면 우리는 왜 국가에 말해야 하는가? 국가와 교회는 각각 자신의 길을 가도록 서로가 허용해야 하는가?

우리는 에베소서 3장 10절에서 교회가 권력자들에게 하나님의 계획을 선포해야 한다고 듣게 된다. 신실한 교회는 항상 이것을 해야만 한다. 예를 들어 사도 바울이 당국 앞에 나타났을 때, 그는 이들에게 시민으로서의 자신의 법적 특권을 존중하라고 요구했다. 그리스도인의 충실함은 오직한 가지 주요 충성에만 관여한다. 제국이나 나라가 우선되어야 한다고 요구할 때, 그리스도인은 왜 자신들이 온전히 순응할 수 없는지 이유를 제시하고 설명해야만 한다. 이 증언에는 언제나 국가의 관습에 대한 비판이 함축되어 있다. 그리스도인들은 국가가 무장해제할 것이라고 기대하지는 않을지라도 군 복무의 이행을 거부함으로써 모든 전쟁에 반대한다고 증언할 수 있다. 우상 숭배에 참여하기를 거부하는 그리스도인들은 언뜻 보기에는 자신만을 위하는 것으로 보인다. 실제로 그리스도들은 국민들이 종교적 일치를 강요하는 국가의 권리에 도전할 수 있다. 역사 전반에서 그리스도인들은 종교적 자유를 찬성하고 박해를 반대했을 때, 이 도전을 일관되게 유지했다.

그리스도인의 증언은 대개 국가의 요구가 국가의 권위 안에 있는지를 묻는다. 우리는 모든 국가의 모든 요구에 복종하도록 부름 받지 않았다. 바울이 로마 그리스도인들에게 "조세를 바쳐야 할 이에게는 조세를 바치고, 관세를 바쳐야 할 이에게는 관세를 바치고, 두려워해야 할 이는 두려워하고, 존경해야 할 이는 존경하십시오."롬13:7라고 가르쳤을 때, 이것은 조세, 관세, 두려워함, 존경을 마땅히 국가에 바쳐야 한다는 것의 정반대를 말하는 것이다. 바울은 마태복음 22장 21절과 베드로전서 2장 17절과 마찬가지로, 우리가 구분해야만 하고 마땅히 바쳐야할 것만을 바쳐야 한다고 말하고 있다. 우리는 결코 하나님에게 속한 것을 황제에게 바치지 않아야 한다.

우리의 형제를 지키는 자

그리스도인들이 왜 정부와 사회 지도자들에게 증언해야 하는지를 다른 방향에서도 볼 수 있다. 그리스도는 우리에게 단순히 하나님에 대한 순종을 위해서나 다른 사람들을 도우려고 우리 이웃을 사랑하라고 명령하지 않았다. 그리스도는 우리가 이웃을 섬기는 것이 자신을 섬기는 것이라고 말했다. 다른 사람을 향한 사랑의 행동은, 사실은 우리가 그리스도를 섬길 수 있는 유일한 방법이다. 성서는 자신의 형제나 자매에게서 말고는 "지금까지 하나님을 본 사람은 없습니다."요일4:12라고 말한다.

다른 사람의 복지에 관심을 가진다면, 우리는 법적인 것이든 아니든, 불의가 그들을 위협할 때마다 목소리를 높일 것이다. 사회로 말미암아 다른 사람들이 거주할 집이 없고, 옷이 없으며 먹지 못한다면, 우리는 이 악을 고발하고 거부하며, 그들이 어떤 부당한 대우에서도 회복될 수 있도록 도와야 하는 빚을 지고 있다. 나치가 유대인들을 핍박할 때, 난민들을 환대하는 것만으로는 충분하지 않았다. 악 자체는 하나님과 인류에 맞서는 죄로 거부되어야 한다. 전쟁, 인종 차별, 가난한 자에 대한 착취 그리고 하나님이 사랑하는 인류의 위엄에 맞서는 다른 범죄에 대해서도 동일하게 적용되어야 한다.

그러나 악을 고발하는 것은 항상 악을 행한 자들이 선을 행할 수 있었고 최소한 더 잘할 수 있었다는 사실을 내포한다. 악에 반대해 증언하는 것은 더 나은 대안이 있다는 어떤 개념을 내포한다. 편파적인 것을 비난하는 것은 우리가 어떤 기준에 따라 정직과 공평을 요구하고 있다는 것을 의미한다. 독일이 코번트리에 또는 미국이 히로시마에 폭탄을 투하한 것을 비난하는 것은, 정부가 무엇을 했어야 했는가 하는 문제를 제기한다.

증언은 이미 제시되고 있다

"권력에 진리를 피력하는 것"이 그리스도인의 의무라고 철저하게 확신할 수도 없고 입증할 수도 없다고 해도, 우리는 계속 그래야 할 것이다. 심지어 우리의 침묵조차도 의사를 전달한다. 우리가 투표하든 투표를 거부하든 우리는 뭔가를 피력한다. 우리가 경제, 학교 제도, 신문과 잡지를 위한 시장에 참여한다는 것 자체는 이미 많은 것을 피력하고 있다. 명백한 정부에 대한 증언과 우리가 우리 자신도 모르게 침묵으로 하는 증언의 차이점은, 정치에 참여하느냐 참여하지 않느냐의 차이점이다. 이것은 우리가 피력하는 것에 대해 인식하고 주의하느냐 그렇지 않으냐의 문제다.

사회의 양심

"너희는 세상의 소금이다…너희는 세상의 빛이다. 산 위에 세운 마을은 숨길 수 없다."마5:13-14 예수가 사용하 는 형상에서, 작은 부분은 전체에 영향을 미친다. 적은 양의 기름이 불꽃에 붙여지더라도, 등잔은 그 빛으로 전체 방을 비춘다. 산 위에 세운 마을은, 실제로 한 번도 산 위로 순례 길에 오르지 않은 사람들에게 방향과 관점을 제시한다. 소금은 전체 요리를 소금으로 바꾸지 않으면서도 맛을 내고 보존한다. 교회는 동일한 방식으로 교회의 중심 임무의 부차적인 결과로서, 국가를 포함해 주변 세상에 도덕적인 영향력을 미칠 것이다.

하지만, 우리가 국가에 피력하는 것이 당연하다고 아는 것은, 이 문제의 일부일 뿐이다. 우리가 무엇을 피력해야 할지 아는 것은 훨씬 어렵다. 많은 그리스도인들은 잘못된 것을 피력하는 것을 두려워하기 때문에, 고통과 불의에 깊은 관심을 가지면서도 침묵해 왔다. 그러나 그리스도인들이 징병에 반대하고, 그렇게 해서 직업 군대와 새로운 무기들에 대해 간접적으로 더 크게 신뢰할 때, 우리는 이것이 정부에게 필요한 조언이라고 어떻게 확신할 수 있는가? 많은 그리스도인들은 술 금지를 찬성하는 투표를 했고, 우편 업무를 통한 외설적 인쇄물에 대한 정부 규제를 요구했다. 우리는 알코올 중독과 음란물이라는 해악이 "음성적이 되도록" 하는 것은 사실 이것들을 더 해롭고 통제하기 더 어렵게 만들지 않는다고 확신할 수 있는가? 이 예들은 심지어 기독교 입장이 매우 분명해 보일 때조차도, 잘못된 것을 피력할까봐 두려워하는 것을 잘 보여준다.

우리의 기본적인 메시지는 회개하고 믿으라는 요청이다. 그리스도는 우리를 심판하고, 우리가 돌아서도록 부르며, 새로운 삶을 살도록 성령의 능력을 우리에게 베푼다. 이 메시지는 너무나 분명해서 심지어 그리스도가 제시한 이 메시지를 거부하는 자들도 일반적으로 이것이 무엇을 의미하는지에 대해 동의한다. 하지만, 우리가 국가에 말할 필요가 있는 것은 이렇게 분명할 수가 없다. 왜냐하면 국가는 칼을 차는 한에 있어서 오로지 "그리스도의 완전함 밖에" 존재하기 때문이다.[13] 국가는 죄 때문에 존재하며, 정부 관료들은 우리가 제자도라고 부르는 무저항과 자신을 내어주는 방식으로 행동하는 것이 아니라, 최소한 현재를 위해 결정하는 자들이다. 우리가 국가 관료들에게 그들은 그리스도를 따라야 한다고 피력할 수 있을 뿐이라면, 그들은 복음의 호소를 잘 이해할지는 모르나, 어떻게 이것이 자신들의 일에 적용될지를 알지 못할 것이다. 그들이 조금이라도 이해한다면, 국가 관료로서 자신들의 직무가 더는 존재하지 않아야 할 것인데, 이 직무는 성서에 근거하여 정확하게 우리가 피력하고자 한 것은 아니다.

그러므로 많은 그리스도인들이 이 요청을 이중 기준을 사용해야만 하는 자리로 보았다는 사실은 상당히 이해할 만하다. 이 입장은 전통적인 가톨릭, 루터주의, 칼빈주의와 다양한 형태의 근본주의에서 여러 각기 다른 형태를 취했다. 하나님은 두 가지 구분되는 의도, 즉 교회의 그리스도인을 위한 의도와 전체 사회, 특히 국가의 비신자들을 위한 의도를 지녔다고 이해

---

13) 요더는 여기서 1527년 스위스 아나뱁티스트가 채택한 선언문인 슐라이트하임 신앙고백(Schleitheim Confession)에서 한 구절을 인용한다.

할 수 있다. 하나님은 국가가 폭력을 사용하고, 그리스도인은 사용하지 않아야 한다고 적극적이며 실질적으로 바란다. 여기서 하나님의 의도는, 인류가 죄로 타락하는 경우에서처럼 허용하는 정도가 아니다. 하나님은 국가가 칼을 차야 한다고 바라므로, 좀 덜 파괴적으로 그렇게 하도록 제안하는 그리스도인들은 하나님의 의도에 반해 일한다고 생각된다. 이 견해에 따르면, 하나님은 살인자의 죽음을 바라므로, 통치자가 누군가를 용서하거나 그리스도인들이 통치자에게 그렇게 하도록 요구하는 것은, 국가가 국가에 대한 신의 명령에 충실하지 못하다는 것을 의미한다.

교회 역사 전반에서 많은 사람들이 이 "이중 기준"의 입장을 옹호했으며, 오늘날 많은 사람들이 자신의 증언을 들어야 할 만한 자격이 있는 그리스도인들도 이 입장을 옹호한다. 이 장은 신약과 더 일관된 입장을 설명하려고 시도한다. 이 장에서는 논의를 차단하려는 것이 아니라, 공개적으로 논의할 작정이다.

유익을 위해 여러분에게

현대 종교적 자유주의에서 일반적으로 받아들여지는 개념 가운데 하나는, 인간의 인격을 매우 존중한다는 것이었다. "인간의 존엄성"은 기본적인 종교적 가치였으며, 이 토대 위에 민주주의, 권리 장전, 배심원에 의한 재판, 그리고 사회 복지에 대한 조치를 지지할 수 있었다. 하나님 앞에 인간 본성의 타락과 인간의 위치의 몰락이 미치는 영향에 대해 말하지 않는다면, 인류가 기본적으로 선하다는 이 전제는, 신학적으로 오류가 있다. 하지만 그리스도인들에게는 인간의 존엄성이 기본적인 도덕적 가치라는 점이 사실이라는 의식이 있다. 도덕적으로 가치가 없는 인간들이라 하더라도, 모든 인간은 하나님 앞에 실질적인 가치를 지닌다. 인간은 자신의 공로가 아니라 그리스도의 행위 때문에 이 가치를 지닌다. "지극히 보잘 것 없는 사람 하나에게 한 것이 곧 내게 한 것이다."마25:40라고 말할 때, 예수는 경솔하게 과장하는 것이 아니다. 그리스도 때문에 나는 내 이웃의 복지에 관심을 가진다.

이 관심을 표현하는 한 방법은, 국가 관료들에게 "유익을 주려고"롬13:4 행해야 한다고 상기시키는 것이다. 관료들은 심지어 무가치한 자들에게 대해서도 인간의 복지와 개인의 존엄성을 존중하는 범위 내에서 행해야 한다. 경찰은 심지어 범죄자도 품위 있고 인도적으로 다뤄져야 한다는 것을 기억해야 한다. 교도소 당국과 교도소 시설을 책임지는 정부 공직자들은 죄수들이 인간이라는 사실을 기억할 필요가 있다. 어떤 시설이 초범인 비행청소년에게서 상습범을 분리하지 않는다면, 그것은 인간 존엄성에 대한 위반이며, 그리스도인들은 그런 모습을 자기 나라에서 보고 싶어 하지 않아야 한다.

인간의 복지에 대한 이 관심은, 경제 질서, 사회 복지 기관, 학교, 세금, 해외 원조 그리고 경찰과 지하세계의 연관성에 대해 말하는 것을 포함해서, 수많은 방식으로 표현될 수 있다. 하지만, 이것이 대두하는 가장 분명하고 직접적인 지점은, 국가는 사회 범죄자를 죽일 권리, 심지어 의무를 지니고 있다고 여기는 국가의 전제다. 중범죄를 비기독교적일 뿐만 아니라 사회적으로도 정당화되지 않는다고 여긴다.14) 범죄를 억누르는 것은 소용이 없으며, 이것은 불평등의 원천과 법정에서 쓸모없는 노력의 역할을 한다. 그리스도인들은 이 분야의 모든 주도권을 실용적인 범죄학자와 인본주의적 종교 지도자들에게 맡겨서는 안 된다. 그리스도인들은 처형자와 재

---

14) 중범죄에 대한 요더의 저술 모음집에 대해 다음을 보라, *The End of Sacrifice: The Capital Punishment Writings of John Howard Yoder*, edited by John C. Nugent (Harrisonburg, VA: Herald Press, 2011).

판관들에게 이들이 취하는 목숨이 실제로 자신들이 취할 것이 아니라고 증언해야 한다.

구약은 모세 시대 이교의 도덕 법전 보다는 덜 광범위하기는 하지만 사형을 인정했다. 구약은 또한 이혼, 일부다처, 대량 학살 그리고 반항하는 자녀에게 돌을 던지는 것도 인정했다. 그리스도가 모든 사람들의 자기 죄로 말미암은 죽음을 감당했으므로, 살인자의 죄에 대한 희생창9:6이 희생 제물 제도의 다른 모든 차원과 마찬가지로, 히7:27, 9:28, 10:10 "단번에" 성취됐다. 하나님이 죄인의 죽음을 바라지 않는다는 예언자의 메시지겔18:23, 33:11는 그 의미가 "영적"인 것만은 아니다. 중범죄에 대한 요더의 저술 모음집에 대해 다음을 보라, *The End of Sacrifice: The Capital Punishment Writings of John Howard Yoder*, edited by John C. Nugent. (Harrisonburg, VA: Herald Press, 2011)

국가 정부가 범죄자를 사형에 처하기를 멈춘다 해도, 이것이 세상이 기본적으로 변화될 것이라는 사실, 또는 범죄자들을 취급하는 것에 대한 모든 문제가 해결될 것이라는 사실을 의미하지는 않는다. 한 악에 대해 반대 증언하거나 국가의 한 인도주의적 행위를 찬성하는 것은, 세상이 나아질 것을 꿈꾸는 유토피아적 환상과 관련될 필요는 없다. 우리의 동기는 우리가 사회를 구하기를 기대하는 것이 아니라, 자신의 복지가 위기에 처한 그 사람이 "지극히 보잘 것 없는 사람"마25:40 가운데 하나라는 것이다.

모든 무릎이 꿇을 것이다

인간의 복지를 위한 이 일반적인 관심을 넘어, 우리는 국가에 대한 증언을 지배하는 여러 다른 원리들을 볼 수도 있다. 이 가운데 하나는 가장 기본적으로 죄를 교만이라고 이해하는 데서 온다. 국가는 죄의 영향에서 사회를 보호할 뿐만 아니라, 국가는 인간의 교만을 스스로 표현하는 가장 분명한 방법 가운데 하나이기도 하다. 이것은 다른 사람을 지배하려는 한 사람의 욕망에서 표현될 수도 있는데, 이는 모든 인간 정부의 특징이다.마 20:25 국가나 지도자 개인이 실제로 절대적인 종교의 중요성을 주장할 때, 이는 심지어 공개적인 우상숭배로까지 진행될 수도 있다.계13 이 극단적인 상황에서 그리스도인의 길은 "성도들의 인내와 믿음"계13:10이라고 불리는데, 정확히 말하면, 심지어 죽기까지 하는 무저항의 고난이라는 증언이다.

스스로를 신격화하는 국가에 맞서는 그리스도인의 증언은, 이런 극단적인 상황에 국한되지 않는다. 정부는 그리스도인들을 박해하지도 않고, 예배와 같은 방식으로 공개적으로 숭배하라고 요구하지도 않으나, 다른 형태, 즉 교만이라는 유혹을 받는다. 이 교만은 그리스도의 통치권에 대한 전체 그리스도인의 증언의 일부로서 비난받아야 한다.

그렇다면 그리스도인의 증언은 법적 질서 내에서 국가 권력을 제한적으로 행사하도록 요구해야 한다. 가장 극단적인 예는 박해다. 그리스도인들은 세대 전반에서 박해 자체가 국가의 적절한 기능이 아니라고 주장했었다. 하지만 다시 한 번 이것은 극단적인 사례에 제한되지 않아야 한다. 배심원에 의한 재판이라는 민주적 제도, 인신 보호 영장, 점검과 균형의 제도, 국가의 권위를 제한하는 헌법에 대한 존중은 모두 그리스도인의 증언이 거의 2천년 동안 국가의 삶에 미친 영향을 간접적으로 표현한 것이다. 이런 제도는 그리스도인의 증언이 대변되지 않는 세상에서는 나타나지 않았다. 고위 관료들의 권위에 대해 통제 역할을 하는 헌법이라는 개념은, 이슬람, 유교, 힌두교 또는 다른 종교 전통에서 만들어진 것이 아니다.

이것은 우리 시대에 국가에 대한 그리스도인의 증언이 항상 신중하게 생각해야 하는 주제 가운데 하나가 직무와 적절한 법 절차에 관여하는 모든 것에 대한 제한을 존중하는 권력자들의 책임이라는 것을 의미한다. 이런 지적으로 정부 관료들에게 가해진 자기 억제는, 이들을 그리스도인으로 만들지는 않지만, 교회와 세상을 위해 바람직하며, 더 좋은 국가 당국으로 만든다.

기독교 국제주의

신약이 "황제"에 대해 말할 때, 이것을 현대의 민족–국가와 직접적으로 동등한 것으로 이해해서는 안 된다. 로마 제국의 많은 사안들에 관한 한, 황제는 전 세계의 정부를 대변했다. 물론 이것은 문자적으로 사실이 아니었다. 그러나 소통의 조건이 그랬었기 때문에, 신약이 누가복음 2장 1절에서 말하는 것처럼, 로마 제국과 "온 세계"를 같다고 생각하는 실제 근거가 있었다. 이처럼 성서가 정부의 합법성을 말하고 "황제"를 이 개념의 대표자로 명명할 때, 한 지방이나 민족에 제한되고 다른 지역이나 민족의 정부에 대립되는 지방 정부에 대해 말하는 것이 아니다. 오히려 성서는 로마가 "온 세계"에 통치 원리를 행사할 때, 이 통치 원리에 대해 말하고 있다.

이것은 성서에는 근거가 없는 현대 국가의 한 측면, 즉 한 국가가 보존하는 데 전념한 이기적인 지역 이익이 있다는 것을 의미한다. 우리 시대에는 정부의 목적이 다른 국가들의 주민과 통치자에 맞서 자국의 주민과 통치자들의 이기적인 이익을 보호하는 것을 포함한다는 사실을 거의 당연하게 여긴다. 이것은 성서에서 "황제의" 임무가 아니다.

이와 같이 그리스도인들은 민족–국가가 단순히 법과 질서를 옹호하는 것이 아니라, 다른 국가들의 이익에 맞서 자기 주민들의 이기적인 이익을 옹호한다는 사실이 분명해질 때마다 국가주의에 도전할 책임이 있다. 이런 국가적인 이기주의가 비난받아야 한다는 것은, 그리스도인들이 항상 당국이 다르게 무엇을 해야 하는지에 대한 언제나 쉬운 답을 가지게 될 것이라는 점을 의미하지는 않는다. 그럼에도, 국가적인 이기주의를 비난하는 것은, 마땅히 그래야 할 국가를 지지하면서 현재의 국가에 대해 피력하는 기독교 증언의 일환이다. 우리는 국가의 이기주의에 도전할 때, 국가에 도전하는 것이 아니다. 즉 우리는 국가가 원칙상 마땅히 되어야 할 국가가 되도록 요청한다. 국가는 이기주의보다는 정의와 평등의 기관이 되어야 한다.

국가의 이기주의를 가장 분명하게 표현한 것 가운데 하나가 전쟁이다. 전쟁은 실제로 국가 자체를 유지하기 위한 것이며, 따라서 적당하다고 주장할 수 있었던 때가 있었을지 모른다. 이곳은 이 문제를 논쟁할 곳이 아니다. 그러나 현대 전쟁에서 군사적인 적대 행위를 준비하고 수행하는 국가들은, 내부 질서를 유지한다는 하나님이 규정한 기능에서 멀어지는 것은 매우 분명하다.

전쟁을 준비하고 전쟁을 하는 국가는 경제를 약하게 만들고, 자격을 갖춘 사람들을 사회 지도자의 위치에서 벗어나게 하고, 실제로 파멸당할 위험을 무릅쓰게 만든다. 무죄한 사람들을 악인들에게서 보호하는 대신에, 국가는 무죄한 자들이 고통을 겪도록 하고, 폭력을 행사하는 자들을 장려한다. 그래서 우리가 현대 전쟁은 잘못이라고 국가에 증언할 때, 우리는 단순히 그리스도인들이 무장하지 말아야 한다고 말하는 것이 아니다. 우리는 전쟁이 신약에서 규정한 대로 국가의 임무가 아니라고 말하는 것이다. 다음을 보라, 롬13:1-7; 벧전2:13-17; 딤전2:2 우리는 국가의 이기주의, 핵실험, 생물학적 무기와 화학적 무기에 대해 반대할 때, 하나님이 규정한 국가에 대해 찬성하는 것이지 반대하는 것이 아니다.15)

---

15) 최초의 원고의 이 지점에서, 요더는 보호 관세 형태로 된 경제적 이기주의 주제에 여러 단락을 할애한다. 그의 궁극적인 요지는 그리스도인들이 전쟁 이슈뿐만 아니라, 경제에서도 이기주의에 맞서 일할 필요가 있다는 것이다. 우리는 이 책의 목적을 유지하면

나는 위의 문제들이 모두 바람직하다거나 충분히 자세하게 설명되어 그리스도인들이 더 깊은 연구 없이 즉각적으로 행동해야 한다는 개념으로, 이 문제들을 제시하지 않는다. 그러나 이 문제들은, 그리스도가 자신의 목적을 달성하려고 이들의 배반에도 불구하고 사용하는, 세상의 권력자들을 주관하는 주님이라는 성서의 증언을 신중하게 그리스도인들이 받아들인다면, 그리스도인들이 행하도록 부름 받은 일들의 예로서는 타당하다. 정부가 위협하거나 보호하는 사람들이 내 형제요 자매라면, "정의는 나라를 높"인다면,잠13:34 그리고 십자가의 승리를 통해 통치자들과 권력자들을 자기 승리의 행진으로 끌어들이면서,골2:15 그리스도가 참으로 하나님의 오른편에 앉는다면, 교회와 세상은 분리된 구역에 있는 것이 아니라, 다른 단계에 있다.

우리가 하나님의 의를 선포한다는 것은, 사람들에게 어떻게 구원받아야 하는지 그리고 권력자들에게 어떻게 정의로워야 하는지 말하는 것을 포함한다. 우리가 이 가운데 두 번째를 첫 번째 앞에 두고자 한다면, 우리는 충실하지 못하게 될 것이지만, 두 번째라는 사실이 그것을 바람직하지 못한 것으로 만드는 것은 아니다. 노동 계층을 부당하게 대우하는 문제에 대한 관심을 마르크스주의자들에게 맡길 때, 제국주의에 대한 비난을 간디주의 힌두교도들에게 맡길 때, 미국에서의 인종차별에 대한 저항을 주로 인본주의 단체에 맡길 때, 도덕적 주도권을 비기독교 집단에서 차지할 때, 이것은 교회의 불신과 교회의 침묵에 대한 심판의 징표이다. 그리스도인들 역시 두 번째 일들을 하지 않고 내버려둠으로써 자신들의 주님께 충실하지 못했다.

서 편집하고, 여기서 요더가 말한 것에 관심이 있는 자들에게 다음을 소개한다. "Things That Are Caesar's, Part 2," *Christian Living* (August 1960), 17, 39.

다른 편

그리스도인들이 충실할 필요가 있는 다른 방법은, 주의 깊게 다른 편에 귀를 기울이는 것이다. 이 나뉜 세상에서 "다른 편"의 주장은 좀처럼 항변할 기회를 얻지 못한다. 카스트로Castro와 후르시초프Khrushchev가 자신들의 영역에서는 강력할지라도, 미국 내에는 모욕을 제지할 사람이 아무도 없기 때문에, 공격, 왜곡된 보도, 비방에 노출되어 있다.

카스트로나 후르시초프의 방식을 인정하지 않는다면, 그리스도인들은 최소한 자신들의 비평가들에게 민주주의의 앵글로 색슨 전통보다는 자신들의 전임자들과 정부를 비교하도록 상기시킬 수 있다. 우리는 북 아메리카 외교의 압력 전략이 권위주의적 지도자들이 처벌을 교묘히 모면하도록 기여했는지의 여부를 물을 수 있다. 이것은 "우리 편"이 긴장을 고조시키는 데 기여했고 그렇게 한 것에 대한 비난을 인정하지 않을 때, 특히 분명하게 상기시킨다.

어떤 의미에서 그리스도인은 항상 부재자의 대사로 "다른 편에" 있어야 한다. 이것은 다른 편이 "우리 편"보다 결백하거나 비난을 덜 받아야 한다는 것을 의미하지는 않는다. 이것은 우리 편이 이기적으로 부당하게 되는 경향을 고려한, 단순한 개선책이다. 각 국가는 자신의 구미에 맞게 이중 기준의 정당성을 당연하게 여긴다. 미국 비행기가 러시아 상공을 비행할 때, 이것은 탐구자가 자유롭게 이동하는 것을 허용하지 않는 러시아의 잘못으로 설명된다. 하지만 미국은 북 아메리카 상공을 지나는 러시아의 첫 비행기 때문에 모스코바에 대한 보복의 미사일이 터질 것이라고 세계에 선언한다. 우리는 터키와 파키스탄에 공군 기지를 세우고 무장한다. 하지만 러시아가 쿠바에 무역 사절단을 보내는 것까지도, 서반구 전체의 평화를 위협하는 것으로 비난한다.

실제로 이중 기준은 다른 방법으로 적용돼야 한다. 서양이 도덕성의 더 큰 기준, 법에 대한 존중, 진실됨을 존중할 것을 주장한다면, 이 주장의 진정성은 이 기준들이 우리 편에서 더 비판적으로 적용되는지와 더 온전히 그에 따라 사는지의 여부에 의해 점검될 것이다. 노블리스 오블리제(귀족의 의무라는 프랑스의 표현은 더 높은 도덕적 가치를 주장하는 자들은 그에 따라 스스로에게 더 높은 의무를 부과한다는 개념을 전한다. 이것은 그리스도인들이 적용해야 할 도덕적 통찰에 대한 일반적인 원리다.

현대 시대의 국가

기독교 증언을 오늘날 국가에 적용할 때 대두하는 주요 어려움은, 현대 국가가 실제로 하는 일이 넓은 범위를 차지하기 때문이다. 황제는 실제로 독재자였다. 오늘날 사람들은 헌법과 민주적 수단을 통해 스스로를 통제한다. 권력을 유지하는 것 이외에, 황제의 주요 기능은 사회 질서를 유지하는 것이었다. 우리 시대 국가는 아이들을 가르치고, 가난한 자들을 부양하며, 노인들에게 공급하고, 핵과 생물학 무기로 인류 파멸에 대비하며, 우편물을 나르고, 댐을 건설하고 전기를 판다. 세상의 많은 곳에서 국가는 공장을 짓고 곡물을 거래한다.

황제는 알려진 세계를 통치했다. 오늘날 세계는 수백 개의 주권 국가로 나뉘어 있고, 어떤 국가들은 연방으로 함께 묶이며, 어떤 국가들은 상대적으로 독립한 국가들로 다시 나뉘고, 어떤 국가는 신생국가이며 나머지 국가들은 수 세기 동안 존재했었다. 여러분은 항상 누가 황제였고, 누가 그의 대변자였는지 말할 수 있다. 오늘날 동일한 국민을 통치한다고 주장하는 두 국가가 있을 수 있다. 예를 들어 냉전 동안 유럽에 꼭두각시 정부들, 히틀러 시대에 "망명중인 정부들," 내전 가운데 갈등하는 권력자들, 통합 이

슈에서 국가와 연방의 요구 사이의 갈등, 또는 인권에 대한 UN과 회원 국가들 사이의 갈등이 있다. 황제는 그리스도인들을 박해했고, 때로 하나님으로 숭앙하도록 요구했다. 오늘날 정부는 공식적으로는 중립적이라 하더라도 스스로를 기독교적이라고 부를 수 있으며, 최소한 교회를 존중하고 심지어 교회를 보조할 수도 있다. 정부들은 심지어 그리스도인을 최고의 공직자에 포함시킨다.

이 큰 변화가 국가의 영적 의미에 영향을 미치지 못한다고 주장하는 것은 순진한 것이다. 둘 다 국가에 의존하기 때문에, 오늘날 대학에서 가르치거나 사회복지사로 봉사하는 것이 예수 시대에 로마 군대에서 싸우는 것과 같은가? 하지만 너무 광범위하게 변화한다면, 약간의 공허한 일반적인 원칙, 혹은 임의의 변덕스러운 "양심"이나 "상식"을 제외하고는 우리를 인도할 그 어떤 것이 아무것도 남지 않는가?

그리스도인들은 항상 이 극단들 가운데 하나를 선택하는 듯하다. 어떤 이들은 변화, 특히 민주주의의 도래와 기독교를 종교로 지지하는 것에 너무나 깊은 인상을 받고서, 신약 교회의 삶이 우리 시대에 도움이 되지 않는다고 본다. 이들은 우리가 "평화"와 "정의"라는 세속적 견해로 인도되고, 우리 종교를 개인 안에 머물게 해야 한다고 생각한다. 다른 이들은 말씀이 분명하고 확고하다는 사실을 강력하게 신뢰하면서 "국가"는 언제나 "국가"라고 확신하기 때문에, 그들은 미국 대통령과 구약 법에서 "피를 보복할 친족"민35:19을 같은 것으로 말하게 될 것이다. 이들에게는 현대 국가의 전쟁의 정당성은 황제가 "공연히 칼을 차고 있는 것이 아닌" 것에 속한다. 롬13:4

이 두 극단 모두는 "국가"라는 단어, 곧 성서가 사용하지 않는 단어의 의미에 대해 비평적이지 못한 것에서 기인한다. 성서는 "권세들" 또는 "칼"에 대해 말한다. 이 용어들은 여러 기능을 갖춘 조직이 아니라, 어느 한 특정 기능, 즉 질서를 기하고자 강압적인 힘을 휘두르는 것을 가리킨다. 이것이 우리가 "국가"로 의미하는 바고, 우리가 조심스럽게 이 단어에 주목한다면, 국가는 항상 있을 것이며, 그 기능은 기독교 제자들에게 명한 것이 아니라는 점이 분명하다. 하지만 현대 "국가"에서 어떤 다른 임무와 활동이 또한 배제되는지 성급하게 결론 내리지 말자.

정부 내의 책임

독립된 실재에 대해 성급하게 혼동하지 말라는 이 경고는, 우리가 그리스도인의 사회 조직 참여의 가능성을 다룰 때 특히 필요하다. 그리스도인들은 투표하지 못할 때, 자신들의 의무를 다하는가, 아니면 기피하는가? 이것은 오늘날의 "황제"가 정치 지도자들의 선택에 영향을 미치고자 제공하는 기회지만 로마에서 제공하던 기회는 아니다. 어떤 이들은 투표가 국가 제도의 본질적인 부분이기 때문에 투표자는 칼을 차는 일을 포함하여 국가가 하는 모든 일에 도덕적으로 참여하는 것이라고 주장한다. 다른 이들은 투표가 오랜 기간 사회에 기독교가 미친 영향의 산물이며, 가장 좋은 자격을 갖추고 정직한 지도자를 선택하도록 돕지 못하는 것은 부패하도록 수동적으로 투표권을 행사하는 것이다.

이 두 견해는 지나치게 단순화하기 때문에 당황케 한다. 한편 "전체 제도" 논쟁은 군인, 행정가, 입법자, 회사원 그리고 투표하는 시민들이 모두 도덕적으로 동일한 수준에 있다고 주장하기 때문에 비합리적이다. 비전투 군인은 전투 군인과 동일하지 않다. 기독교 양심적 병역 거부자가 두 가지 종류의 병역 의무를 모두 거부한다면, 전자가 후자에 의해 오염되기 때문이 아니라 둘 모두 반대할만하기 때문이다. "제도의 일부"가 된다는 것이 동일한 정도의 도덕적 책임을 감수한다는 것을 의미한다면, 현대의 전체 전쟁에 세금 납부자, 농부, 학교 교사, 그리고 운송 노동자 역시 참여하는 것이다. 이 견해를 일관되게 따른다면, 예수 자신을 죄인으로 만들 것이다. 왜냐하면 예수 역시 악한 사회, 그 사회의 경제, 노동의 분열, 정치에 참여했기 때문이다.

타락한 세상이 "공중의 권세를 잡은 통치자"엡2:2의 응집력 있는 영역이듯이, 국가가 응집력 있는 제도라는 것은 사실이다. 하지만 그리스도의 승리로 말미암아 우리는 의기양양하게 세상에 속하지 않으면서도 세상에 거할 수 있다. 세상의 제도와 구조성서가 "통치자들과 권세자들"이라고 부르는 것을 가리키는 현대 용어는 십자가에 의해 무장해제 됐으며, 이들의 지배 능력은 박탈당했다. 한 가운데에 자유, 즉 "참여함으로 느끼는 죄의식"을 두려워하지 않고 지금 여기서 옳은 것을 행하고 말할 수 있는 자유의 여지가 있다.

정부의 민주적 이론들이 나타남으로써 국가 전체의 특성이 변화되었다고 느끼는 자들은 심각할 정도로 문제들을 지나치게 단순화한다. 이론들은 변했을지 모르지만, 많은 이들이 소수에 의해 통치된다는 사실은 동일하다. 투표는 통치되는 자들이 어떤 지도자들을 선호하는지 표현하는 더 직접적인 방법일 수 있지만, 모든 정부 심지어 독재에도 사람들의 의견을 느끼고 존중하는 방식이 있다. 게다가 어떤 정부도 심지어 가장 민주적인 정부에도, 사람들의 바람을 무시하는 방식이 있다. 투표한다는 사실은 반드시 투표자가 정부의 행동에 도덕적으로 더 책임을 진다는 것을 의미하지는 않는다. 어떤 나라에서 투표는 시민의 의무로 간주되며, 어떤 경우는 의무적이다. 다른 나라들에서 투표는 자신들의 애국적인 봉사나 계층의 지위로 얻은 사람들에게 제한된 특권으로 간주된다. 분명히 투표는 항상 동일하게 도덕적 의미를 지니는 것은 아니다. 많은 선거에서 어떤 실제적인 이

슈도 위기에 처하지 않고, 가장 중대한 정부의 결정은 결코 투표에 회부되지 않는다.

이러한 관찰들을 통해 우리는 무비판적으로 참여하도록 요구하거나 사회 지도력에서 완전히 철회하도록 요구하는 전반적인 해답을 찾으려는 의무감에서 해방되어야 한다. 우리는 투표자로서든 비 투표자로서든, 직무의 후보로서든, 참여하지 않음으로 말미암아 누군가에게 이용당하는 수동적인 방관자로서든, 어떤 방법으로든 정부에 참여한다. 이것은 변화될 수 없다. 변화될 수 있는 것은, 우리의 행위와 절제가 현명하게 이끌리도록 우리가 하고 있는 것을 스스로 인식하는 것이다. 현실적으로 우리는 투표가 종종 어떤 영향도 미치지 못하고, 민주주의와 다른 형태의 정부 사이에 차이점이 우리가 종종 생각하는 것보다 훨씬 적다는 것을 주목하게 될 것이다.

하지만 투표, 정권 차지하기 또는 공적인 의견과 의사 결정에 기여하는 것에 조직적으로 참여하지 않는 것은 바람직하지도 가능하지도 않다. 우리의 기여하는 바가 영향을 미치지 못하고, 우리는 더 중요한 일에 매여 있기 때문에, 특정한 종류의 참여를 회피할 것이다. 때로 우리는 요구되는 행동이 해로울 것이기 때문에, 참여를 피한다.

우리는 투표보다 공적인 생활에 더 기여하는 다른 수단이 있다는 것을 알아야 한다. 예를 들어 아이들의 도덕적 교육, 모범의 힘 그리고 자신들의 신념을 위해 기꺼이 고통당하고자 하는 소수의 값진 증언을 고려하라. 하지만, 우리가 유용하다면 또는 유용할 때, 우리는 도와야 한다. 그리스도인들이 현재 국가라 불리는 것의 기제를 통해 제공할 수 있는, 도덕적 지도력, 사회 봉사, 또는 문화적 창조성을 사회가 필요로 하고 원한다면, 우리는 칼을 차지 않더라도 도와야 한다.

한편으로 그리스도의 통치권과 다른 한편으로 황제 영역의 복잡성이 의미하는 바를 깨닫는다면, 우리는 더 큰 충실함을 위해 자유로워질 수 있다. "참여"의 두려움에서 해방되어, 우리는 사랑으로 우리 자신을 제한하도록 할 수도 있다. 우리는 "책임"이라는 독단적 주장에서 해방되어, 이 세상에 실질적으로 순응하지 않고 우리 주님이 통치하는 말과 행위에서 증인되어 다시 헌신할 수도 있다.

8. 하나님의 사람들과 전쟁[16]

정당한 전쟁이 있을 수 있는가? 우리는 이 질문에 답하려고, 문제의 넓은 범위를 보아야만 한다. 우리는 단지 그렇다, 아니다, 아마도 또는 위의 어느 것도 아니다와 같이 단순한 대답을 제시할 수는 없다. 또한 우리가 이야기하려고 하는 것이 도대체 무엇인지 정의해야만 한다. 당신은 유니콘이 있을 수 있는지의 여부를 알기를 원한다면, 먼저 그것을 정의하고, 그것을 무소나 땅돼지와 구분해야만 한다. 또한 당신은 공원, 중세 태피스트리색색의 실로 수놓은 벽걸이나 실내장식용 비단-역주, 시 또는 하나님의 마음에서든 어디에서 이것을 찾으려고 기대하는지 알아야만 한다. 그래서 먼저 우리는 정의 및 역사의 정보로 시작해야 한다.

정당한 전쟁이라는 용어는 오래된 용어며, 그래서 우리는 약간의 역사를 읽어야만 할 것이다. 이 용어는 정의되는 방식에서 복잡하여, 우리는 이 용어의 많은 요소를 항목별로 나눠야만 할 것이다. 의미가 시간을 두고 변화한 용어이므로, 우리는 역사를 통해 이 용어를 살펴야만 할 것이다. 정당한 전쟁은 또한 논리적인 용어이므로, 우리는 추론하는 어떤 방식을 살펴보아야만 할 것이다. 나는 이것에서 시작하겠다.

---

16) 이 장은 원래 다음으로 출판됐다. "Can There Be a Just War?" *Radix* 13 (Sept-Oct, 1981): 3-9. 래딕스(Radix)잡지, www.radixmagazine.com에서 허가를 받아 재인쇄됨. 이 장에서 다룬 주제에 대한 더 깊은 읽기에 관심이 있는 자들은 다음을 보라, John Howard Yoder, *When War is Unjust: Being Honest in Just-War Thinking* (Maryknoll, NY: Orbis, 1996).

전쟁의 도덕 문제를 해결하는 데 간단한 세 가지 방법이 있다. 첫째, 당신은 전쟁이 어쨌든 잘못이라고 단순하게 말할지도 모른다. 우리는 이것을 평화주의라고 부른다. 둘째, 당신은 당신의 정부가 요구하는 것은 무엇이든 한다고 말할 수도 있다. 도덕 문제는 단순하다. 곧 당신은 다른 누군가, 다시 말해서 당신의 정부가 결정하도록 하라. 때로 이것은 파시즘, 마키아벨리주의, 또는 현실주의라고 불린다. 셋째, 최소한 어떤 전쟁에 대해서는 이 전쟁들이 거룩한 명분이며, 하나님은 자신들이 이런 식으로 전쟁하기를 원한다고 말할 수도 있다. 구약 시작 즈음의 여호수아의 전쟁, 중세의 십자군, 이슬람의 지하드 그리고 아마도 일종의 이념을 위한 전쟁들이 그 예에 속한다. 이런 군사적인 시도는 어떤 초월적인 이유에서 지시받아 수행됐다. 이런 경우 당신은 개별 사례를 보거나, 상대편의 권리에 대해 묻거나 어떻게 전쟁이 진행될 것인지 세부 내용을 평가할 필요가 없다.

이 세 가지 단순한 해답 이외에 한 가지 복잡한 역사적 문제, 즉 전쟁은 때로는 옳고 때로는 잘못이라는 해답이 있다. 전쟁은 악이지만 어떤 상황에서는 필요악일 수도 있다. 그렇다면 상황이 정의되어야만 한다. 당신은 많은 질문을 던져야 한다. 이 질문들의 상대적인 무게감 자체가 질문의 일부가 될 것이다. 이것이 우리의 초점이 되는 주제다. 이것은 나의 견해는 아니지만, 나는 신학과 교회의 통일을 위해 이것을 주장하는 자들을 보전하는 데 전념한다.

이 견해를 주장하는 사람들의 집단은 대부분의 그리스도인들을 포함한다. 이것은 모든 주요 기독교 전통의 공식 견해다. 당신이 가톨릭 신자라면, 이것은 당신을 위해 신조에서 결코 진술되지 않았지만, 교회의 위대한 교사들의 지배적인 가르침이다. 당신이 루터교 신자라면, 이 견해는 아우크스부르크 신앙 고백에 있다. 당신이 장로교인이거나 회중교회주의자라면, 웨스트민스터 신앙고백에 있다. 당신이 성공회 신자면, 39개 신조에 있다. 당신이 어떤 신앙고백도 없는 교회에 속한다면, 이 견해는 서양 세계가 생각하도록 배운 방식이기 때문에 이것을 여전히 지지할 것이다.

나는 묘사를 단순화해야 하지만, 논쟁가로서보다는 공정한 역사가의 일을 하려고 노력하겠다. 나는 내 진술이 전쟁 문제가 당연히 야기해야만 할 격정을 띠게 하기보다는, 가능한 한 객관적으로 제시하려고 노력하겠다.

정당한 전쟁을 위한 기준

정당한 전쟁의 전통은 일련의 규준이다. 이 전통은 전쟁이 보통 악으로서 피해야 할 것이지만 어떤 상황에서는 필요악일 수도 있다고 말한다. 당신은 이 상황이 어떤지를 알려면, 이런 척도가 필요하며, 그래서 전통은 일련의 기준으로 구성된다.

의도는 선해야만 한다. 의도는 때로 장기간의 목표를 의미한다. 전쟁은 가치가 덜한 명분을 위해서가 아니라, 세계의 평화를 위해 수행되어야만 한다. 의도는 또한 더 주관적일 수 있다. 즉 당신은 증오나 이기심에서 전쟁을 벌이지 않아야 한다.

오직 정당한 권위만이 정당한 전쟁을 수행할 수 있다. 무법자나 개인 시민은 정당한 전쟁을 수행할 수 없다. 오직 적법한 정부만이 할 수 있다. 명분은 정당화되어야만 한다. 이것은 많은 하위 사례로 나눌 수 있다.

수단은 제한되어야만 한다. 이것은 어떻게 당신이 전쟁을 수행하는가와 관계가 있다. 수단은 어떤 사람들이 해를 입지 않을, 본질적인 권리로 제한되어야만 한다. 이것은 중립적인 사람들이나 제3자뿐만 아니라 비전투원에 대한 면제를 포함한다. 수단은 또한 모든 문명국가들이 서명한 전쟁 수칙에 대한 현대 조약과 같은 공식 권리로 제한된다. 또한 균형의 내적 논리로 제한된다. 즉 전쟁은 이익이 되는 것이라기보다는 해를 끼쳐서는 안 되는 것이다.

전쟁은 이길 수 있어야만 한다. 합리적으로 이길 가능성이 없다면, 심지어 좋은 명분을 위해서라도 전쟁을 벌이는 것은 잘못이다.

전쟁은 최후 수단의 문제여야만 한다. 전쟁을 하지 않고 목표를 달성할 다른 방법이 있다면, 전쟁은 정당화되지 않는다.

이 여섯 가지 규준의 목록은, 기독교 사상가들이 처음 정당한 전쟁이라는 정책을 발전시키기 시작했던, 4세기와 5세기에 있었던 내용을 확장한다. 이 규준 가운데 어느 것도 갑자기 나오지는 않는데, 이는 어느 신학자가 이미 있던 목록에 추가하는 것이 좋을 것이라고 생각하는 데서도 드러난다. 모든 기준에는 내적인 논리가 있다. 이 논리는 내 이웃, 심지어 내 적들도 해를 입지 않을 권리가 있다는 것이다. 내가 이들에게 해를 입힐 권리를 주장한다면, 나는 적절하게 이 주장을 검토할 논리적 시험을 충족시켜야 한다. 누구의 이름에서인가? 어떤 명분을 위해서인가? 어떤 의도로인가? 어떤 범위 내에서인가?

우리는 이 규준이 수 세기에 걸쳐 변했다는 것을 주목해야 한다. 우리 대부분은 이 문제를 생각할 때, 변화를 다루지는 않는다. 우리는 단순히 이것이 전통적인 기독교 견해라고 말하지만, 이 견해는 너무 단순하여 적절하게 실제 역사를 다루지 않는다.

어떻게 전통이 시작됐는가

이 이야기는 신약이 아니라 기독교 중세 시대에 시작한다. 그리스도인들은 4세기가 돼서야 정당한 전쟁이라는 견해를 주장했다. 그 시점에서 그리스도인들은 더는 박해당하는 소수가 아니라는 자신들의 새로운 상황에 적응했다. 그들은 구성원 내에 황제 자신과 그의 병사 대부분을 포함했다. 또한 그리스도인들은 황제와 그의 병사들이 계속 그들의 전쟁을 이기도록 허용할, 실행 가능한 윤리 체계를 만들 필요가 있다고 느꼈다. 그리스도인들은 더는 평화주의자가 될 수 없었으나, 황제를 지지하면서 전적으로 의문을 제기하지 않을 수도 없을 것이다. 그들은 지침의 체계를 발전시킬 필요가 있었다.

우리가 이해할 수 있는 이상으로, 그리스도인들이 전쟁을 받아들인 것은 예외적인 양보였다. 중세 시대의 모든 사람들이 "정당한 전쟁"을 하는 것이 의무는 아니었다. 대부분의 사람들은 싸울 의무가 없었다. 농부, 성직자, 상인들은 전투에서 면제됐다. 단지, 군주와 그의 병사들상대적으로 소수인만이 피를 흘릴 권리가 있었고, 심지어 정당한 전쟁에서도 마찬가지였다. 전쟁은 그리스도인에게 의무가 아니라 허용된 것이었다. 그리스도인들이 이런 상황에서 죽였다면, 이것은 용서받을 수 없는 죄는 아니지만, 결코 영광스러운 것이라고 간주되지 않았다. 전쟁은 시민 정부의 권위를 떠맡은, 이 소수의 사람들에게만 위탁되는 예외였다.

더욱 중요하면서도 더욱 쉽게 잊혀지는 것은, 정당한 전쟁을 중세 시대에 받아들인 것이 실제로 중세 교회에서 훨씬 광범위한 평화를 조성하려는 관심에서였다는 사실이다. 평화 조성은 실제로 정당한 전쟁을 벌이는 것보다는 주교와 교황 측에 더 많은 시간과 정력을 필요로 했다. 사순절이나 주일과 같은 하나님의 휴전이라 부르는 기간들이 있었고, 그때는 주교가 싸움이 없어야 하고 이 제약은 존중되어야 한다는 법령을 공포하곤 했다. 하나님의 평화는 공간적인 정의였는데, 곧 교회나 수도원 땅에서 분쟁이 없으며, 묘지에서도 분쟁이 없어야 했다. 주교는 종종 불화가 있는 군주들 사이의 평화를 조성하려고 개입했다. 이런 교회의 행위는 어느 정도 존중받

앞다. 이런 식으로 중세 시대에 정당한 전쟁은, 점차 전쟁을 덜 하고 다른 방법으로 대부분의 문제를 해결하려는 광범위한 관심 가운데 주변을 차지했을 뿐이었다.

또한 우리는 정당한 전쟁의 전통은 전쟁을 하기 전에 결정하는 도구가 아니었다는 것을 인식해야만 한다. 교회는 "당신이 전쟁하기 전에 우리가 제시한 여섯 가지 기준의 점검 목록에 대해 생각하라."라고 말하지 않았다. 이것은 교회가 중세 시대에 도덕을 다뤘던 방식이 아니다. 도덕의 중심은 고해실이었다. 당신이 행동을 저지르고 고백하면, 사제는 자신의 책에서 당신의 행위의 심각성을 보았다. 그런 후에 사제는 얼마나 오랫동안 당신이 성례에 참여하지 말아야 하는지를 결정했다.

고해실과 교회법의 기능은 정당한 전쟁을 논의하기 위한 토대를 조성했다. 이와 같이 도덕에 대해 중세 시대에 논의되는 것은, "사후의 훈계"라는 맥락에서였다. 정당한 전쟁에 대한 문서는 고해를 들은 자들을 위한 지도서 맥락과 교회법에서 발견된다.

프로테스탄트 종교개혁

좀처럼 주목받지 못했지만, 다음 관찰은 프로테스탄트 종교개혁이 정당한 전쟁의 전통의 의미에 주요 변화를 일으켰다는 것이다. 특히 종교개혁은 정당한 전쟁의 억제하는 능력을 저하시켰다. 전통의 원래 의도는, 의문을 제기하고 어떤 극단들을 비난함으로써 전쟁을 벌이려는 군주들의 경향을 억제하는 것이었다.

종교개혁은 많은 면에서 정당한 전쟁 교리의 억제하는 능력을 저하시켰다. 첫째, 교리에는 신조의 자격이 부여됐는데, 로마 가톨릭에서는 교리가 결코 이런 자격을 지니지 않았었다. 로마 가톨릭은 평화주의를 포용할 수 있고, 정당한 전쟁 이론을 거부하며, 그래서 이단일이 되는 것은 아니다. 어떤 종교회의나 교황도 일찍이 정당한 전쟁 이론을, 필요한 교리로 제시하지 않았다. 댄 베리건Dan Berrigan과 도로시 데이Dorothy Day와 같은 가톨릭의 평화주의자는 이단이 아니다. 평화주의가 소수라고 하더라도, 이들은 가톨릭교회가 공식적으로 비판한 것을 고수한다고 비난받을 수 없다. 그러나 루터교인, 성공회교인 또는 장로교인은 정당한 전쟁의 입장을 고수하지 않는다면, 비난받을 수 있다. 정당한 전쟁의 입장은 이들 교회의 교리적 고백에 있다. 결과적으로 "전쟁은 타당할 수도 있다"라는 단언에는, 가톨릭보다는 프로테스탄트에 더 많은 여지가 있다.

또한 종교개혁은 정당한 전쟁에서 예외, 특히 성직자와 대부분의 일반인들을 없앴다. 성직자는, 가톨릭의 견해에서, 싸우지 않아야 한다. 심지어 정당한 전쟁에서도 피를 흘린 사람은, 사제가 될 자격이 없다. 종교개혁은 특별한 윤리적 의무를 지니는 종교적인 사람들이 있으며, 모든 사람들이 아니라 일부 사람들에게 적용하는 기준이 있어야 한다는 개념을 제거했다. 종교개혁은 평신도에게 가하는 동일한 제한하지만 어떤 추가적인 제한도 없이을 성직자에게도 가했다. 프로테스탄트는 종교가들이나 성직자들이 도덕적으로 특별하다는 개념을 없애고자 한다. 프로테스탄트들은 마찬가지로 주교가 전쟁을 위해 한계를 벗어나는 특정 시간이나 장소를 선언할 수도 있다는 개념을 제거하기를 원한다. 프로테스탄트는 주교가 이런 식으로 정치에 휘말리기를 원치 않는다.

사회 변화는 또한 주교의 권위를 제한했다. 사회 지도자들의 자율은 실질적으로 프로테스탄트 종교개혁으로 말미암아 증가됐다. 교회를 개혁하는 것은 결국 지도자였다. 종교개혁 교회들에서 사회 지도자를 위해 일하는 신학자들은, 자신들의 왕과 군주를 비판할 때, 도덕적 객관성을 유지하거나 거리를 덜 두는 것 같다. 이것은 자신들의 왕과 사회, 경제 그리고 도덕적 독립을 어느 정도 유지하는 로마 가톨릭의 주교들과는 대조된다. 종교개혁은 지도자들뿐만 아니라 국가를, 기독교 국가로서의 유럽 통일이라는 보편적 비전에서 해방시켰다. 프로테스탄트의 종교개혁 자체는 1530년대에서 1648년까지 간헐적으로 있었던 종교 전쟁의 명분일 수 있었다. 그래서 전쟁을 하도록 사람들을 몰아갔던 다른 종류의 관심에 더해, 사람들은 이제 프로테스탄트와 가톨릭의 차이 때문에 싸우게 되었다.

우리는 또한 프로테스탄트주의에서 혁명의 신학이 시작하는 것을 발견한다. 프로테스탄트주의는 인정받은 지도자가 정당한 전쟁을 할 수도 있다고 말하는 것 이외에, 그리스도인들이 수립되었지만 부당한 정권에 저항하여 반란을 일으키도록 허용했다. 이것은 복음을 전하는 자유가 없다면 특별히 그랬다. 프로테스탄트 종교개혁은 정당한 전쟁의 정책의 쇄신을 의도한 것은 아니더라도, 효과적이며 철저하게 전통의 원래 의도를 약화시켰다.

이론의 발전

정당한 전쟁에 대한 관심에 영향을 미친, 또 다른 역사적 발전은 정확한 시기를 결정하기가 어렵다. 중세 시대 말에서 현재까지 기독교의 전 세계적인 비전은 전쟁을 억제하고, 그렇게 하려고 정당한 전쟁 어휘를 사용하려는 일부 사람들의 바람을 강화시켰다.

가톨릭 도덕주의자, 특히 17세기 프란시스코 데 비토리아Francisco de Vitoria와 17세기 프란시스코 수아레즈Francisco Suarez는 남미 인디언들의 권리에 대해 신학적으로 그리고 엄격하게 생각했다. 이들은 정당한 전쟁 이론에 대한 체계적인 논문을 처음 썼는데, 이는 이전에는 도덕 신학에서 간략

하고 체계적이지 않게 언급되기만 했을 뿐이다. 이들은 스페인과 포르투 갈 제국주의의 극단을 억제할 목적으로 썼다. 이들은 토착민들이 제국주 의 국가의 식민지에 대한 관심에 의해 짓밟히지 않을 권리를 지녔다고 주 장했다.

비토리아와 수아레즈의 저작은, 주로 전통을 일관된 이론으로 만들었기 때문에 중요했다. 이들의 저작은 이제 분명한 개요로 된 한 책에서 함께 발 견될 수 있다. 하지만 이들의 저작은 이를 넘어 이데올로기적 명분과 법적 정당화 사이를 구분했는데, 이데올로기적 명분은 하나님이 전쟁을 이기도 록 십자군을 보냈다는 십자군들의 주장과 같은 것에서 드러나며, 법적 정 당화는 실제로 정당한 전쟁의 입장이 대상으로 삼는 것이다.

휴고 그로티우스Hugo Grotius 또한 정당한 전쟁 이론에 대한 획기적인 연 구를 했다. 그는 네덜란드 사람이기는 하지만, 유럽에서 다양한 왕족을 위 한 외교관이었다. 그는 도덕적 정당한 전쟁의 진술을 법적 진술로 다시 표 현했다. 그로티우스는 윤리적으로 무엇이 옳고 그르냐를 묻는 것에서 정 부와 전투병의 권리와 의무를 묘사하는 것으로 옮겨갔다. 그의 진술은 법 정에서 집행되거나 대사들이 휴전을 협상하는 데 사용되거나 외교관들이 현장 배후에서 협상하는 데 적용될 수 있는 방식으로 기록됐다. 휴고 그로 티우스는 윤리에서 법으로 다시 표현하는 것 때문에 국제법의 아버지로 알 려졌다.

국제법 개념 자체는 정당한 전쟁의 전통의 세속화다. 국가 의회들의 인 본주의적인 비전은 정당한 전쟁 이론에서 중대하게 발전됐다. 유럽이 분명 히 작지만 주권을 가진 민족들 다수로 나눠지고, 더는 제국에 속하지 않거 나 서로에게 책임을 지지 않을 때, 세계주의적인 정신을 가진 사람들은 이 것이 옳을 수 없다고 보았다. 이들이 믿기로는, 개인들이 공적으로 살려고 개인들의 사회를 만드는 방식으로, 국가의 사회를 만들려는 사람들에게 어떤 방법이 있어야만 했다.

정당한 전쟁의 비전을 대변하는 자의 마지막 유형은 베네딕트 15세를 시작으로 1차 세계대전 이후 로마 가톨릭 교회를 이끌었던, 연이어 등장한 교황들에게서 발견된다. 교황들은 가톨릭 교인들에게 도덕적 교사로 대변했을 뿐만 아니라, 또한 세계를 지도했다. 이들은 재판관이 하듯이 누가 옳거나 그른지 결정하지 않고, 대신 사람들이 평화를 유지하려고 갖춰야 하는 도구를 사용하도록 호소하는 마을의 목사와 같았다. 이들의 호소는 국제적인 화해에서 중재자가 행하는 점차 늘어나는 일에 대한 전망에 근거했다.

전쟁은 전체주의적이 된다

나는 전쟁의 억제를 강조한 많은 발전의 결과를 묘사했다. 이제 나는 다른 방향으로 진행하겠다. 현대적 국가 구조는 종교개혁과 마찬가지로, 다른 이유에서이기는 하지만 전쟁을 억제하기 위한 여지를 감소시킨다. 가장 단순하게 설명하는 방법은, 전쟁이 이제 전체주의적이라고 말하는 것이다. 이것은 여러 다른 것들을 의미한다.

첫째, 전쟁은 후원이라는 의미에서 전체주의적이다. 한 국가의 모든 사람은 현대 경제의 단일성 때문에 전쟁을 위한 노력의 일환이다. 이것은 중세 시대에는 그렇지 않았다. 보통 소작농은 긴 전쟁 때문에 지불할 세금이 조금 더 많았을지 모르지만, 일반적으로 전쟁을 이기는 국가의 능력은 자기 역할을 하는 모든 사람에게 달려 있지 않았다. 그리고 사람들은 그렇다는 의식도 하지 않았다. 오늘날 우리는 국가에 있는 모든 사람, 심지어 정부의 군사 정책의 반대자들도 그럼에도 어떻게든 군사적 명분에 참여한다고 간주한다. 이것은 우리가 누구를 무죄하다고 간주하는지에 대해 영향을 미친다. 이것은 또한 정당한 전쟁의 규준과도 관련된다. 이것은 무엇이 정의로운 권위로 간주되는지와 누구라도 억제를 믿는지의 여부에 영향을 미친다.

전쟁은 또한 시민의 지지에서 전체주의적이 됐다. 중세 소작농은 전쟁에 대한 여분의 비용을 지불해야 했을지라도, 이들은 전쟁이 자신들의 명분이라고 생각하지 않았다. 이들은 전쟁이 군주의 명분이라고 알았다. 군주가 이기든 지든 소작농은 여전히 소작농일 뿐이다. 소작농은 대부분의 전쟁에서 이데올로기적 이해관계가 없다.

오늘날 민주주의 개념은 많은 시민들에게 마치 자신들이 생존을 위해 싸우는 정부인 것처럼 열렬 지지자로 느끼게 만들었다. 이것은 많은 사람들을 자신들의 정부와 감정적으로 동일시하도록 고양시키며, 무죄와 비전투의 의미를 변화시킨다. 이것은 어떤 경우 시민의 지지를 이용하는 권력자들에게는 기회를 열어 줄지도 모른다. 어떤 이는 현명한 군주라면 국가보다는 전쟁을 벌이는 데 더 삼갈 것이라고 주장할 수 있는데, 국가에서는 정치가들이 자신들의 선거 운동의 일환으로 사람들을 북돋아 주고 탄력을 얻게 하여 멈추는 것에 대해 확신을 가질 수 없도록 한다.

전쟁은 경제적이며 이데올로기적으로 지지를 받는 방식에서 전체주의적이 될 뿐만 아니라, 이해관계 역시 전체주의적이 됐다. 새로운 무기와 전달 체계는 적의 편을 드는 모든 사람을 파괴할 수 있게 한다. 핵의 경계가 이것을 더 가시적으로 만들었기는 하지만, 이것은 핵전쟁으로 시작하지는 않았다. 결정적인 타격 이상을 다룰 가능성-실제로 다른 국가를 파괴할 가능성-은, 정당한 전쟁 전통이 조화와 의도에서 정당화하는 데 사용한 것을 넘어선다.

이해관계는 또 다른 면에서 전체주의적이다. "우리 전쟁은 내 전쟁이다."라는 시민의 느낌이 나폴레옹 이후로 변했듯이, 전쟁에서의 이해관계도 변했다. 우리는 왜 전쟁을 벌이는가? 전쟁은 종종 그것이 무엇이든지 간에 "문명의 존재 자체"와 같은 것 또는 실제로 측정될 수 없는 다른 명분이다. 이 명분은 합리적이며 신중하게 결정된 지지 이상을 요구한다. 사람은 상상에 의한 이해관계가 너무 높기 때문에, 전쟁에서 이기고자 어떤 것도 할 것이다. 결과적으로 민주주의와 시민의 참여는 실제로 적절한 억제에 맞서서 작용할 수 있다.

하지만, 민주주의 또한 어떤 면에서는 억제를 위한 여지를 증대시킨다. 시민들은 스스로를 비평가로 생각할지도 모른다. 시민들이 정부의 전쟁을 비판할 때, 그들은 보통 정당한 전쟁의 규준을 다시 각성시키는데, 이 규준은 당면 문제에 관련이 있으며, 정부에게 피력한다.

미국의 경험

미국 시민은 정당한 전쟁의 기준을 1812년 전쟁부터 시작해서 전쟁들을 비판하는 데 사용했다. 어떤 반대자는 이것이 단순히 정당한 전쟁은 아니며, 명분도 그럴 가치가 없고, 이것은 최후의 수단의 문제도 아니라고 말했다. 반대자는 투표에서 졌다.

이런 종류의 다음 주요 경험은 멕시코와의 전쟁 동안에 발생했다. 당시 소수였던 아브라함 링컨과 같은 정치인들과 헨리 데이비드 소로Henry David Thoreau와 같은 비 정치인들을 포함해서 많은 미국인들은, 미국이 멕시코에 맞서 하고 있는 일들에 대한 근거가 없다고 말하려고 정당한 전쟁의 범주를 사용했다.

정당한 전쟁의 범주는 미국이 1차 세계대전에 참여할 때 잊혀졌다. 이 전쟁은 세계를 구한다는 대단히 중요한 명분을 위해 싸운 십자군 운동이 됐다. 이것은 가장 숭고한 목표를 달성하려고 최소한의 필요한 수단을 진지하며 신중하게 사용하는 것이 아니었다. 우드로 윌슨Woodrow Wilson은 미국인들을 전쟁에 참여하지 않게 하려는 이유에서 그가 대통령 후보가 된 후에 전쟁을 정당한 전쟁보다는 십자군 운동으로 만들었다.

이 전쟁이 일단 끝나자, 평화주의자와 병사들은 똑같이 정당한 전쟁의 범주를 사용해서 이 전쟁을 비난했다. 양쪽의 군사적 엘리트들은 1차 세계 대전을 싸워야 했다고 생각지 않았다. 독일 고위 사령부는 실제로 황제에게 "우리는 6개월 이내 전쟁을 이길 수 있지만, 그럴 수 없다면 시도하지 않아야 한다."라고 말했다. 프랑스 고위 사령부는 파리 정부에 동일하게 말했다. 물론 이들 모두 틀렸다. 군사 역사가들은 1차 세계 대전을 싸우지 않았어야 했다고 정직하게 받아들였다. 이 전쟁은 활용할 재원의 범위에서도 온당하지도 이익이 될 수도 없었다. 이 전쟁은 위험을 걸만한 가치가 없었다.

우리 경험에서, 이 범주가 평범한 시민들의 마음에 널리 유용했던 것은 오직 베트남 전쟁이었다. 정당한 권위인가? 미국은 무슨 일로 동남아시아에 갔었는가? 사이공 정권이 적법한 정권이었는가?

정당한 수단? 우리는 그 수단이 단순히 무기의 무분별한 사용, 무차별 포격 지대, 베트남 마을에서 누가 군인이었는지 구분하기 어려운 것에 대해 우리가 들은 것에 근거하지 않았다고 말할 수 있다.

최후의 수단? 우리가 위해서 싸운 것이 무엇이든 그것을 얻기 위한, 가능한 모든 다른 방법들을 탐구했는가?

좋은 의도인가? 우리나라에서 많은 이들은 베트남의 모험의 목적이 베트남이 아니라 전 세계를 구하는 것이었다고 말했다. 갈등은 모든 아시아를 공산주의 진영에 넘기는 것에서 "도미노 효과"를 방지하는 것이었다. 당시 이들이 우리에게 말하는 대로, 이것은 우리의 실제 적이 공산주의 중국이나 소련이었다면, 정당한 의도가 아니다.

정당한 전쟁이라는 어휘는 베트남의 경험에 대한 반대를 표명하는 데 좋은 수단인 듯하다. 전쟁 참여를 거부한 대부분의 젊은이들은 근본적이거나 철저한 의미에서 평화주의자가 아니었다. 이 젊은이들은 모든 전쟁이 필연적으로 잘못된 것은 아니며, 베트남 전쟁은 최소한 잘못이었다고 생각했다. 이들은 정당한 전쟁이라는 규준을 사용해서 자신들의 입장을 설명했다.

싸우기를 거부하기

우리는 이제 비평가로서의 시민을 넘어서서 적극적으로 봉사하기를 거부하는 시민으로 옮겨간다. 이것은 새로운 생각은 아니다. 마틴 루터는 군사가 부당하다고 여기는 전쟁에 복무하느니 순교를 택해야 한다고 이미 말했었다. 그러나 루터는 또한 평범한 군사들이 아마도 자기 군주만큼 알지 못할 것이라고 말했다. 루터가 단언한, 부당한 전쟁에서 싸우기를 거부하라는 논리적인 명령은, 그러므로 루터의 경험에는 허무한 명령이 됐다. 루터 시대뿐만 아니라 그 이후로 사람이 정부를 예측할 충분한 정보를 가질 가능성은 거의 전무하다.

정당한 전쟁의 개념은 뉘른베르크 재판을 중심으로 한, 일련의 정치적 사건에서 더욱 강화됐다. 2차 세계 대전 후, 연속 재판이 태평양뿐만 아니라 유럽 여러 곳에서 열렸다. 가장 극적인 절차에 대한 제도화는 뉘른베르크에 있었는데, 이곳에서 동맹국들은 전쟁범죄의 나치 지도자를 기소하려고 특별한 법정을 세웠다. 이들 지도자들은 부당한 질서에 불순종하지 않은 것, 다시 말해서 부당한 전쟁에서 싸우기를 거부하지 않은 것에 대해 기소됐다. 양심적인 거부라는 개념은 이 재판 때문에 더욱 확고해졌다.

역사가들과 정치학자들은 뉘른베르크 현상이 옳은지, 즉 이것이 정직한지 아니면 이것이 "승리자의 정의"이기 때문에 무효화돼야 하는지에 대해 계속해서 논의했다. 최소한 이것은 부당한 군사적 작전에 참여하기를 거부하는 것이 도덕적이며 법적인 책임이라는 주장에 근거하여 실행했다.

미국인들은 뉘른베르크 때문에 "나는 이것에 참여할 수 없다"라고 베트남에 대해 말하는 것을 생각할 수 있게 되었다. 어떤 미국인들은 직접적으로 뉘른베르크 선례에 호소했다. 이 나라에서의 제도는 계속 폭력 제한이라는 범주를 더욱 신중하게 규정했다. 미국의 내전 이후, 우리는 내부 군사적 규약을 가졌다. 미국의 규약은 링컨 정부의 요청에 따라, 먼저 이민 정치학자인 프란시스 리버Francis Lieber가 초안을 작성했다. 당연히 나라가 내전을 하고 있으면, 형제들 사이에서도 살인이 일어나기 때문에, 나라는 어떤 행위가 정당하고 어떤 것은 정당하지 않은지에 대해 관심을 가질 것이다. 내전으로 말미암아 명령을 내리고 순종하는 절차가 스스로 일련의 제약을 통해 걸러진 내부 군사적 규약이 시작됐다. 이런 제약은 명령 체계 내에서 무엇이 정당화될 수 있는가와 관계가 있다.

불복종하는 것이 쉽지 않고 군사적 관습에서 그러기가 쉽지 않을지라도, 부당한 명령에 순종하지 않을 수 있다. 또한 극단적인 경우 부당한 명령에 순종하기를 거부하지 않았다거나 잔혹행위를 저질렀다고 해서 기소당할 수도 있다. 법으로 자주 집행되는 것은 아니더라도 최소한 기록상으로는 잔혹 행위를 저질렀다고 해서 어떤 사람이 기소될 수 있다. 군사 법이 단순히 있다는 것 자체는 정당한 전쟁의 전통이 제도화된 것이다.

전쟁은 오늘날 정당할 수 있는가?

우리의 최근 베트남 경험에서 전쟁에 대한, 현재의 우리 생각으로 옮겨 가보자. 미국의 로마 가톨릭 주교를 위한, 제한된 전쟁 정책에 관한 참모 전문가는 브라이언 헤히르Bryan Hehir이다. 그는 지난 3월 가톨릭 정론지인 『공익』Commonweal의 한 소논문에서 실제적으로 모든 신중한 신학 윤리학자들은 전면적인 핵 교환을 조건 없이 거부한다고 말했다. 그러나 이들은 이 거부의 가장 낮은 바닥이 어디에서 오는지에 대해 다르다. 다시 말해서 여러분이 전면적인 교환을 거부한다면, 비 전면적인 교환은 무엇이겠는가? 당신은 이미 가진 자동화 무기를 제거할 것인가? 헤히르는 이들이 핵전쟁에 연관된 문제에서는 다르지만 핵전쟁의 도덕적 가능성에 찬성하는 사람은 아무도 없다고 말한다.

이것은 신학 문헌에서 싹튼 정당한 전쟁의 이론 분야에서 연구와 저술이 상당히 활발해지는 것을 요약한 것이다. 학위 논문, 역사 개관, 현대의 논쟁은 수세기 동안 가시적이지 않던 정당한 전쟁이라는 주제를 가시적으로 만들었다. 다른 한편 헤히르는, 신학 윤리학자들의 경우 핵전쟁의 도덕적 가능성이 없다고 생각하지만, 국방성은 원자력 전쟁이 수행 가능하다고 계속 믿는다고 보고한다.

우리는 이 모든 역사에 직면하여, 최초의 질문을 다양하게 다시 표현할 수 있다. 전통은 작용하는가? 과거 전쟁은 모든 규준을 충족했는가? 심지어 대부분의 규준을 충족했는가? 우리는 최소한 주요 전쟁이 정당한 전쟁의 범주를 충족하지 못했다고 말할 수 있다. 나폴레옹 전쟁은 어느 편에서든 충족하지 못했다. 크림 전쟁도 어느 편에서도 충족하지 못했다. 1차 세계 대전도 어느 편에서든 충족하지 못했다.

과거 어떤 책임 있는 정치가가 그 이외의 정치적으로 매력적이었을 도덕적 근거에서 전쟁을 거부한 적이 있는가? 정치가들이 반대하기는 했다. 즉 아브라함 링컨은 멕시코에 대한 미국의 공격을 거부했다. 하지만 권력을 쥔 정치가가 매력적인 전쟁자신의 나라를 더 좋은 위치에 두고, 자신의 경제와 위상에 좋은에 대해 규칙을 충족하지 않기 때문에 그 전쟁을 하지 않아야 한다고 정당한 전쟁의 범주를 사용한 적은 한 번도 없다.

우리는 다음과 같이 묻는 것이 더욱 중요하다. 즉 만약 이론이 신뢰할 만한 것이 되려면, 우리는 어떻게 그 규준을 신뢰할 만하게 정의해서, 그 규준으로 말미암아 제약을 효과적으로 행사할 수 있겠는가? 이것은 그 규준이 무엇인가 그리고 어떻게 규준이 작용하는가에 대해 더 많이 정의하게 될 것이다. 당신이 예를 들어 손해의 비율에 대해 물을 때, 전체 전쟁은 싸우지 않았다면 일어났을 것보다는 더 적게 파괴해야만 한다. 당신은 어떻게 그것을 측정할 것인가? 얼마나 많은 자유가 얼마나 많은 목숨을 걸고 얼마나 많은 건물을 걸만큼 가치가 있는가? 얼마나 많은 목숨이 얼마나 많은 돈을 걸만큼 가치가 있는가? 적들의 목숨이 우리 목숨과 동일한 가치가 있는가? 민간인의 목숨이 군인들의 목숨과 동일한 가치가 있는가? "조화"라는 전체 개념은 다양한 가치가 모두 같은 규모의 양으로 측정될 수 있다고 잘못 생각하고 있지는 않는가?

사람들은 상대적으로 비용이 덜 들었다는 것에 근거하여 원자 폭탄을 히로시마와 나가사키에 사용한 것을 정당화한다. 더 많은 사람들이 땅의 전투에서 죽었을 것이다. 하지만 히로시마와 나가사키에서 빼앗긴 목숨은 민간인들이었으며, 일본을 침공할 때 잃었을 목숨은 군인들의 목숨이었을 것이다. 이들이 1대1로 평가되어야 하는가? 아니면 비율을 계산할 다른 방법이 있는가? 비율이라는 용어를 사용하는 모든 사람들은, 이것이 정확한 것으로 들리겠지만, 당신이 실제로 이것을 어떻게 평가하는지를 분명히 설명하지 못할 것이다.

정당한 전쟁의 정책은 이 규준이 충족되지 않으면 어떻게 해야 할지에 대해 우리에게 결코 말하지 않는다는 것이 더욱 중요하다. 당신 정부가 그렇게 하라고 말한다면 당신은 계속 싸울 것인가? 아니면 그것은 모든 사람이 양심적인 병역 거부자가 돼야만 한다는 것을 의미하는가? 그것은 다른 측이 이긴다는 것을 의미하는가?

랄프 포터Ralph Potter는 하버드 대학교에서 윤리학을 가르치는 전통에 대한 보수적인 해석가이기도 한데, 그는 정당한 전쟁을 위한 규준이 모두 충족되어야만 하고 그렇지 않다면 그 전쟁은 비도덕적이라고 말한다. 다른 이들은 이 질문들에 대해 생각한 것만으로도 충분하다고 말할 것이다. 그들은 전통이 잊지 말아야 할 것들의 점검 목록을 제공하며, 만약 당신이 대부분의 시기에 해당하는 대부분의 점검 목록을 망라한다면, 이것이 기대할수 있는 전부라고 말할 것이다.

정당한 전쟁의 전통이 실행 가능한 것이 되려면, 사람들은 그리스도인들로서 자신들의 교리 문답 가르침에서 이 규준들이 무엇인지를 배워야만 할 것이다. 정당한 전쟁의 접근은 어떤 것도 무방하다는 접근, 십자군 운동식의 접근, 평화주의자의 접근과는 다르게 사실에 근거하므로, 교회에는 사실을 찾을 수단이 있어야만 한다.

무엇이 정당한 명분인가? 무엇이 위험에 처해 있는가? 그것은 최후의 수단의 문제인가? 적은 무엇을 했는가? 정당한 정부는 무엇인가? 이 모두는 확인가능하며 경험론적 사실에 대한 질문이다.

우리는 정부의 정보를 신뢰하는가, 아니면 우리는 우리 자신의 정보가 필요한가? 우리가 일찍이 반대할 수 있다면, 우리는 우리 자신의 정보 자료가 필요하다. 비록 세계 어느 곳보다도 미국에 더 많은 언론의 자유가 있지만, 많은 경우 우리는 이곳 미국에서 우리 자신의 정보를 위한 수단을 가지고 있지 않다.

우리는 또한 부당한 전쟁에 대한 대안을 생각해야만 한다. 우리가 전쟁을 할 수 없다면, 우리는 다른 무엇을 할 수 있는가? 비상 각본이 있어야 한다. 정부가 전쟁이 정당화되지 않는다고 본다면, 전쟁을 하지 않고 국가의 위엄을 유지하기 위한 이들의 대안은 무엇인가? 망명 정부인가? 지하 정부인가? 수동적인 저항인가? 이들의 수단은 무엇이 되어야 하는가? 대안을 생각하는 두뇌 집단이 있는가?

정부가 그리스도인들이나 도덕적 사람들이 알기에 정당화되지 않는 전쟁을 고집한다면, 이 도덕적 사람들은 대규모 양심적인 거부를 위해 미리 대비하려고 생각했는가? 이것은 정당한 전쟁의 전통을 고수하자고 주장하는 사람의 신뢰성에 대한 필수 조건이다.

충분히 생각하기

우리는 논리, 특히 현대에 논리가 어떻게 작용하는지에 대해 좀 다른 관찰을 해야만 한다. 정당한 전쟁의 논리는 결정하는 누군가가 사건을 통제한다고 전제한다. 이것은 중세 시대의 사례다. 군주는 결정할 수 있었고, 자신이 무엇에 대해 결정하고 있는지 알 수 있었다. 그는 어떤 종류의 해를 입히려고 얼마나 많은 병사들이 필요한지 알았다. 체스 경기는 매우 단순했다.

현대에 이것은 단순하지 않다. 잘못이나 속임수에 대한 가능성과, 중대한 상황에서 우리의 소통 도구의 손실에 대한 가능성, 혹은 국가의 자부심과 같은 비합리적인 요인의 공포와 무게감을 통한 단계적 확대의 가능성은 훨씬 더 커진다. 이런 요인들은 무기들의 양으로 말미암아 확대된다. 전쟁에 대한 전반적인 태도는 합리적인 결정을 할 지도자의 능력을 전제한다. 예를 들어 이란과 같은 세계 많은 지역에서의, 우리의 최근 경험은, 우리가 생각하기에 합리적인 것이 다른 누군가가 합리적이라고 생각하는 것이 아니라는 점을 가리킨다. 결정의 양상에는 이런 명확함이 없다.·

정당한 전쟁의 논리는 어느 정도 민주주의적 정직함을 전제하기 때문에, 시민은 자신의 이름으로 무엇이 행해지고 있는지를 알 수 있다. 현대 이론들 가운데 어떤 것들은 동시에 시민들이 알지 못한다고 생각하는데, 그렇지 않으면 거짓이 유지될 수 없기 때문이고 억제는 이 속임수에 근거하기 때문이다. 당신은 도덕적으로 하지 말아야 할 것을 할 우려가 있다. 예를 들어 어떤 폭탄을 사용하는 것은 잘못이지만, 당신이 폭탄을 사용할 계획이라고 사람들이 생각하도록 만드는 것은 잘못이 아니다. 이것은 당신이 폭탄을 사용할 준비를 하도록 했다고 당신의 고위 사령부가 생각하도록 속여야할 수도 있지만, 결정적인 순간이 왔을 때 여전히 아니라고 말할 수도 있다는 것을 의미한다. 이것은 총력전의 세대에 대두하는 새로운 딜레마의 단순한 본보기이다.

중세 전쟁에서는 이길 수도 있었다. 현대 전쟁에서 승리는, 무기의 상호 타격을 통해 일어나는 어마어마한 파괴 때문에 거의 불가능한 개념이다. 한 편이 다른 편보다 더 많은 무기를 가지려고 신경을 곤두세우고, 한 나라의 땅이 다른 나라보다 더 파괴된다 할지라도, 누가 실제로 이겼는가? 핵의 전면전에서는 분명히 아무도 이기지 못한다.

우리가 본 것보다 더 많은 면에서, 현대 전쟁의 현상은 정당한 전쟁의 규준의 한계를 넘어선다. 이 증거로 말미암아 나는 대부분의 그리스도인들이 고전적인 정당한 전쟁의 전통에 따라 생각하거나 행동하는 것은 실제적으로 사실이 아니라고 결론 내린다. 대부분의 그리스도인들은 교회에서 정당한 전쟁의 조건이 무엇인지 배우지 않았다. 대부분은 정보의 독립적인 출처를 찾으려고 하지 않는다. 대부분은 불순종이 필요한 경우에 비상 대책을 세우지 않는다. 오히려 사람들이 실제로 실행하는 것은 두 다른 견해를 섞은 것이다.

사람들은 "현실주의" 또는 마키아벨리주의와 단순한 애국주의 또는 광신적 애국주의를 어느 정도 혼합한다. 사람들은 우리 정부가 옳은 결정을 한다고 전제하고, 이 신념을 어느 정도 이데올로기, 즉 십자군 운동, 자유를 위한 싸움 또는 어떤 권리도 없는 적수 앞에서의 탁월한 대의를 결합한다.

신학자들은 정당한 전쟁 전통이 지적으로 완전하다고 단언했다. 그러나 이 전통을 유심히 보는 자들은 점차로 비판적이 된다. 그들의 비판은 보통 사후에 행해지지만, 그곳이 그들의 도덕적 정직함을 지지하는 지점이다. 예를 들어 우리가 베트남에 있던 시대에 줄곧 대부분의 정당한 전쟁 사상가는 여전히 히로시마에 대해 물었다. 어떤 정치가와 군대 지휘자는 자기 비판적이다. 어떤 이는 위험을 감수하며, 개인적인 도덕성에서 반대되는 입장을 취함으로써 자신의 직무를 위험에 빠뜨린다.

정당한 전쟁의 전통이 사용될 때, 이것은 제약을 위해 작용할 수 있다. 이것은 여전히 정당한 전쟁의 추론 유형이 다른 사용 가능한 비 평화주의적 선택보다 도덕적으로 우월하다는 사례다. 이것은 "어떤 것도 무방하다."라고 말하지 않는다. 이것은 우리가 하나님의 영광을 위해 싸우고 있다고 말하지 않는다. 둘 다 더 잘못된 선택이며, 대부분의 사람들이 둘 다를 선택하는 것은 안타까운 일이다.

어떤 그리스도인이나 어떤 비 그리스도인도 도덕적으로 책임 있는 사람이라면 일어나도록 허용할, 가능한 권리를 지닌 유일한 전쟁의 종류는, 의도, 제한된 손해, 비례의 원칙, 비전투원의 면제, 마지막 수단 등이라는 시험을 충족하는 전쟁일 것이다.

전쟁을 위한 논거는 항상 증거의 부담을 가져야만 하며, 그 증거의 부담은 점점 전달하기가 더 어려워질 것이다. 규준을 충족하기에 충분히 작고, 충분히 정중하며, 충분히 필수불가결하고, 충분히 불가피하면서도 여전히 이길 수 있는 전쟁이 있을 수 있는지에 대한 대화는 지적으로 시행해 볼 가치가 있지만, 그것은 우리의 근본적인 도덕적 의무가 아니다. 우리의 의무는 정당한 전쟁의 규준에 미달하는 싸움을 멈추는 것이다.

제3부 · 현재의 증언

9. 자기 방어[17]

비폭력에 헌신한 그리스도인들이 "그러나 만일 누군가 당신의 가족을 공격한다면 당신은 어떻게 할 것인가?"와 같은 질문으로 표현하는 반대만큼 더 자주 마주치는 반대도 없다. 이것은 자기 방어와 전쟁 참여에 대한 그리스도인 평화주의자의 입장 설명에 대한 가장 일반적인 반응이다. 이단 하나의 질문은 그 안에 사람들이 이 주제에 대하여 제기할 수 있는 다양한 논의의 대부분을 전한다. 만일 우리가 이 질문에 합당하게 대답한다면, 우리의 입장은 논쟁이 성공할 수 있는 것만큼 안전할 것이다.

내 뜻이 아니라 하나님의 뜻

이런 질문에 대한 우리의 대답에는 몇 가지 부분이 있다. 가능한 대답들 모두가 똑같이 설득력이 있거나 심오하거나 결정적이지는 않고, 모든 대답은 우리가 실제로 중요한 두 가지 질문으로 돌아가도록 도울 수 있다. 그리스도인을 위한 하나님의 뜻은 무엇인가? 그리고 당신은 그것을 할 것인가?

---

17) 이번 장은 원래 "만일 …하다면 당신은 어떻게 할 것인가? A 시리즈"(What Would You Do If …? A Series)로 출판되었다. 『젊은이들의 그리스도인 친구』(The Youth's Christian Companion) 1949년 6월 5일, 595; 6월 12, 607; 6월 19, 615; 6월 26, 620; 7월 10, 636; 7월 17, 644–45; 7월 24, 637; 8월 7, 668. (원래는 익명으로 "in Wiedertaüfer"로 출판되었다) 이번 장은 요더의 서론 장의 『당신은 어떻게 할 것인가? 일반적인 질문에 대한 심각한 대답』(What Would You Do? A Serious Answer to a Standard Question, Scottdale, PA: Herald Press, 1983; expanded ed. 1992)과 혼동하지 말아야 한다. 비록 이번 장들이 같은 대답을 하고 서로 양립할 수 있지만, 놀랍게도 조금은 중복이 있다.

우리는 자기 방어에 대한 질문을 다룰 때 이 두 가지 질문을 마음에 간직해야만 한다. 우리의 믿음을 이해하고 논쟁에서 그것을 방어하는 것이 바람직한 만큼, 그리스도인들에게 이 논쟁은 주된 일이 아니다. 우리의 입장이 무엇이든, 만일 그것이 하나님의 사랑의 표현이 아니라면 그것은 잘못된 것이다. 만일 논쟁에서 이기려는 마음이 우리가 논쟁자를 미워하도록 만들거나 우리의 논쟁이 사랑의 삶에 의해 강화된 것이 아니라면, 우리는 그 논쟁에서 어떤 일이 발생하든 관계없이 진리를 잃게 될 것이다. 우리 입장의 최종 증거는 우리가 그것을 방어할 수 있느냐가 아니라 우리가 그것을 살아낼 수 있도록 하나님이 도우시는 것이다. 우리가 그렇게 할 때, 죄의 원인들을 파괴하고 영향들을 치료함으로써 하나님의 사랑을 세상에서 확장하게 될 것이다.

우리는 고립된 증거 본문을 인용함으로써 우리가 찾고 있는 대답을 발견하려고 하지 않을 것이다. 우리는 세상을 위한 하나님의 뜻의 일반적인 원칙으로 돌아설 것이다. 직접적으로 "어떻게 미국 군대에 참여하지 않을 수 있는가?" 혹은 "당신의 가정을 어떻게 방어하지 않을 수 있는가?"를 찾는 대신 이런 태도로 시작한다면, 전체적인 질문은 명료해지기 시작할 것이다. 무저항은 삶에 대한 기독교 철학에서 기본적인 요소들 가운데 하나로서 전체 복음에 관련되어 볼 수 있게 될 것이다. 세상에서의 하나님 사랑의 실제는 이미 만들어져 있는 대답에서 우리의 관심을 바꾸기 시작할 것이며 그것이 하나님이 누구시냐는 것의 실제에서 나올 것이기 때문에 우리의 대답은 더 진정한 것이 될 것이다.

우선, 우리는 "당신은 어떻게 할 것인가?"라는 질문이 정말로 바른 질문이 아니라는 것을 인식해야 한다. 우리는 나의 미래의 행동을 예측하려는 것이 아니라 옳고 그름의 문제에 관해 논의하고 있다. 상상의 상황에서 내가 우연히 무엇을 하게 될 것인가 하는 것은 나 또는 다른 누가 해야만 하는 것과 관련이 없다. 나는 약한 인간이기 때문에 나는 종종 내가 해서는 안 될 일을 한다는 것을 인정해야만 한다. 따라서 내가 무엇을 할 것인가는 내가 무엇을 해야만 하는가를 발견하기 위한 지침이 아니다.

그렇다면 나는 내가 어떻게 해야만 하는 것을 알 수 있는가? 그리스도인에게 그 질문에 대한 유일한 답이 있다. 하나님의 뜻이 내 삶의 유일한 "당위"이다. 이것이 시작하기 위한 적절한 곳이다. 우리는 하나님의 뜻을 부분적으로 우리 자신의 마음에서 발견할 수도 있으며 우리들 주변의 세상에서의 경험에서 부분적으로 알 수 있다. 하지만, 예수를 제외하고 우리는 결코 그것을 완전하게 알 수 없다. 이것은 우리가 성서를 연구하고 우리의 답을 찾아야만 한다는 것을 의미한다.

예수가 자기 방어에 대해 한 말은 매우 분명하다. "그러나 나는 너에게 말한다, 악한 사람에게 맞서지 말라. 누가 네 오른쪽 뺨을 치거든, 왼쪽 뺨마저 돌려 대어라. 너를 걸어 고소하여 네 속옷을 가지려는 사람에게는, 겉옷까지도 내주어라. 누가 너더러 억지로 오 리를 가자고 하거든, 십 리를 같이 가 주어라. 그러나 나는 너희에게 말한다. 너희 원수를 사랑하고, 너희를 박해하는 사람을 위하여 기도하여라."마5:39-41, 44 당신은 내가 나의 가족을 방어할 것인지를 묻는다. 여기 가장 방어적인 가치가 있는 사람에 대한 본보기가 있다. "예수의 둘레에 있는 사람들이 사태를 보고서 말하였다. '주님, 우리가 칼을 쓸까요?' 그 가운데 한 사람이 대제사장의 종의 오른쪽 귀를 쳐서 떨어뜨렸다. 예수께서 말씀하시기를 '그만해 두어라!' 하시고, 그 사람의 귀를 만져서 고쳐 주셨다."눅22:49-51 혹은 다시 "너희는, 내가 나의 아버지께, 당장에 열두 군단 이상의 천사들을 내 곁에 세워 주시

기를 청할 수 있다고 생각하지 않느냐?"마26:53 18)

만일 예수가 그의 죽음에서 자기 방어에 대하여 이와 같은 태도를 보였다면, 만일 그의 아버지가 그것을 방해하는 아무 일도 하지 않았다면, 나 자신과 나의 사랑하는 사람들을 방어하는 것에 대한 나의 태도 역시 다를 수가 없을 것이다. 내가 무엇을 하든, 내가 하나님의 본성, 나를 위한 하나님의 뜻 그리고 내 안에서 역사하시는 하나님의 사람에 충실하지 않은 어떤 것도 하지 말아야 한다는 것은 하나님 자신의 행동의 본보기에서 분명하다.

영원한 결과들

나는 그리스도인으로서 누가 나의 가족을 공격하는 것에 대해 어떻게 할 것인가를 포함하여 나의 모든 행동을 내가 영원의 도덕적 중요성에 관해 알고 있는 것에 따라 안내할 것이다. 하나님에 대한 순종의 영역인 그리스도인이 사는 진짜 중요한 세상은 도덕적 결정들이 이루어져야만 하는 곳이다. 이것은 이 한 가지 질문을 고정하기 전에 우리가 우리 자신에게 그것이 포함하는 더 큰 진리들을 생각나게 해야만 한다는 것을 의미한다.

이 같은 진리는 우리가 이 삶에서 하는 것들이 영원에서 중요하다는 것이다. 개인이 하나님의 사랑에 대해 행한 일에 의해 결정되는 천국과 지옥

---

18) 비록 예수는 우리도 역시 십자가를 져야만 한다고 분명히 했지만, 예수의 추종자들이 하지 못한다는 의미에서, 예수가 체포를 받아들일 수밖에 없었고 세상의 구원을 위해 십자가를 직면해야만 했다는 것은 사실이다. 그럼에도 우리는 예수가 그를 부당하게 체포한 사람들을 직면한 방식이 그의 추종자들이 그들을 부당하게 취급하는 사람들을 다루어야만 하는 방식에 대한 가르침과 일치하는 지를 기억해야만 한다.(마5:38-48) 우리는 예수가 그의 제자들에게 불의에 대응하는 방식의 옳고 그름에 대하여 가르칠 수 있는 기회로서 그의 체포에 대한 그의 반응을 이용했다는 것 역시 기억해야 한다. 베드로가 칼을 뽑아 그의 대적들 가운데 하나를 쳤을 때, 예수는 "네 칼을 칼집에 도로 꽂아라. 칼을 쓰는 사람은 모두 칼로 망한다."(마26:52) 그러므로 겟세마네에서의 예수의 체포는 예수와 관련된 그의 추종자들에게 모두 독특한 것이었다.

은 어떤 사람들에게는 촌스러운 개념이다. 하지만, 우리는 천국과 지옥에 대한 이해 없이는, 결코 하나님의 하나님 되심이나 우리의 자유의지 가운데 그 어떤 것도 이해할 수 없다. 만일 우리의 선택이 자유롭다면, 그것은 우리가 하나님께 불순종하는 것을 선택할 수도 있다는 의미이다. 만일 하나님이 완전히 선하시다면, 이런 선택은 우리를 하나님에게서 분리할 것이다. 그리고 만일 어떤 사람이 회개, 믿음, 순종에 의해 그 분리를 끝내기 위해 그리스도의 초대를 받아들이기를 거부한다면, 그 분리는 계속 될 수밖에 없다. 이와 같은 분리는 지옥을 의미한다. 같은 방식으로, 그리스도인이 하나님과 영원히 연합하는 것은 비록 그것이 이 세상에서 시작한다고 해도, 용서와 신실함이라는 하나님의 선물을 받아들인 결과이다.

이것을 염두에 두고, 원래의 질문으로 돌아가자. 내가 그리스도인이고 공격자가 그리스도인이 아니라고 가정한다면, 우리는 어떤 선택을 할 수 있는가? 나는 그들을 멈추게 하고자 필요하면 그들을 죽이기까지 가능한 모든 것을 할 수 있다. 그러나 그렇다면 나는 죄를 범하고 하나님의 사랑의 법을 위반하는 것이다. 더욱 나쁜 것은 공격자들의 삶을 끝냄으로써 나는 그들에게서 회개를 위한 기회를 강탈함으로써 영원한 죽음을 선포하게 될 것이다. 나는 그들의 육체적 삶을 파괴했을 뿐만 아니라 그들의 영적 삶 역시 파괴했기 때문에 유죄가 된다. 혹은 다른 한편으로, 내가 그들에게 그리스도 때문에 내 삶에서 가능한, 하나님의 고난 받고 용서하시는 사랑을 보여줄 수 있었다. 나는 그들이 왜 그러는지를 찾아내려고 노력할 수 있었고 그들을 해치지 않고 그들을 억제하려고 노력해야 했지만, 만일 생명을 잃어버려야만 했다면, 그것은 내 생명이어야 했다. 만일 상해를 입어야 한다면, 나는 그것을 참아야만 한다. 그렇다면 내 생명을 잃는다고 해도 그것은 하나님과 함께 영원을 위해 구원되었을 것이다. 반면 공격자들은 살았을 것이다. 아마도 그들은 회개할 것이고, 아마도 그들은 내 사랑에 의해 흔들렸을 것이다. 그러나 그들의 운명이 어떠하든 그것은 내 손에 의해 해결될 수 없다.

간단하게 표현하자면, 우리가 시작했던 그 질문에 대한 내 대답의 일부분은 다만 또 다른 질문을 하는 것이다. 그리스도인의 관점에서 어떤 것이 더 나은가? 내가 천국에 가는 것인가 혹은 누군가를 지옥에 보내는 것인가?

방어를 정의하기

이제 조금 더 조심스럽게 방어의 전체적 개념에 대해 생각해보자. 어쨌든, 방어란 무엇인가? 그 용어는 우리가 그것이 의미하는 것을 다 알고 있는 것처럼 사용하지만, 그것의 의미는 종종 우리 마음속에서 베일에 가려져있다.

먼저, "방어 한다는 것"이 위험을 감지하고 해로움에서 보호하는 것이라고 해 보자. 그것은 매우 간단한 것처럼 보인다. 그러나 숨어 있는 질문은 "해로움"과 "위험"이 의미하는 것이다. 물론 "해로움 혹은 위험은 공격자에 의한 것이다." 그러나 공격자가 유발한 해로움은 무엇인가? 아마도 고통, 물질적 손실, 혹은 기껏해야 생명의 손상이다. 이러한 것들은 분명 진짜 위험이지만, 더 나쁜 것이 있을 수 있다. 이곳이 방어에 대한 질문에 그리스도인이 답하기 시작해야 하는 곳이다. 생명이나 재산의 손실은 그리스도인에게 닥칠 수 있는 가장 큰 해로움이 아니다. 어떤 사람들의 기준에 의하면, 그리스도인에게 하나님의 뜻을 더 많이 생각하는 것보다 가치 있는 것은 없고, 더 큰 손실도 있을 수 없다. 진정한 그리스도인에게 하나님의 뜻에 순종하고 그것을 달성하는 것보다 더 높은 목적은 없다. 그것이 한 사람을 그리스도인으로 만드는 것이다. 그것이 하나님에 대한 우리의 관계에 반드시 포함되어야 한다면, 그리스도인은 기꺼이 어떠한 손실, 생명까지도 감당해야 한다. 사도 바울은 이렇게 말했다. "그뿐만 아니라, 내 주 예수 그리스도를 아는 지식이 가장 고귀하므로, 나는 그 밖의 모든 것을 해로 여깁니다. 나는 그리스도 때문에 모든 것을 잃었고, 그 모든 것을 오물로 여깁니다."빌3:8

따라서 그리스도인에게 닥칠 수 있는 가장 큰 해로움은 실제로 누구든 다른 사람에게, 그러나 오직 그리스도인만이 그것을 충분히 안다 그들이 믿음의 끈과 그것을 하나님께 연결하는 순종을 깨뜨리는 것이다. 이 끈을 보호하고 그 해로움을 예방하려면, 우리의 삶은 반드시 하나님의 사랑에 의해 이끌려야 하고, 그것은 악을 위한 악이나 악으로 악을 막는 것으로 결코 돌아가지 않는 것이다. 다른 쪽 뺨을 돌려대는 하나님의 사랑은 5리를 더 가고 70번씩 7번을 용서한다. 그런 사랑은 때때로 땅에서의 손실을 내포한다. 진정한 그리스도인은 가능한 최대의 해로움에 그 자신을 보호하고자 기꺼이 더 작은 손실들을 받아들이는 것이다. 그리스도인에게 가장 좋은 방어는 하나님의 뜻을 절대적으로 주장하는 것이다. 그것은 사랑과 무저항이다.

이제 당신은 이것이 나의 가족이나 자신을 폭력이나 사랑의 법에 대한 불순종으로 방어하는 것에 관한 원래의 질문에게 하는 것임을 알 것이다. 증오에 찬 어떤 종류의 방어도 나 자신에게 가하는 가장 나쁜 해로움이 될 수 있다. 그것은 그리스도인의 입장에서 정말 아무런 방어도 되지 못한다. 내 가정의 방어에 관하여, 그들 역시 그리스도인이다. 그들이 하나님의 뜻이 이루어지기를 원하기 때문에 그들은 자신의 생명을 보호하려고 내가 죄를 범하고, 하나님의 뜻에 불순종하기를 원치 않을 것이다.

사랑은 허다한 죄를 예방한다

"당신은 어떻게 할 것인가?"라는 질문을 받자마자, 한 가지 중요한 사실이 주목을 받지 못하게 되는 경향이 있다. 우리는 이런 위험한 상황이 실제로 존재한다고 가정하기 시작하고, 그 문제에 어떻게 대응할 것인지를 결정하려 하고, 이런 일이 있음직하지 않은 일이라는 사실을 거의 잊는다. 문제 전체에는 그 안에 "만일"이라는 매우 큰 가정이 있다. 왜냐하면 대부분 사람들의 삶에 그와 같은 위험은 결코 일어나지 않기 때문이다. 이 문제는 적어도 그런 질문을 받을 때 상상에 지나지 않는다.

이것이 그 질문에 답하는 데 도움이 되는가? 분명히 아니다. 비록 가설일지라도, 그 상황은 불가능하고 그리스도인은 답을 찾는 것을 변명하지 않는다. 그러나 그 문제가 정상적인 삶에 거의 일어나지 않는다는 사실은 우리에게 잊지 말아야 할 어떤 것을 보여준다.

그것은 우리에게 사랑은 문제를 해결할 뿐만 아니라 예방할 수 있다는 것을 보여준다. 만일 내가 광기, 과실, 혹은 알코올 중독의 원인이 되는 사회에 그리고 사람들의 마음에 있는 조건들에 대하여 무엇인가가 이루어지고 있다는 것을 알기 때문에 나의 역할을 했다면 미치광이, 범죄자, 혹은 술고래가 나나 나의 가족을 위험에 빠뜨리는 일은 훨씬 덜 일어날 것이다. 내가 친절하고 도움이 되며 효율적인 그리스도인으로 내 공동체에서 줄곧 알려진다면, 내가 보통 난폭하고 복수심에 불타는 사람으로 행동하는 경우보다 훨씬 덜 자신을 방어해도 될 것 같다.

그렇다면, 비록 이 문제가 단지 상상만이 아닐지라도, 전쟁에 직면하고 있는 문제가 있는 나라에 대해서도 같은 종류의 말을 할 수 있다. 히틀러가 미국을 점령하려는 경우는 어떤가? 한편으로, 미국이 1차 세계대전이 끝난 후, 건전하고 평화로운 나라가 되도록 독일을 더 많이 도왔다면, 히틀러는 결코 나타나지 않았을 것이다. 소련의 경우는 어떤가? 만일 다른 나라들이 소련의 초기 20년 동안 소련과 싸우는 대신 소련을 더 많이 도왔더라면, 미국, 영국, 프랑스가 1차 세계대전 이후 공산주의자들과 싸우려고 러시아를 침범하지 않았더라면, 만일 1932년 소련의 세계적 군비축소 제안을 받아들였다면, 우리가 정치적으로 소련을 고립시키려고 미국을 이용하지 않았다면, 우리가 핵폭탄으로 소련을 위협하지 않았다면, 누가 소련이 지금처럼 위험한 이웃이 되었다고 말할 수 있겠는가?

이 모든 것은 우리에게 우리의 모든 생각에 적용해야 할 원칙 한 가지를 생각나게 한다. 우리는 현재에서 행동할 때 미래에 대해 생각해야만 한다. 오늘날의 문제에 대해 내가 행하는 것이 이전에 발생한 문제와 원인의 결과일 뿐만이 아니다. 그것은 시간을 통해 지속될 더 큰 영향의 사슬이 시작되는 원인이기도 하다. 내가 애정이 없는 헌신을 한다면 그 이야기는 거기서 끝나지 않는다. 그것의 해로운 결과는 세상이 살기 더 나쁜 곳으로 만드는 데 일조할 것이다. 그러나 내가 하나님의 도우심으로 하나님의 사랑에 기초를 둔 행위를 할 수 있다면, 나는 세상을 더 좋은 곳으로 만드는 데 일조한 것이며, 그 사랑의 결과는 나를 따르는 사람들을 불리한 입장에 세우지 않을 것이다.

우리가 현재의 위험에 집중할 때 우리의 전쟁과 자기 방어가 바람직해 보인다면, 우리가 미래를 바라볼 때 이 그림은 변화된다. 나의 전쟁 참여는 전쟁을 예방하지 못한다. 그것은 단지 다음 것으로 이끌 악이라는 인과의 사슬의 시작이다. 나는 사랑의 힘으로 그 증오의 사슬을 끊을 때만, 그 문제의 재발을 방지할 수 있다. 그렇다면 어떻게 할 것인가? 나는 세상에 어떠한 악도 초래하지 않기를 바라는 마음으로 이 문제와 마주할 것이다. 왜냐하면, 나는 나의 문제가, 우리에게 기회가 있을 때 나와 다른 사람들이 충분히 신실하게 선을 행하지 않았기 때문에, 존재한다는 것을 알기 때문이다.

폭력과 창조주 하나님

그리스도인들은, 사는 법을 말씀해주시는 하나님이 우리와 우리가 살고 있는 세상을 만드셨다는 사실을 결코 잊어버려서는 안 된다. 그것은 우리에게 선함이라는 기독교 개념에 관해 중요한 어떤 것을 말해준다. 선한 것은 단지 어떤 통치자 혹은 입법부의 임의적인 바람이 아니다. 선한 것이란 실제로 우리와 세상이 작동되도록 만들어진 방법에 대한 정보에 속한다. 제조업자의 기계의 부품이 가장 효율적으로 사용될 수 있는 방법을 아는 것과 마찬가지로 우주와 인간의 창조주는 우리가 어떤 삶을 살도록 의도되었는가를 가장 잘 아신다. 내가 기관총을 쏘는 것처럼 그것을 가장 잘 사용할 수 있도록 카메라의 제조업자에 대해 말할 수 없는 것처럼 어떤 인간 철학자도 하나님의 드러난 뜻을 놓고 논쟁할 권리를 가지고 있지 않다.

따라서, 세상의 창조주가 우리에게 사랑이 우리 삶의 법칙이 되어야 한다고 말씀하실 때, 그 정보는 다른 뉴스보다 우월하다. 그것은, 사랑이 나의 모든 행동을 지도할 때 나의 삶이 가장 효율적이고, 가장 유용하고, 가장 풍성하게 만족스럽다는 것을 의미한다. 그리스도인은 그리스도가 온 이후 줄곧 그것을 입증해왔다.

첫째 이유로, 사랑은 "좋은 심리학"이다. 그들을 사랑하는 것보다 더 다른 사람들을 잘 다룰 수 있는 효과적인 방법은 없다. "부드러운 대답은 분노를 가라앉힌다."잠15:1라는 속담에서부터 친구에게 이기는 방법에 대한 현대의 전문가에게까지, 사랑의 기초 위에 삶을 세우는 것이 가장 좋다는 것이 언제나 확실했다.

무저항에 대항하여 논쟁하는 사람들은 그들의 "만일"이라는 시나리오를 세울 때 이것을 상기할 필요가 있다. 그들은 무저항의 반작용은 언제나 큰 손실을 의미한다고 주장한다. 하지만 ,그것은 단순히 언제나 사실인 것은 아니다. 물론 종종, 사랑의 방식은 십자가의 방식이다. 그러나 우리가 일반적으로 예언하는 것보다 더 자주 사랑의 응답은 실제로 악을 정복한다.

공격자들은 정신이상인가? 침착함은 폭력보다 더 안전할 것이다. 그들이 돈을 구하는가? 그들에게 돈을 주어라. 그들이 굶주렸는가? 그들에게 직업과 음식을 주라. 기독교 역사는 폭력이 결코 할 수 없는 결과를 낳도록 사랑으로 행동한 사람들 때문에 갈등을 해결하려고 위협들을 진정시킨 이야기로 가득 차 있다.

우리는, 폭력 자체의 사용은 그리스도인들이 틀렸다고 여기는 것이 아니라는 사실도 기억해야만 할 필요가 있다. 일반적으로 일들을 다루는 데 폭력의 사용을 금지하는 법은 없다. 목재를 위해 나무를 베거나 음식을 위해 동물을 죽이는 것은 금지되지 않는다. 상해 없는 제한은 정신병이나 아이를 다루고자 그리스도인들에 의해서도 사용될 수 있다. 죄로서의 폭력은, 힘이 고의적인 상해, 강압, 또는 다른 사람을 희생하는 자기 방어와 함께 사용될 때뿐이다. 예를 들어, 우리는 경제적 혹은 심리적 억압 같은 다른 수단으로 죄가 되는 목표들을 추구하는 것이 죄가 되는 것이라는 사실 역시 주목해야 한다.

진실은 그리스도인들이 인간 갈등의 대부분의 경우에 있어 공격자들을 해치려고 하는 것보다 더욱 효과적이 될 수 있는 사랑의 힘과 평화스러운 구속의 가능성을 가진, 이용할 수 있는 방어를 할 수 있다는 것이다. 그렇지 않다면, 우리는 여전히 사람의 법칙 안에서 분명한 해답을 가지고 있다. 그런데 그것은 예외를 허락하지 않는다. 단지 순종하기 쉬울 때만 그것이 적용된다면 그것이 법을 위해 무슨 유익이 되겠는가?

> 너희가 너희를 사랑하는 사람들만 사랑하면, 그것이 너희에게 무슨 장한 일이 되겠느냐? 죄인들도 자기네를 사랑하는 사람들을 사랑한다. 너희를 좋게 대하여 주는 사람들에게만 너희가 좋게 대하면, 그것이 너희에게 무슨 장한 일이 되겠느냐? 죄인들도 그만한 일은 한다. 도로 받을 생각으로 남에게 꾸어 주면, 그것이 너희에게 무슨 장한 일이 되겠느냐? 죄인들도 고스란히 되받을 요량으로 죄인들에게 꾸어 준다. 그러나 너희는 너희 원수를 사랑하고, 좋게 대하여 주고, 또 아무것도 바라지 말고 꾸어 주어라. 그리하면 너희는 큰 상을 받을 것이요, 더없이 높으신 분의 아들이 될 것이다. 그분은 은혜를 모르는 사람들과 악한 사람들에게도 인자하시다. 너희의 아버지께서 자비로우신 것 같이, 너희도 자비로운 사람이 되어라. 눅6:32-36

"당신은 어떻게 할 것인가?" 그리고 전쟁

질문하는 것으로 논쟁을 계속하는 사람들은 때로는 질문이 어떤 것에 대한 증거도 되지 못한다는 것을 상기해야만 한다. 질문이 입증하려고 하는 개념은 언제나 한 걸음 뒤에 있는 것이다. 전쟁의 경우, 그 사고는 이런 질문으로 이어진다. (1) 당신은 어떻게 할 것인가? (2) 물론, 당신은 당신 자신을 힘으로 방어할 것이다. (3) 그러므로 전쟁은 정당하다.

지금까지, 우리는 질문자가 1과 2 사이에서 택하는 단계에 대해 생각했다. 그것은 주된 질문이고 정확히 우리의 관심을 기울여야 했다. 그러나 그것만이 유일한 질문은 아니다. 질문자는 2와 3 사이의 다른 지점을 택하고,

그 지점이 첫 번째 질문과 똑같이 주장되어야 할 값어치가 있다. 비록 2지점에 있는 답이 바르다고 해도, 전쟁은 여전히 정당화되어서는 안 된다. 주요 강조가 남아 있는 곳을 기억하고 있다 할지라도, 방어가 정당하다는 것에 동의한 것으로 하고 계속 진행해보자.

무엇보다 먼저, 방어의 사회적 의미와 전쟁에는 차이가 있다. 만일 내가 공격에 대비하여 나의 가정을 보호한다면, 나는 우리를 통제하는 법률에 의해 금지된 행동을 막는 경찰과 같은 방식으로 행동하게 될 것이다. 전쟁에서 그것은 결코 사실이 아니다. 전쟁에는 양쪽 편을 능가하는 어떤 정부도 없다. 범죄를 예방하고자 한 나라가 다른 나라와 싸우는 질서를 위한 어떤 제도도 없다. 모든 전쟁의 양측에 있는 나라들은 자신들이 바른 편에 있으며 범죄를 예방하고 있는 것이라고 주장한다. 때때로, 그들은 패자들이 잘못한 것이라고 선포하려고 국제적인 법정이나 국제적인 정부를 세우기까지 한다. 그럼에도 정의로운 나라가 더 높은 정부의 법에 대항하는 행동을 예방하기를 원한다고 해서 결코 전쟁이 일어나서는 안 된다.

상해를 입은 사람들에게도 차이가 있다. 만일 나 자신을 방어하려고 폭력을 사용해야 한다면, 상해를 입은 사람만이 공격자가 될 수 있다. 그것은 현대 전쟁에서는 사실이 아니다. 현대의 전쟁은 공격자들에 대해서는 거의 아무 일도 하지 않는다. 그들은 너무 중무장을 하고 너무 높이 너무 빠르게 날아간다. 사실, 현대 전쟁은 자신들의 사랑하는 것들을 방어하려고 아주 적은 일만을 한다. 주된 노력은 집, 공장, 적들이 사랑하는 것들을 포함하는 적들의 본국을 파괴하는 것이다. 이와 같은 희생은 공격을 지지하는 것과는 거의 관계가 없고 그것에 관한 결정과는 아무런 관계가 없다. 공격자가 결백한 사람들을 훨씬 더 많이 죽이려고 버튼을 누르면서 갑옷 뒤 어느 곳에서 안전하게 있는 동안 현대의 전쟁은 여자, 아이들, 노인들을 죽이고 있다. '만일 … 하다면 나는 어떻게 할 것인가?' 글쎄. 한 예로 나는 공격자들의 배우자를 죽이려고 러시아로 비행하지 않을 것이다.

2에서 3으로의 논리적 도약에 대한 반대가 아직 하나 더 있다. 우리는 그 것을 "민주주의를 신봉하고 폭력이 인간 문제들을 해결하는 해법이 아니라고 주장하는 사람들은 우리가 뜻을 관철하고자 폭력을 사용하려 한다면 우리 자신의 주장에 대한 반증을 들어야 할 것이다."와 같은 말을 했던 미국 정치가의 세상에서 쉽게 볼 수 있다. 같은 것이 나의 개인적인 상황에도 적용된다. 공격자들은 '나는 아니다.' '나는 그들보다 낫고 가능하다면 그들을 폭력으로 멈추게 할 권리를 가지고 있다.'와 같은 도덕적으로 잘못된 어떤 것을 행한다. 그러나 내가 폭력을 사용하기로 결정하는 순간, 나는 같은 방법을 사용함으로써 나 자신을 그들과 같은 수준으로 낮추는 것이다. 따라서 나는 더는 그들보다 조금도 낮지 않고, 그들을 멈추게 할 권리도 없다.

'주먹을 사용하기 시작한 사람은 그들의 논의가 바닥났음을 보여준다.'라는 누군가 말했던 속담이 있다. 우리는 같은 것을 비 그리스도인의 방식을 사용하는 그리스도인들에 대해서도 말할 수 있다. 그들은 그들의 사랑이 바닥났음을 보여주고 그것은 그들이 그리스도를 떠났음을 의미한다. 왜냐하면 그리스도는 결코 사랑이 바닥났던 적이 없다. 사람들이 자신을 십자가에 못 박을 때조차도.

마지막 세 가지 입장

질문을 검토하는 대신, 다시 한 번 질문자의 논쟁을 검토하자. 질문자는 실제로 그 문제에 관해 그들이 어떤 입장에 서 있는지를 말하지 않는다. 이 것은 우리가 어떤 입장으로 정확하게 대응해야 하는지를 아는 것을 어렵게 만든다. 실제로 거기에는, 더 있을 수도 있지만, 전쟁에 참여하는 그리스도인들이 주장하는 적어도 세 개의 가능한 입장들이 있다. 그들 모두는 질문을 함으로써 논쟁을 하지만, 그들 중 몇몇은 일관성이 없는데 그리스도인의 대답은 그런 불일치의 배후를 조사해야 한다.

첫 번째 입장은 폭력에 의한 방어가 그리스도인에게 적절하다고 주장하는 것이다. 이렇게 믿는 사람들은 논리적으로 "만일…하다면 당신은 어떻게 할 것인가?"라고 묻는다. 이 입장은 성서적 해석, 증인으로서의 그리스도인의 삶 그리고 내가 이곳에서 개괄했던 다른 이유들 때문에 의문의 여지가 있다.

많은 그리스도인들이 다른 입장을 취한다. 그들을 위한 질문 자체는 비논리적이다. 예를 들어 자신의 신학으로 서구 기독교를 둘로 나누는, 의식적으로 마틴 루터를 따르는 사람이 있다. 그리스도인으로서, 나는 성서가 지향하는 바와 같이 무저항주의자가 되어야 한다. 시민으로서 나는 성서가 아니라 정부를 따라야만 한다. 즉, 전쟁은 그리스도인에게 잘못된 것이지만, 정부가 먼저인 시민에게는 올바르다.

여기서 무저항의 대답은 명백하다. 그 딜레마는 "당신들이 어떤 신들을 섬길 것인지를 오늘 선택하십시오."수24:15라는 여호수아의 말에 묘사되어 있다. 그리스도인의 대답은 여호수아의 대답과 같은 것이 되어야 한다. 예수가 그의 제자들을 가르치려고 "황제의 것은 황제에게 돌려주고, 하나님의 것은 하나님께 돌려드려라."막12:17, 새번역라고 말했을 때 예수는 같은 질문에 대답했다. 하나님께 속한 것에 비교하면, 황제의 올바른 몫은 절반에도 훨씬 못 미치고, 하나님에 대한 불순종을 요구하는 것이 하나님의 지배에서 생명의 어떤 부분을 제거하는 것을 결코 포함할 수 없다.

전쟁이 잘못된 것이라고 동의하는 사람들에 의해 제기되는 결정적인 견해가 있다. 예를 들어 세계대전의 경우에서처럼, 그들은 그것이 두 가지 악 가운데 더 적은 것이거나 그것이 단지 피할 수 없는 것 가운데 하나라고 주장한다. 이 견해들은 매우 지적인 몇몇 사상가들에 의해 주장되고 매우 인상적인 것이 될 수 있다. 그들에게 꼬박꼬박 대답하는 것은 간단하지 않고 간단하게 이루어질 수도 없지만, 대답의 근거는 매우 분명하다. 그것은 그들이 전쟁이 잘못된 것이라는 사실을 인정하자마자 그렇게 된다. 악과 타협하는 것에 대한 그 논의가 아무리 인상적인 것이라 해도, 예수는 결코 타협하지 않았고 그것이 우리의 대답이다. 제자도가 목적인 그리스도인들은 잘못된 것을 기꺼이 행하겠다고 이미 결정했다.

　"두 가지 악 가운데 더 작은 것"에 대한 최종 요지는 이렇게 주장한다. 악은 어디에나 있고 세상이 존재하는 한 그럴 것이다. 우리가 "전쟁과 노예 가운에 어떤 것이 더 악한가?"라고 묻는다면 어떤 사람들에게는 아마도 노예가 되는 것이다. 그러나 그 질문은 "죽이거나 노예가 되는 것 같은데 어떤 것이 내가 하기에 더 나쁘냐?"라고 묻는 것이다. 그 대답은 간단하다. 나의 원수들이 범하는 죄는 나의 첫 번째 고려사항이 아니다. 그들을 사랑하는 것이 그 첫 번째이다.

10. 투표[19]

북미의 정치적 문화는 공용어와 경험의 견고한 층으로, 그 상황에 대한 두개의 대조적인 관점들 사이의 미해결 논쟁이라는 유동적인 마그마 위를 떠다닌다. 왜냐하면 사람들은 이러한, 다르지만 공표되지 않은 의미들에서 시작하기 때문에, 그들은 종종 선거의 도덕적 의미를 향한 갈라지는 태도로 끝난다.

역사의 중심으로서의 진술

이 진술의 첫 번째 견해는 4세기 이래 일반적이 되었다. 이 견해에서는, 황제를 하나님의 첫 번째 도구로 본다. 역사가 호의적인 방식으로 움직인다면, 이는 그리스도인 통치자들이 평화와 번영에 의해 축복을 받은, 그들의 정권을 발견하기 때문이다. 만약 하나님이 벌하기에 적합한 것으로 보신다면, 우리는 그 정권을 신앙심이 없는 군대에서 볼 것이다. 역사가 유세비우스와 역사 신학자 어거스틴 이래, 땅에 있는 도시들을 위한 하나님의 뜻을 분별할 수 있는 움직임은 신자들의 몸보다는 정부 당국에 의해 수행되었다. 따라서 현대에서 민주주의의 한 의미는 하나님 아래 있는 통치의

---

19) 이번 장은 원래 "국가적 의식: 성서적 현실주의와 선거"(The National Ritual: Biblical Realism and the Elections), *Sojourners* (1976 10월): 29–30로 출판되었다. 이 논문은 캐나다와 같은 민주주의의 정황도 반영하여고 수정 편집되었다. 원래의 글은 주로 미국의 정황에 맞추어져 있다. 소저너스의 허가를 받아 재 출판되었다. (800) 714–7474, www.sojo.net.

이 비전이 보편화되었다는 것이다. 르네상스, 계몽주의, 1689년부터 1848 까지의 혁명들은 이 견해를 수많은 방식으로 다시 만들었다.

- "백성"이라고 불리는 단위는 이제 더는 기독교 제국 혹은 거룩한 로마 제국이 아니지만 왕조, 지리학, 언어, 관료주의, 그들의 최근 역사에 대한 공유된 판단의 용어들에서 한 "국가"가 정의된다.
- "국가"에 의해 대표되는 도덕적 가치는 더는 분명하게 그리스도인을 필요로 하지 않지만, 아직 그들은 같은 "종교적인" 색채를 가지고 있고 도덕적으로 초월적인 이유에서 국가/국민을 단결하도록 같은 주장을 한다. "자유, 평등, 종교" 혹은 "피와 땀"
- 대중적인 참정권의 출현으로 말미암아, 이전에 신에 의해 왕에게 주어졌던 권한의 속성이 "국민"에게 전달됐다고 주장한다. 왕의 목소리는 하나님의 목소리였다고 말했었다. 그러나 이제 하나님의 목소리는 "국민"의 목소리이다. 루이 14세는 "내가 국가이다."라고 말했다. 그것이 이제 "국민"으로 바뀌었다. 그럼에도 이 "국민"은 오직 정권을 통해서만 이해될 수 있고 행동할 수 있다. 링컨은 게티즈버그에서 대중들에게 그 새로운 실재는 그의 정부에 너무 완전하게 부여되어서 만일 그 연합이 전쟁에서 남부에게 진다면, "국민의, 국민에 의한, 국민을 위한 정부"는 지구상에서 사라질 것이라고 말했다.

그들은 이와 같이 2세기 동안 우리에게 우리, 국민은 자신을 통치하고 우리는 그것을 믿는다고 말했다. 우리는 우리를 위해 말하는, 우리의 선출된 대표들을 통해 공적인 정책 안으로 우리의 사고를 전달하고 서로의 이기심을 제한한다. 만일 그들이 우리의 이름으로 하는 일이 마음에 들지 않는다면, 우리는 그 일을 변화시키고자 같은 무대 안으로 들어갈 수 있다. 그렇게 하는 것은 우리의 특권이며 의무이다. "국민의" 역사에서 선거는 주된 두드러진 특색이 된다. 결과적으로 이 과정에서 일하는 것은 후보자, 정당노동자, 혹은 유권자이건 간에 거의 신적인 시민의 위임을 수행하는 것이다.

1960년대 미국의 행동주의와 항의는 아직도 이 상속된 이상주의 안에 안주하고 있다. 시민권 운동은 인종차별적인 주립법에 대항하여 연방 헌법의 평등주의적 가능성에 호소했다. 그리고 도덕률은 보통 케네디미국 전 대통령의 전화 담화에서 나왔다. 베트남에 대한 한층 더 귀에 거슬리는 항의는 미국의 더 높은 자기 이미지에 호소했다. 만일 사람들이 권리를 행사하기 위한 책임을 다하려면 대통령의 무감각과 기만을 꾸짖는 것만이 의의가 있다.

보통의 신자, 특히 사회적 관심을 가진 신자는 최근에 정치적 과학자들과 실세들이 처음부터 알고 있었던 조잡한 진실들 가운데 얼마를 알게 되었다. 그러나 사회과학은 대부분의 사람들이 선거과정에 두었던 무게와 긴급함을 설명하지 못한다. 대부분의 선거들이 결정적이라거나 내 투표가 매우 중요하다는 것은 이 경우가 아니다. 따라서 우리는 이 신비의 뿌리를 찾아내야만 하고 대안을 재발견해야만 한다.

정부에 대한 신약성서의 관점

정부에 대한 두 번째 견해는 예수 이후 첫 몇 세기 동안 그리스도인들이 상상할 수 있었던 유일한 것이다. 그것은 예수와 바울 혹은 요한계시록 13장과 로마서 13장 사이를 틀어지게 하려는 학자들의 노력에도 불구하고 명백한 신약성서의 관점이다. 그것은 그들의 정부 형태가 북대서양의 민주적인 유산으로부터가 아니라 다른 과거들로부터 움직이는 오늘날의 광대한 세계 인구의 대부분에게 의미 있는 유일한 견해이다. 그것은 북 대서양세계에서 점점 의미를 가지게 될 것임은 물론 우리의 현실주의를 깊게 하고 인본주의자 이상주의의 자취를 무너뜨릴 것이다.

정부의 운동은 본래 소수 독재 정치소수의 엘리트들에 의해 권력이 행사되는이고 폭군적이다. 민주주의는 어느 정도 다른 정부 유형과 다르지만 종류가 다른 것은 아니다. 민주적인 보호수단예를 들어 합헌성, 자유로운 언론, 권력의 분산은 억압성을 약화시킨다. 민주적인 보호수단들은 다른 정치적 제도에서보다 적은 폭력으로 한 소수 독재 정치가들을 다른 소수 독재 정치가들로 교체하는 것 역시 용이하다. 그러나 민주적인 보호수단들이 다른 사람들에 대한 "주인노릇"의 의미를 근본적으로 바꾸지는 않는다.눅22:25 국민에 의한 통치라는 신화가 지속성을 약화시키고 대중을 교묘하게 다루어 대중 선동을 조장하고 선거를 도운 사람들에게 일을 보상하여 매관매직을 조장할 때, 민주주의에서의 일종의 사리사욕이 다른 체계보다 훨씬 심해질 수 있다.

예수는 "주인노릇"을 그것이 중지되어야만 하는 것처럼 비난하지 않는다. 예수는 무정부주의자가 아니다. 예수는 그의 오심, 교회의 현존, 혹은 민주주의의 발달이 통치의 의미를 바꾸게 될 것이라고 약속하지 않았다. 예수는, 콘스탄틴 이후의 그리스도인들이 그랬던 것처럼, 이 제도를 섭리, 창조의 질서로 혹은 신성한 위임으로 승인하지도 않았다. 그는 다만 경험적으로 "세상은 원래 그런 거다"라고 말했다. "대중적 통치"를 우리 모두에 대한 신성한 위임으로 믿기 때문에, 우리 차례에 주인이 되려고 노력할 것인가에 대한 우리의 결정은, 권력에 대한 이 현실주의 정황에 속한다. 주인이 되기보다 종이 되려는 예수의 결정은 이 같은 현실주의 관점에서 이루어졌다.

통치권의 실천은 언제나 그 자체를 위한 도덕적 주장을 만든다. 예수는 통치자들을 은혜를 베푸는 사람이라고 말하지 않고 그들이 그렇게 주장한 다고 말했다. 그들은 그들의 지배를 도덕적 정당화의 발판으로 뒷받침한 다. 이것은 독재정치뿐만 아니라 민주주의에서도 사실이다. 권력의 과정 정당 정체성, 정강, 선거공약, 합의 보증에 대한 호소에서 경쟁자들의 도덕적 주장은 지배자와 지배 받는 자 사이의 대화를 심화한다.

우리는 이러한 예수의 말들이 반영한 파워 게임에 대한 현실주의 안에 서, 선거과정에 대하여 냉정해질 수 있다. 선거는 우리가 우리 자신을 통치 하는 것을 의미하지 않는다. 관심을 가진 사람들의 첫 번째 의무가 정당과 투표에서 그들의 특별한 소수 견해가 조금 더 많은 표를 얻고 4년 혹은 8년 후에 더 나은 기회를 가지려고 밀어붙이는 것이라는 사실은 대부분 진실이 아니다. 북대서양의 그리스도인들은 민주주의에 대한 원만한 상대주의를 발전시켜야만 한다. 그렇게 함으로써 우리는 통치자들에 대항하여 반역하 지 못하게 하는 다른 정치권에 있는 사람들을 비난하거나 불쌍히 여기지 않을 수 있을 것이다.

더 성서적이고 현실적인 접근

비록, 선거가 우리 자신을 통치하는 것을 의미하는 것이 아니라고 해도, 우리는 선거가 통치자들이 정기적으로 그들의 통치 대상에게 의견을 묻는 것임을 의미한다는 사실에 기뻐할 수 있다. 통치 대상자들의 의견을 묻고 정권을 가진 소수가 비폭력적으로 바뀔 수 있는 제도가 다른 제도들보다 더 좋다. 따라서, 우리는 비록 별로 기대하지 않지만, 진정한 선택이 위기 에 처할 정도까지 감사하게 참여해야할 것이다.

우리는 이렇게 적당히 기대를 낮추고서, 좀 더 다양해지도록 우리를 안내할 기준을 위해 어느 편을 택해야 할지 덜 긴장할 수 있을 것이다. 우리는 더는, 작은 콘스탄틴들처럼 언제나 "정의"에 대해 선택해야만 한다고 주장할 필요가 없다. 우리는 다른 것들이 평등하기 때문에 승자의 자기 정당화의 한계를 거스르고자 약자들에게 투표할 수도 있다. 우리는 1960년에 우리나라가 그 거만한 민족주의가 이끌 수밖에 없는 굴욕이 필요하다는 이유로 닉슨을 찍을 수도 있다. 우리는 기권에 의해 그 제도에 대한 반대를 표현할 수 있고 주류 판매 금지 혹은 닥터 스폭20)과 같은 절망적인 이유를 지지하고자 선거를 포기할 수도 있다.

이 각각의 접근들은 "국민의, 국민에 의한" 신화의 기준에 무책임한 것처럼 보인다. 그럼에도, 각각은 기타 비선거형 증인 채택이나 현지의 직업적 의무를 양심적으로 배제시키는 방법으로 통합될 수가 있을 것이다. 이와 같은 것들에는 다음과 같은 것들이 포함되어 있다. 대안 해법을 갖고 있는 파일럿 기업들, 때때로 발생하는 비폭력적 장애, 고위직에 있는 정직한 사람들의 예언적 목회, 대표가 없는 "과부 및 고아"를 위한 로비, 그리고 정보를 통한 대중의 경각심을 구체화이다.

우리는 그리스도인들이 한 목소리로 연합하려면 국가를 가로지르는 단일 문제 투표의 가능성에 열려 있어야 하지만, 우리는 이런 경우가 자주 있기를 기대해서는 안 된다.

우리는 증인이자 변화의 동력으로서, 선거권보다는 현재의 비선거적인 방식에서 상대적으로 더 나은 결과들을 기대해야 한다. 투표는 이 입장에서, 히피와 광신적 애국자들이 만족하는 것으로서, 제도와 함께 도덕적 연

---

20) 닥터 스폭을 스타 트렉에 나오는 인물과 혼동하지 말라. 그는 유명한 소아과 의사이며 베트남 전쟁에 반대하였던 작가이다. 그는 1972년 미국 대통령 선거에서 국민의 정당의 후보였다. 요더는 이 선거에 대해 말하는 것으로 보인다.

대의 의식적 확인이 아니다. 오히려 투표는 권력에게 진실을 말하기 위한 하나의 길이며 약자들의 길이고 더 모호한 방식이다. 우리는 억제된 참여로 이 경로를 지지하고자 잘 할 수 있다. 왜냐하면 투표가 기능하는 정권은 그것이 불가능한 곳보다 덜 악하기다른 모든 것들이 동등한 때문이다. 그러나 우리는 우리가 투표를 덜 심각하게 받아들인다면 이 시민의 권리에 대한 이행은 도덕적으로 더욱 심각한 것이 될 것이라는 것을 기억해야만 한다.

11. 퇴역군인의 날[21]

이 장은 원래 1963년 11월 11일 고센 대학 예배에서 전한 설교였다.

이 날은 한동안 정전일로 알려진 날이다. 45년 전 오늘, 1차 세계대전에서 계속되는 적대감이 종결됐는데, 1차 세계대전은 막대한 비용을 들이며 "모든 전쟁을 끝낼" 공언된 목적으로 치러졌었다. 정전은, 이 전쟁이 모든 전쟁을 끝냈다고 진심으로 믿는 많은 이들의 확신 때문에, 바로 다음 해에 대대적으로 환영받으며 기념됐다. 그러나 10년 내에 어떤 문제도 해결되지 않았다는 사실이 분명해졌다. 어떤 나라들은 국제 연맹에 가입하지 않으려 했고, 유럽에는 어려움들이 있었다. 15년 내에 히틀러는 부상하고 있었다. 20년 내에 유럽에 전쟁이 있었다. 25년 내에 세계는 또 다른 갈등의 절정에 있었다.

우리는 이제 미국에서 대신에 다른 "퇴역 군인의 날"에 대해 말한다.[22] 이것은 중대한 의미의 변화를 수반한다. 11월 11일이 국경일이 되었을 때, 기념하는 것은 더는 전쟁이 없어야만 하고 전쟁이 이미 끝났다는 기쁨이 있어야 한다는 확신에 대한 증언이었다. 어쨌든 이 국경일을 기념한다는 것은, 거의 정반대를 의미하게 됐다. 이것은 이제 제도로서의 전쟁을 비준하고 합법으로 인정한다.

이것은 가장 부적절한 시기에 일어났다. 미국인들은 승리에 의미를 부여

---

21) 이 장은 원래 1963년 11월 11일 고센 대학 예배에서 전한 설교였다.
22) 캐나다 기념일

했던 분명한 목적이 있었다고 느끼기 때문에 1차 세계대전 이후 자신만만하며 낙천적이었다. 이 느낌은 2차 세계대전 말에 다시 왔다. 이번에는 전쟁이 "세계를 민주주의를 위해 안전한 곳으로 만들려고" 치러졌는데, 이는 확실히 더 신중한 목표였다.[23] 하지만 2차 세계대전은 이 목표로 평가된다 하더라도, 실패였다. 부분적으로는 타협하고 동맹한 것을 포함하여 전쟁이 치러진 방식 때문에, 우리는 폴란드나 체코슬로바키아가 1930년대에 그랬던 것처럼 민주주의 정부를 가졌다고 말할 수 없다. 우리는 민주주의의 미래와 시민의 자유가 프랑스와 서독에서 보증됐다고 말할 수 없다. 1935년 이후 민주주의 국가가 된 이 나라들은 인도와 나이지리아와 마찬가지로, 전쟁이 없이 민주주의 국가로서 독립을 얻었다. 세계에서 반민주주의 정부들의 권력은 그 어느 때보다 더욱 강력하다. 그렇다면 무엇을 기념해야 하는가? 우리는 일어난 역사 때문에 원래 의미로 이 날을 기념할 수 없다면, 무엇을 해야 하는가? 우리는 이런 질문을 염두에 두고, 사도들의 글 가운데 하나를 살펴볼 것이다.

지도자를 위한 기도

그러므로 나는 무엇보다도 먼저, 모든 사람을 위해서 하나님께 간구와 기도와 중보 기도와 감사 기도를 드리라고 그대에게 권합니다. 왕들과 높은 지위에 있는 모든 사람을 위해서도 기도하십시오. 그것은 우리가 경건하고 품위 있게, 조용하고 평화로운 생활을 하기 위함입니다. 이것

---

23) 우드로 윌슨(Woodrow Wilson)이 미국이 1차 세계 대전에 참전한 것을 정당화하려고 이 슬로건을 사용한 이후로, 요더가 왜 이 슬로건을 2차 세계 대전과 연결시켰는지는 분명하지 않다. 요더는 다음 글에서 이 사실을 인식했음을 보여준다. *Christian Attitudes to War, Peace, and Revolution* (Grand Rapids: Brazos Press, 2009), 215.

은 우리 구주 하나님께서 보시기에 좋은 일이며, 기쁘게 받으실 만한 일입니다. 하나님께서는 모든 사람이 다 구원을 얻고 진리를 알게 되기를 원하십니다. 하나님은 한 분이시요, 하나님과 사람 사이의 중보자도 한 분이시니, 곧 사람이신 그리스도 예수이십니다. 그분은 모든 사람을 위해서 자기를 대속물로 내주셨습니다. 하나님께서 꼭 적절한 때에 그 증거를 주셨습니다. 나는 이것을 증언하도록 선포자와 사도로 임명을 받아 믿음과 진리로 이방 사람을 가르치는 교사가 되었습니다. 나는 지금 참말을 하지, 거짓말을 하지 않습니다. 그러므로 나는, 남자들이 화를 내거나 말다툼을 하는 일이 없이, 모든 곳에서 거룩한 손을 들어 기도하기를 바랍니다.딤전2:1-8

우리는 고위직에 있는 자들에 대한 신약의 관심이 모든 사람들에 대한 관심의 맥락에 있다는 것을 알고 있다. 이 관심은 모든 왕들을 위해 기도하며 가지는 관심이었다. 이것은 기독교의 정치적 충성이 한 군주를 다른 군주보다 선호하거나 한 정치 체계를 다른 체계보다 선호하는 문제가 아니라, 오히려 정부에 있어야 할 원리에 대한 충성을 의미한다.

정부는 왜 "평화와 안정"을 유지해야 하는가? 그리스도인들이 모든 인류를 위해 자유를 얻은 이는 바로 그리스도 예수라는 사실을 모두에게 선포할 자신들의 임무에 착수하도록 하기 위해서다. 하나님은 이것이 이방인들즉, 나라들에 선포되어야 한다고 명령했다. 바로 이 구절은 기독교 교회가 어떤 윤리적 한계도 알지 못하며, 어떤 하나의 국가적, 문화적 또는 인종적 충성에도 얽매이지 않는다고 증언한다. 정부는 교회와 사도들이 복음을 입증하고 선포할 수 있도록 허락하려고 존재한다. 우리가 그들을 위해 기도하라는 부르심을 받은 것은, 바로 이 목적을 위해서다.

다음으로 이 기도에 대해 우리가 고려하는 것은, 하나님이 고위직에 있는 자들을 사용할 때 그리스도인들이 정치적 영역에서 무엇을 하는지에 의존하지 않는다는 것이다. 오히려 그리스도인들은 하나님이 로마제국의 북쪽과 남쪽에 접경한 야만족뿐만 아니라 하나님이 황제에게 할 수 있는 것을 위해서 기도한다. 그리고 이 기도는 정부가 민주적인가 아니면 정의로운가에 대해서도 관심을 가지지 않는다. 평화가 유지되는 것을 간구할 뿐이다. 물론 그런 세대에 그렇게 하는 수단은 대개 전체주의적이었다.

잘못된 가정

정부를 향해 우리가 취해야 할 태도에 대한 이 기독교적 비전은, 오늘날 대부분의 그리스도인들을 궁지에 몰아넣는다. 대부분의 북아메리카 그리스도인들은 세상에 대한 이 사도적 견해와 대조되는 견해를 고수한다. 북아메리카 그리스도인들에게, 세계의 반은 자유롭고 다른 반은 그렇지 않은 것이 분명하다. "자유"가 어떤 사람들에게는 속하나, 다른 사람들에게는 속하지 않는다. 이 사람들에게 "자유"가 무한히 가치가 있다는 것은 자명하다. 이들은 필요하다면 자유를 위해 다른 모든 것을 기꺼이 희생한다. 우리는 전쟁에 대해 생각할 때, 종종 한 악을 다른 악에 대해 가늠해보고 계산하고자 한다. 당신이 "자유세계"의 "자유"와 1억 명의 소비에트 연방이나 중국 시민의 생명 사이에 결정해야만 한다면, 당신이 1억 명의 목숨을 희생할 것이라는 사실은 분명하다. 미 국방성이 민간인의 사상자를 제한하려고 노력할 때에도, 빠져나갈 구멍은 열려 있다. 자유는 무한히 가치가 있으므로, "우리가 자유에 내몰리면," 우리는 기꺼이 전체 도시에 핵무기를 사용한다.

우리의 더 깊은 전제는, 자유가 국가의 주권과 동일하다는 것이다. 신약에서처럼 자유는 실제로 교회가 관련 있는 지역의 자유에 대하여 자기 일로 나설 수 있느냐 아니냐의 문제가 아니다. 대신에 문제는 관련된 국가들이 정치적으로 독립적인가 하는 것이다. 미국 정부는 나머지 자유세계가 미국에게 보호 받기를 원하든 그렇지 않든 자유세계의 보호자라는 사실은 대부분의 사람들에게 분명하다. 미국이 전적으로 옳다는 사실 역시 마찬가지로 분명하다. 나는 최근에 미국이 결코 어떤 나라도 공격한 적이 없다는 강한 확신을 가진, 잘 교육받고 영향력 있는 개인적인 진술에 대해 들었다. 그는 1917년과 1920년 사이에 소비에트 러시아의 일부에 대한 미국의 점령, 스페인-미국 전쟁이나 멕시코 전쟁에 대해 알지 못한 듯했다. 그는 우리에게 단호하게 미국의 사회 질서는 산상 수훈과 황금률을 성취하는 것이라고 말했다.

마지막으로 우리는 종종 모두가 동일한 기준으로 평가돼야 한다고 가정한다. 예를 들어 소비에트 연방이 우리처럼 민주적인 정부를 가지지 않는다면, 우리는 이 차이점으로 말미암아 절대적으로 비난하게 된다. 우리는 소비에트 연방이 50년 전 봉건 시대였으며, 게다가 우리에게는 상대적으로 민주주의적 사회가 된다는 것이 무엇을 의미하는지 이해하려는 문제를 해결하는 데 수 세기가 걸렸다는 것을 인식하지 못한다. 우리는 문제들이 어디에서 왔는지에 따라 문제를 평가하기보다는, 우리가 어디에 있는지에 따라 문제를 평가한다.

우리에게는 모든 사람이 동일한 기준으로 평가되도록 기대하는 또 다른 방법이 있다. 정부가 전쟁을 할 설득력 있는 이유가 불충분하다 하더라도, 어떤 이에게는 전쟁에 참여하는 것이 허용될 뿐만 아니라 사실 그리스도인들의 의무라는 것도 자명한 것처럼 보인다.

우리의 궁극적인 충성

이 두 견해-국가와 교회에 대한 성서적 견해와 우리 사회에 만연한 견해-사이의 대조를 묘사할 때에 나의 요지는, 어느 한 가지 결론으로, 혹은 헌신이라는 극단적으로 구체적인 요청으로 이끌려는 것이 아니다. 나는 단순히 우리가 부름 받은 임무에 계속 관련이 있다는 것을 우리에게 상기시키기를 원한다. 이 임무는 어떤 군사적 노력의 성공도 축하하는 것이 아니라, 이 세상의 왕들에 대해 기도하는 마음으로 복종하는 것과 다른 나라의 명분에 대해 무한히 충성하는 것에 대해 생각하려는 하나의 의미 있는 그리스도인의 출발점으로 되돌려지도록 하는 것이다.

마무리하는 기도

우리가 배운 대로, 우리는 우리 아버지에게 모든 사람들을 위해 기도합니다. 우리의 공감, 충성, 우리나라 또는 세상의 절반에 대한 필요의 인식을 제한하는, 우리의 관심의 장벽을 무너뜨리게 하소서. 모든 사람들이 진리를 아는 지식에 이르기 원하는, 당신의 뜻에 대한 인식을 진심으로 우리 마음에 새기도록 우리를 가르쳐주소서. 우리가 배운 대로, 우리는 모든 통치자들과 고위직 사람들을 위해 기도합니다. 우리는 서구의 정부들을 위해 기도합니다. 우리는 또한 공산주의 국가의 정부를 위해 기도합니다. 우리는 아프리카와 남아시아의 초기 민주주의를 위해 기도합니다. 우리는 독재자와 군부 경찰이 지배하는 나라들을 위해 기도합니다. 우리는 고위직에 있는 사람들과 결정하고 그 결정을 실행하는 데 기여하는 사람들을 위해 기도합니다. 이 사람들의 모든 이기주의와 이상주의, 비전과 무분별의 해결을 통해 사람들이 평화롭게 함께 살기 원하는 당신의 뜻이 이뤄지게 하소서. 우리는 정부 계획의 성공이나 실패를 위해서가 아니라, 당신이 정한 목표를 향한 모든 일들에 대한 섭리로 인도함을 위해 기도합니다. 우리는 당신의 교회, 정부와 관련한 그리스도인들을 위해 기도합니다. 우리는 정부의 정책을 만들고 실행하는 범위 내에서 일하는 것이 자신들의 소명이라고 확신하는 자들에게, 그들의 소명을 점검하도록 그리고 당신의 차별하지 않고 사랑하고 고통 받으며 모든 사람들에 대한 관심으로 인도되도록 북돋워지기를 구합니다. 우리는 이들의 정부에 대한 충성과, 당신, 교회, 모든 사람들에 대한 충성 사이에 갈등을 느끼는 자들에게, 당신이 그들의 비전과 당신만을 순종하고자 하는 결정을 분명히 할 수 있기를 구합니다. 우리는 이 세상의 관리에서 분명한 책임이 없는 자들을 위해, 우리가 바리새주의, 자기 의, 그리고 다른 사람들보다 덜 관여할 때 미덕이 있다고 생각하는 것, 또한 결정과 불의에 대한 무관심에서 보호받을 수 있기를 기도합니다. 모든 무릎이 하늘과 땅 및 땅 아래에서 꿇게 되고, 우리가 이미 고백하려고 노력하는 대로, 예수 그리스도가 주님이라고 모든 혀가 고백하게 될 날이 속히 오게 하소서. 그리스도의 이름으로 기도합니다. 아멘.

12. 양심적 병역거부[24]

아나뱁티스트 메노나이트 전통의 후계자들인 우리들에게, "평화 증언"과 "양심적 병역거부"라는 용어들은 우리가 의심의 여지없이 붙들고 있는 분명하고, 잘 알려 있는 확고한 입장이다. 만일 그렇다면, 마치 무저항은 미리 결정되고 단호한 입장이고, 우리는 단지 이 견해를 위한 기초로서 증거 본문을 수집함으로써 이 입장을 정당화하기만 하면 되는 것처럼 진행하게 될 것이다.

이러한 접근이 불가능하다는 것은 복음서에 이미 분명하게 드러나 있다. 복음이 출발점인 그리스도인에게 성서를 참고하기 전에 미리 결정된 단호한 문제란 있을 수 없다. 순교자의 증언으로 가득 찬 가장 고귀한 전통조차도 이미 결정된 후에 성서의 확증을 찾는 견해를 위한 적절한 근거는 없다. 우리의 전통에 대한 신실함은 원칙적으로 복음만이 우리의 출발점이 되고자 모든 전통들이 무시되지 말아야 한다는 것 외에 다른 것을 요구하지 않는다. 복음 자체가 토대가 되어야 하고 우리 견해의 확증이 되어서는 안 된다.

이 서론적 논평은 특별히 평화증언과 양심적 병역거부와 관련하여 적절하다. 때때로 우리는 우리의 평화증언을 사실무근의 이상주의로 바꾼다. 때때로 우리는 우리의 양심적 병역거부를 용기 없는 율법주의로 바꾼다.

---

24) 이 장은 원래 "평화증언과 양심적 병역 거부"("The Peace Testimony and Conscientious Objection," trans. Horst Gerlach, *Gospel Herald*, Jan. 21, 1958)로 출판됐다.

만일 우리가 왜곡과 오해의 위험에 대항하여 지키기를 원한다면 현재와 미래 모두에서 무엇보다 먼저 복음에 대해 새롭게 들어야만 한다. 우리는 증거본문을 찾는 대신 성서의 전체적 증언에 주의를 기울여야만 한다. 우리는 그때에야 우리 견해가 얼마나 깊이 복음에 기초하고 있는지를 물을 수 있을 것이다.

하나님의 형상

"아버지께서 우리에게 얼마나 큰 사랑을 베푸셨는지를 생각해 보십시오. 하나님께서 우리를 자기의 자녀라 일컬어 주셨으니 우리는 하나님의 자녀입니다."요일3:1 성서의 첫 페이지는 인간 생명의 기본적인 특성을 단언한다. 하나님이 "하나님의 형상대로" 사람을 창조하셨다.창1:27 인간들은 이 존엄과 하나님 자신의 이미지를 따라 만들어졌다는 것에 대한 책임을 다른 어떤 동물들과도 공유할 수 없다. 신학자들은 하나님의 형상이라는 용어가 무엇을 의미하는지 논쟁할지도 모르지만, 문맥에서 인간을 인간답게 만드는 것이 무엇인지가 하나님의 본질과 닮음에서 발견된다는 것을 알기에는 충분하다

이 하나님의 형상과의 닮음은 또한 약속된 구원의 보증으로서 역사의 처음부터 끝까지 무너진 인간성을 수반한다. 인간이 하나님의 형상으로 만들어졌기 때문에 인간의 생명이 하나님의 보호아래 있다는 것이 노아에게 장엄하게 선포된다.창9:6 네 번째 계명은 이스라엘을 이집트에 데리고 나온 하나님이 "자비롭게" 행동하였기 때문에 이스라엘의 자비를 기대한다. 그래서 네 번째 계명은 "너희는 기억하여라. 너희가 이집트 땅에서 종살이를 하고 있을 때에, 주 너희의 하나님이 강한 손과 편 팔로 너희를 거기에서 이끌어 내었으므로, 주 너희의 하나님이 너에게 안식일을 지키라고 명한

다."신5:15라고 진술한다. "너희의 하나님인 나 주가 거룩하니, 너희도 거룩해야 한다."레19:2라는 진술은 기초이며, 하나님 중심의 초점으로, 이 초점에서 옛 언약의 개별적 요구들이 의미를 부여받게 되었다. 옛 언약의 계명은 단순히 선하게 되라는 임의의 명령이 아니다. 오히려 그것은 이웃들을 언약의 자비로우신 하나님의 본성에 일치하는 새로운 방식으로 대하라는 호소이며, 교제로의 초청이다.

만일 불완전하고 단편적인 옛 언약이 인간에게 하나님의 본질에 따라 살 것을 요구한다면, 이것은 새 언약에서 더더욱 분명하게 그렇다. "그러므로 하늘에 계신 너희 아버지께서 완전하신 것 같이, 너희도 완전하여라."마5:48 "그러나 너희는 너희 원수를 사랑하고, 좋게 대하여 주고, 또 아무것도 바라지 말고 꾸어 주어라. 그리하면 너희는 큰 상을 받을 것이요, 더없이 높으신 분의 아들이 될 것이다. 그분은 은혜를 모르는 사람들과 악한 사람들에게도 인자하시다. 너희의 아버지께서 자비로우신 것 같이, 너희도 자비로운 사람이 되어라."눅6:35-36 "그리스도께서 사신 대로 또한 우리도 이 세상에서 그렇게 살기 때문입니다."요일4:17 우리는 하나님을 "우리 아버지"라고 부른다. 우리는 이것을 우리가 "하나님의 자녀"로 불릴 수 있는 특권을 가졌다는 하나님의 사랑의 징표로서 이해한다. 그것은 이 부모 자녀 관계에서 보여야 하는 그리스도인의 순종, 같은 의미인 그리스도인의 자유의 기본적인 원칙이다. 우리는 선택되었고 예정되었고 "자기 아들의 형상과 같은 모습이 되도록 미리 정하셨으니, 이것은 그 아들이 많은 형제 가운데서 맏아들이 되게 하시려"롬8:29고 의로워졌다. 하나님의 목적은 우리 모두가 "그리스도의 충만하심의 경지에까지"엡4:13 다다르는 것이다.

13. 군비 경쟁[25]

　윤리적 추론의 다양한 방식 가운데, 둘 또는 세 가지가 우세하다. 먼저 "현실적" 혹은 "실용적"이라고 불리는 것이 있다. 어떤 사람은 그것을 "결과의 도덕" 혹은 "현실주의" 혹은 "책임"이라고 부른다. 그것은 우리가 사건의 과정에 대한 관리를 할 수 있고 관리해야 한다고 생각한다. 우리는 어느 정도의 비용, 이익, 위험의 등급으로 우리 계획과 가치 모두를 매길 수 있고 매겨야 한다. 그러면 우리는 최선의 가능한 결과가 이루어질 수 있도록 서로에 대한 제한을 부과한다.

　우리가 서로에게 다르다면, 그것은 핵심 요소에 대한 것이다. 즉 우리는 비용, 위험, 이익, 가능성 등에 얼마의 가중치를 매겨야 하는가. 그 참조사항의 틀 안에서 모든 사람이 전쟁이나 무기가 잘못된 곳에서 비용의 등급을 더 증가시키거나 이익의 등급을 더 떨어뜨리는 어떤 지점이 있다는 사실에 동의한다. 그럼에도, 우리는 그 선이 어느 곳을 움직이는지 혹은 우리가 멈추어야 할 때를 추정하고자 누구를 믿어야 하는지에 대해 거의 동의하지 않는다.

　도덕적 사고의 다른 유형은 때때로 원칙 혹은 의무의 도덕성이라고 불린다. 이 견해는 "천국이 무너진다 해도 정의가 이루어지게 하라."라는 슬로건에 의해 표현된다. 어떤 행위는 언제나 본질적으로 틀린다. 어떤 의무

---

25) 이 장은 원래 1982년 9월 25일 시애틀에서 한 이야기였다. John Howard Yoder Collection, Box 141, folder "Target Seattle," Mennonite Church USA Archives, Goshen, Indiana.

들은 결과가 무엇이건 언제나 그 결과에 묶여 있다. 그렇다면 선택은 목적보다 더 흥미 있는 중간 영역에 있는 등급으로 당신이 측정한 것이 아니다. 그것은 낮과 밤 사이 혹은 빨강과 녹색 사이에 있는 선택이다.

우리가 핵무기에 대해 말할 때, 논쟁은 부분적으로 윤리적 추론의 어떤 방식이 우리의 경우에 적합한지에 관한 것이다. 우리가 논쟁의 여지가 있는 요소와 경쟁의 여지가 있는 가능성의 훌륭한 조율에 대해 트집을 잡는가? 우리가 충분히 합리적이고 충분히 제재할 수 있는 세상에 있다면 도덕적 결정 관리 모형이 이 경우에 적합할 수 있는가? 혹은 그것은 세계적인 선택과 전체적인 뉘우침과 희망의 문제인가?

당신은 그것을 유심히 살핀다면 다양한 입장에서 작동중인 각각의 이 유형을 보게 될 것이다. 그러나 우리는 그것들이 핵무기의 도덕성에 관한 특별한 견해와 관련되어 있다는 것은 생각하지 말아야 한다. 분명히 어떤 평화주의자는 단지 "원칙"에 대해 말한다. 그러나 어떤 애국자도 그렇게 한다. 그들은 아시아 혹은 중남미 사람들의 견해에 자신을 놓고 깊이 생각해보지 않은 채 "빨갱이"가 되느니 차라리 죽겠다고 말한다. 다른 편에 있는 소위 "강력한 방어 입장"을 옹호하는 어떤 사람은 현실적으로 합리적이 되어야 한다고 주장하지만, 그들의 가장 강력한 비판자들도 똑같이 그렇게 한다.

이 두 개의 중요한 모델 뒤에 세 번째가 있다. 그것은 오늘날 과거보다 더 공공연하게 단언한다. 그것은 자신을 다른 가치들 위에 놓는다. 세계적인 체계의 보호를 떠맡음으로써 다른 사람들을 방어하기 위한 주장 대신에, 자신이 얼마간의 대가를 지급하더라도, 이제 그들은 누구나 심지어 다른 사람을 능가하는 자기 지지와 자기 방어의 권리를 가지고 있다고 말한다. 당신은 아담 스미스의 경제에 관한 견해를 비유로 들 수 있다. 그는 우리가 모두 똑같이 이기적이지만 규칙에 따라 행동한다면 경제는 결국 균형이 잡히거나 더 낮게 될 것이라고 말했다. 마찬가지로, 어떤 사람은 각 사람과 사회가 자신의 궁극적인 가치가 될 수 있고 각 나라가 자신 고유의 규범과 판단이 될 수 있다고 주장한다. 그렇다면 자기 방어는 그것이 다른 사람의 권리를 희생하더라도 올바를 수 있고 심지어 의무가 될 수 있다. 모든 사람들이 자신을 잠재적 희생자로 본다면, 자기 방어를 위해 수단 방법을 가리지 않고 권리와 의무를 주장하게 된다.

새로운 기술과 정치적 입장은 핵무기에 의해 야기된 문제에 대해 새롭게 인식하려고 의견을 같이 했다. 우리 사회는 자기 이익에 대한 신중한 계산과 비이기적인 사회적 관리에 따라 작동한다고 주장한다. 그러나 이것은 우리를 자기모순의 입장으로 몰아간다. 즉 최대의 핵능력을 사용한 유일한 경우는 그 능력이 발휘해주리라 기대했던 핵 억제력을 발휘하지 못할 때일 것이다. 그렇게 되면 이 경우는 상황을 "처리하기" 위한 어떤 시도도 될 수 없을 것이다. 그것은 보복이 될 것이다. 따라서 우리는 다른 어떤 자원들이 우리를 현실적인 헌신을 향해 이끌 수 있는지 물어야 한다. 자원들 가운데 어떤 것은 구체적으로 기독교적이 되겠지만, 대부분은 다른 종교나 도덕적 체계에 있는 비슷한 것이 될 것이다.

이웃들에 대한 선택

우리가 방어하기 원하고 기꺼이 위험을 무릅쓸 준비가 되어 있는 인간 사회는 무엇인가? 그것은 국가인가? 오늘날 그런 연합을 위한 도덕적 주장은 무엇인가? 그것은 국가 안의 정치적이고 군사적인 엘리트인가? 그것은 우리 가운데 많은 사람을 위하는 그런 것이다. 그러나 기독교적인 관점에서 우리의 이웃은 전 세계가 포함되어야만 한다. 데이빗 브라워David Brouwer가 평가하듯이, "그들은 저 너머에 있는 우리들이다." 국가의 정체성을 세계의 나머지들 위에 놓을 수 있는 도덕적 근거는 없다. 건설적인 애국심을 위한 도덕적 근거는 있겠지만, 다른 사람을 희생할 근거는 없다. 그것이 소위 "현실적" 논리로 정당화할 수 있는 폭력의 범위를 미리 정하는, 정당한 전쟁 전통의 의도였다. 전쟁은 유감스럽지만, 싸울 수밖에 없다. 그렇다면, 전쟁은 정당한 이유를 위해서만, 합법적인 권위 하에서만, 최후의 수단으로만, 제한되고 필수적인 수단으로만, 바른 의도를 가졌을 때만, 비전투적인 사람들의 제외를 존중할 때만 등등의 경우에만 가능할 것이다.

이 목록의 이유는 유감스럽게도 필요한 힘을 휘두르는 사람들에게 반대편 사람들도 여전히 인간들이라는 것을 상기시키는 것이다. 그들은 여전히 도덕적 권리를 갖고 있는데 특별히 일반 사람들과 제삼자들이 그러한 권리를 갖고 있다. 전투원일지라도 도덕과 법률적 권리를 가진다. 그렇다면 역사적으로 정당한 전쟁 이론은 원수를 포함하는 이웃의 권리의 실용적 해석이다. 왜냐하면 "현실주의적" 견해일지라도 그것을 인식하려면 전념해야 하기 때문이다.

이것에 대한 기독교의 유형은 원수들을 포함하여 이웃들을 사랑하라는 예수의 부르심이다. 나는 예수의 "명령"이라고 하지 않고 "부르심"이라고 한다. 왜냐하면 그것은 복음이기 때문이다. 그것은 약속이며 특권이다. 복음은 지금의 당신에 대한 정의에 의해 가둬둘 필요가 없는 것이다. 당신은 당신과 다른 어떤 사람 사이의 적의의 개념에 갇힐 필요가 없다. 그 진술은 도덕적 이상주의가 아니다. 그것은 종교적 선포이다. 예수는 우리에게 우리가 하늘에 있는 아버지와 같아지기 위해 원수를 사랑하는 특권을 제공한다. 하나님이 원수를 사랑하시는 분이라고 믿지 않는 종교적 세계관스스로를 기독교라고 부르는 어떤 이들을 포함하여이 있다. 세상이 그와 같다고 믿지 않는 비종교적인 세계관이 있다. 세상은 어떤 관점에서는 대부분 그와 같지 않다. 그러나 예수와 그의 아버지와 성령은 그와 같다. 그것이 그리스도의 십자가가 의미하는 것이다. 그것이 그리스도인들인 "복음"이라고 말하는 이유이다. 그들은 우주 뒤에 있는 마음이 화해에 호의적으로 치우쳐 있으며 그것을 위해 값을 지불했다. 그것이 희생자, 문외한, 희생의 수단들을 위한 예수의 특별한 관심이다.

군비 경쟁 거부에 대한 기독교의 이유는 그것이 단계적으로 확대되거나 반격하여 우리를 위험에 빠트리기 때문이 아니다. 그것은 뱅골이나 시카고를 향하고 있는 소련의 미사일이 당신이나 내가 사는 곳까지 파괴시킨다는 것이 아니다. 그것은 우리가 수백만 명의 사람들을 "원수"의 범주 "저쪽에" 놓음으로써 세상 체계의 경쟁을 제도화한다는 것이다. 우리는 그들을 원수라고 부르기 위한 제도적 속박에 노예가 되어 있다. 우리가 그들을 죽일 계획을 하지 않더라도 그것은 잘못이다. 그들이 반격할 방법이 없고 반발이나 예기치 않은 결과의 위험이 없을 때 그런 방식으로 그들을 보는 것은 잘못이다. 유럽인들이 미국을 점령할 때 대륙에 있던 원주민들에 대한 인간의 존엄이 부인되었던 것은 잘못이다. 전쟁에서 "승리"할 수 있던 때를 "좋았던 옛 시절"이라고 하는 것은 잘못이다. 가장 근본적으로 전쟁이 정도를 넘어섰기 때문도, 다른 측이 우리를 따라잡고 있기 때문도, 낭비 또는 실수의 위험 때문에도 잘못이 아니었다. 그것은 그리스도의 십자가의 부인으로서 종교적으로 잘못이다. 누가 우리의 이웃인가? 아브라함의 하나님, 아브라함의 믿음을 믿는 모든 세 종교의 하나님은 신자들을 더 큰 비전과 그들 자신을 넘어서 그들 자신을 희생할 의로운 연민으로 부르신다. 하나님은 그들이 씨족이나 국가보다 더 큰 사회에 속해 있다는 것을 인식하도록 그들을 부르신다.

신들의 선택

기능적으로 정의하면, 당신의 신은 당신이 무엇에게 희생하며 당신이 무엇을 위해 죽일 준비가 되어 있느냐이다. 당신의 신은 당신이 역사의 방향을 분별하고자 바라보는 곳이다. 당신의 신은 당신이 인류 전체를 정의하는 방법이다. 당신은 인류 전체를 욕망의 흐름을 위해 희생할 준비를 함으로써 정의할 수도 있다. 그런 신을 "에로스"라고 부른다. 당신은 권력에 대한 충동으로 희생을 바칠 수 있다. 어떤 사람은 그것을 "프로메테우스"라고 부른다. 당신은 부를 위해 다른 모든 것을 포기할 수도 있다. 예수는 그것을 "맘몬"이라고 부른다. 오늘날 우리는 특별히 마르스 곧 전쟁의 신에 대해 말한다. 이런 신들은 그들이 요구하는 희생의 모양과 종류에서 다르다. 그들은 인간 문화의 양상과 자격이 있다고 주장하는 창조성과 만족을 위해 그들이 찾는 필요에서 다르다. 그들은 이유를 제공하는 장소와 문화에 대한 태도에서 다르다. 그러나 본심에 있어 그들은 모두 동일하다. 그들은 모두 자아를 위해 봉사한다. 그들은 모두 다른 사람들을 당신 목적의 수단으로 만들라고 한다. 그들은 사람들을 실재의 인격이 아니라 대상이나 도구로 만든다. 우리 시대에 전쟁의 신은 가장 시기하며 만족할 줄 모르는, 모든 것의 우상이다.

예수가 오기 오래 전에는, 오직 한 분 하나님이 계시다고 분명하게 말했다. 우리는 이 하나님이 어떤 사람을 산 제물로 바쳐야 하는 어떤 형상으로 나타나지 않는다고 들었다. 더욱이 다른 신이 없었다. 만일 우리가 이것을 심각하게 받아들인다면, 그것은 핵에의 도전이 단순히 인간의 존엄과 생존에 대한 위협으로 보여지는 것이 아니라 진정한 종교에 대한 위협으로 보아서는 안 된다는 것을 의미한다. 그것은 의식적으로 다른 어떤 가치를 위해 사람의 동료 창조물을 번제물로 만들기 위한 준비가 되어 있음을 경축

하는 구조이다. 전쟁은 언제나 그것을 했다. 그 사실은 현대성의 산물이 아니다. 현대 기술은 우상이 단지 약간의 특별한 원수들이 아니라 인류 전체를, 단지 몇 백만의 같은 시대의 인간들뿐만 아니라 문명의 미래를 위협하는 수준까지 밀고 나갔다. 그것은 모든 것을 변화시키고, 우리가 시작했던 세 종교의 도덕적 논리에 의문을 제기한다.

소망의 선택

우리를 군비 경쟁이 있는 곳으로 이끄는 실용주의라는 유형은 절망감으로 두드러진다. 그것은 구소련이 할 수 있는 최악의 시나리오를 구축한다. 그것에 대항하여 그 낙관주의가 사실무근이라는 것을 시종 아는 것은 우리의 체계들이 어떻게 작동할 것인지에 대한 최선의 경우를 상상하는 것과 균형을 잡아준다. 이것은 우리가 소망할 수 있는 최선은 러시안 룰렛에서 이기는 쓸쓸한 희망 또는 최악의 상황이 벌어지면 결국은 그것이 누군가를 다치게 할 것이라는 이기적인 희망이라는 지점까지 우리를 이끈다.

그리스도인에게 절망에 대한 대안은 회개와 부활이다. 당신이 좋아하는 대로 그것을 창조성이나 행운으로 부르라. 하나님 아래서 인간이 된다는 것은 다른 길이 있을 수 있다는, 일찍이 회복된 확신을 의미한다. 그러나 단지 우리가 두 가지 악 가운데 더 작다고 생각하는 것에 뛰어드는 것은 다른 길을 발견하도록 돕지 않을 것이다. 만일 우리가 우리를 비판하는 사람의 소리 듣기를 거절한다면, 우리가 우리의 경쟁자를 비인간화한다면, 우리가 정권에 대항하는 반항적인 대상을 인질로 잡으려고 우리 자신에게 권한을 부여한다면, 우리는 그 다른 길을 발견하지 못할 것이다. 그러나 상호 존중의 위험을 받아들인다면, 우리는 다른 길을 발견할지도 모른다.

우리의 믿음이 "소망"이라고 부르는 것은 낙관주의가 아니다. 그것은 우익, 좌익 또는 중도인 관료들이 기본적으로 썩 괜찮을 것이라는 그런 불분명한 신뢰에 기반하고 있지 않다. 그것은 "국민"이 잘 행동하도록 하는 데 약간의 신뢰를 더할 것이지만 분명한 신뢰를 주지는 못할 것이다. 진정한 소망은 어떤 사람들이 "증거"라고 부르는 것이 있든 없든, 겉모양만의 가능성일지라도 죽음을 능가하는 생명의 우선권을 선택한다. 진정한 소망은 어디든 그것이 기회를 가지는 곳에서 그 선택이 작동하는 것을 발견한다. 진정한 소망은 인간 사이의 화해에서 그 선택이 작동하는 것을 발견한다. 진정한 소망은 창조적인 문제의 해결에서 그 선택이 작동하는 것을 발견한다. 진정한 소망은 비폭력의 옹호가 사회적 변화의 수단인 곳에서 그 선택은 작동한다. 이것을 특별히 기독교적으로 말하면, "예수를 죽은 사람들 가운데서 살리신 분의 영이 여러분 안에 살아 계시면, 그리스도를 죽은 사람들 가운데서 살리신 분께서, 여러분 안에 계신 자기의 영으로 여러분의 죽을 몸도 살리실 것입니다."롬8:11이다. 그것은 우리가 진정한 소망을 포기한 후에 다른 어떤 세상에서 가지는 한 편의 시가 아니다. 그것은 이 세상을 위한 소망의 진술이다.

자신에 대한 선택

우리의 선택은 정체성의 선택이다. 우리는 어떤 사람이 되려하는가? "빨갱이냐 죽음이냐"라는 오래된 일그러진 딜레마는 이 문제를 왜곡하지만, 이 문제는 현실이다. 비록 비도덕적인 무기를 사용하려는 것이 우리의 자유를 더 많이 증진하는 것도 아니라는 것이 분명하지만, 그 대안은 죽는 것도, 죽음으로 고통 받는 것도 아니다. 대안은 죽음을 짊어지는 것이다. 최악의 시나리오에서, 내가 최악의 시나리오를 정당한 것이라고 승인하는 것이 아니고 하나는 핀란드와 같아지는 것이고 다른 하나는 살인자 국가가 되는 것이다.

우리가 되려는 것이 후자인가?

나는 전에 "실용주의"와 "원칙" 사이의 딜레마는 도덕을 행하기 위한 최선의 방식이 아니라고 말했다. 우리는 우리가 단지 두 개의 행위 혹은 두 개의 다른 비용/이익 거래 사이의 난처한 처지에서 선택하게 되는 경우가 거의 없다는 사실을 기억해야만 한다. 우리는 비전, 시나리오, 이야기 가운데서 선택한다. 우리는 어떤 종류의 이야기에서 우리가 되려는 어떤 인격을 선택한다. 그렇게 한다면, 우리는 그들이 우리에게 무엇을 하려고 하는가를 가장 먼저 질문하지 않을 것이다. 우리는 국가로서 우리가 그들에게 그렇게 질문하게 하는 국가가 되기를 원하는지를 묻게 될 것이다.

만일 독선이 우리가 이미 하고 있었던 것, 우리가 이미 되어가고 있는 정체성, 그리고 우리가 역사에서 머물기 원하는 곳에 대한 진정한 앎을 대치한다면, 도덕적 충격의 파도가 문화를 관통해 울릴 것이다. 어떤 희생을 치루더라도 이겨서 그렇게 죽은 사람들로 가득한 사막의 절대적인 왕이 되는 것보다는 지는 것이 더 나을지도 모른다. 우리는 스포츠에서는 승리가 관건이라고 말할 수 있다. 실제 삶에서는 다른 규칙이 있다. 당신이 싸움에서 이긴다면 당신의 영혼을 잃는다. 당신은 싸움을 위한 이유를 상실할 수 있다.

정직과 순종

처음에 나는 결단을 내리지 못하고 원칙, 신중함, 자기 방어라는 추론의 윤리적 유형들 사이의 오래된 논쟁을 떠났다. 우리는 더 넓은 상황을 연구한 후에 이제 다시 거론할 수 있다. 더 적은 악에 대한 신뢰할 수 있는 추정의 언어는, 만일 당신의 의무를 위험에 처한 사회적 가치를 옹호하고자 책임을 지는 것으로 본다면, 그것은 고전적 정당한 전쟁 전통의 제약 안에 있어야만 할 것이다. 공정하게 말하자면, 이 전통은 정치적 의사결정자들이 높이 평가한 적도 거의 없고, 교회가 분명하게 가르친 적도 거의 없다. 이 것은 보복에서조차도 어떤 총력을 기울인 핵무기 교환도 어떤 등가 전략 26)도 의미하지 않는다. 만일 정당한 전쟁이라는 전통이 존중된다면, 우리 는 우리의 정력의 대부분을 건설적인 과업과 더욱 장래성 있는 방어 전략 으로 향하게 할 것이다. 이곳이 부정직이 모습을 나타내는 지점이다. "책 임 있는" 사람은 그것을 하지 않는다. 우리는 우리의 이기심과 세상에 대한 우리의 감시가 최후의 수단이라고 말한다. 정당한 전쟁 전통은 그것이 그 럴 수밖에 없다고 말한다. 그러나 그렇지 않다. 그것은 우리 방어의 최전선 이다. 그것은 현재의 군비 수준에 못 미치는 선을 그릴 것을 요구하는 정직 한 실용주의에 대항하여 그 자체로 목적이 된다. 절대적인 원칙이나 단순 한 순종의 언어는 원수를 사랑하는 특권을 제공한다. 이것은 윤리적 이론 에서만 유지된다면 불충분한 것으로 보일지도 모르지만, 그것은 세 종교 의 논리에서 여전히 최상이다. 적어도 그것은 지혜와 정보 그리고 어딘가 에 있는 소수의 핵 버튼을 누르는 사람의 정부 기관을 크게 신뢰하는 주제 넘은 일부 시나리오들을 중단한다.

　단순한 순종의 언어는 죽이는 것이 잘못되었다는 선언에 만족하지 못할 것이다. 그것은 우리를 인간 세계를 건설하는 약속과 의무들로 몰아갈 것 이다. 그러나 만일 우리가 여전히 폭탄을 가지고 그것을 한 손에 쥐고 등 뒤에 숨기고 있다면, 우리는 리드 타임,어떤 일의 발단에서 최종 결과가 나오기까 지의 시간 연구, 고역, 훈련, 희생을 가지는 그런 건설의 작업을 하지 않을 것 이다. 만일 세상의 에너지와 지성의 저장소가 "사용되지 말아야 하는" 더 많은 무기들을 만들고 배치하려고 여전히 고갈된다면, 우리는 세계 경제를

---

26) 군사 전략의 이 유형은 적의 도시들과 일반 시민 개체군을 목표로 한다.

다시 살릴 수 없다. 적어도 핵전쟁 억제 논리를 주장하는 사람들에 의하면

이런 저런 동결이나, 첫 단계 혹은 세 번째 단계로서의 SALT[27]나 START[28]건 간에 인종적 논증의 기본 유형 중 그 어떤 것도 특정한 사회적 전략에 직접적으로 운용되는 "그 것을 하는 방법"을 직선적으로 제시하지 않는다. 특별한 전략과 전술은 대부분 우리의 문제이다. 그러나 그런 전략과 전술들은 누가 우리의 이웃인가, 누가 우리의 하나님인가, 우리가 무엇을 소망하는가라는 우선하는 선택과 우리가 함께, 위해서 살기 원하는 정체성에 대한 우리의 선택의 대상이다. 하나님의 세상을 다른 궤도에 내리기 위한 새로운 결심을 수행하는 방법은 절대적이고 실용적인 이유 모두에서, 절충, 교환, 상대적인 보증을 요구할 것이다. 그러나 그 처음 헌신을 할 것인지 아닌지의 여부는 그렇지 않다. 죽이기를 거부하기 때문에 우상 숭배를 부인하기 위한 결정, 원수를 사랑하기 위한 결정, 그것을 위해 살고 죽을 가치가 있는 이야기를 시작하기 위한 결정과 같은 결정들은 반드시 한쪽에만 생긴다. "평화로 가는 길은 없다. 평화가 길이다."[29] 라는 슬로건은 오래된 것이지만 사실이다.

---

27) Strategic Arms Limitation Talks
28) Strategic Arms Reduction Treaty
29) 이 인용은 A. J. Muste에 있다고 생각한다.

14. 소득세[30]

내가 10대 후반과 20대 초반에 예수 그리스도의 제자가 된다는 것이 무엇을 의미하는지에 대해 처음으로 이해하게 됐을 때, 내가 이해하고자 했던 이 제자도의 매우 중대한 측면 가운데 하나는, 내 선생님이 무저항이라고 부르는 것이었다. 나는 이 단어가 사회 이론이나 일련의 법적인 원리가 아니라, 그리스도의 영을 통해 예수 그리스도와의 인격적인 교제가 보통 신자의 삶에 자체로 작용하게 될 방법 가운데 하나를 가리킨다고 이해했다.

이론적인 무저항과 국가

두 가지가 무저항의 제자도를 이해할 때 두드러지는데, 이는 내 선생님에게서 왔으며, 내 자신의 연구와 경험에서 더 강렬해졌다. 무엇보다 이 길에서 그리스도를 따르는 것은, 세상에서 유력한 사람들이나 단체가 어울리지 않는다거나 바람직하지 않다고 간주될 정도로, 주변 세계와 상당히 다른 것과 관계가 있다. 무저항의 길은, 이 반대의 결과로, 십자가의 길로 불릴 수도 있다. 이 길은 고통을 수반한다. 이런 고통을 받아들이는 것은, 제자가 그리스도에게 성실하고 충실한지를 시험하는 것이다.

둘째, 무저항의 위치는 증인이어야 한다. 이 세상은 이기심에 맞서는 이

---

30) 이 장은 원래 다음의 글로 출판됐다, "Why I Don't Pay All My Income Tax," *Gospel Herald* (January 22, 1963): 82, 91.

기심과 폭력에 맞서는 폭력의 상호 작용을 통해서 작동한다. 증인은, 이 작동 방식이 하나님의 심판의 대상이며, 이 시대에조차 궁극적인 심판을 받을 수밖에 없다는 것을 세상에 보여주어야 한다.

내 선생님이 내게 말했던 다른 한 가지는, 하나님의 뜻에 따르면, 시민 정부의 임무는 평화를 유지하는 것이라는 사실이다. 사도 바울은 그리스도인들에게 "그러므로 나는 무엇보다도 먼저, 모든 사람을 위해서 하나님께 간구와 기도와 중보 기도와 감사 기도를 드리라고 그대에게 권합니다. 왕들과 높은 지위에 있는 모든 사람을 위해서도 기도하십시오. 그것은 우리가 경건하고 품위 있게, 조용하고 평화로운 생활을 하기 위함입니다."딤전2:1-2라고 가르친다. 우리는 분명히 우리가 홀로 남겨지기를 바라기 때문이 아니라, 교회가 자기 사역을 수행하여 모든 사람들이 구원을 얻고, "진리를 알게 되"도록 "조용하고 평화로운 생활"을 위해 기도한다.딤전2:4 교회의 임무는 사람들에게 진리를 알게 하는 것이다. 국가의 임무는 무질서를 최소화하고 평화를 유지하는 것이다.

이제 내가 이런 확신을 성실하게 배운 대로 고수하고, 내 연구와 경험에서 심화시키며, 때로 심지어 다른 그리스도인과 나눌 기회를 찾으면서, 이런 확신으로 삶을 살아갈 때, 나는 점차 내 자신의 경험이나, 국가의 임무에 대한 이 묘사에 상응하는 교회의 임무에는 거의 귀중한 것이 없다는 사실에 의해 점점 더 충격을 받는다.

현실적인 무저항과 국가

내가 해외에 나갈 때 갖고 다니는 여권상의 정부를 포함해서 내가 속한 정부는, 세계의 모든 나라를 위협하는 테러에 크게 기여하고 있었다. 정부는 지구의 외기권과 유전 형질의 가장 깊은 원천을 핵실험으로 악화시키는

데 가장 선두를 달리고 있었다. 정치가는 그들이 얼마나 "확고하게" 세계의 다른 절반을 핵의 파괴로 위협할 준비가 돼 있는지를 주로 토대로 하여 선거에 도전했다.

그리스도인과 비 그리스도인 모두는 평화를 깨뜨리기만 하고 옹호하지 않는 데 사용될 수 있는 무기 개발에 하나님의 심판을 선포하려고 어떤 고통을 감수하면서, 세계의 다른 부분에서 무저항을 실천하는 그리스도인들이 미국에서 어떤 증언을 하고 있는지 내게 물었다. 많은 이들은 단순히 우리가 병역 의무를 거부하고 그 자리에서 다른 어떤 유용한 대체복무를 할 수 없다고 확신한다. 양심적인 병역거부자의 견해는 그것이 적용되는 젊은 이에게는 옳을 수 있다. 하지만 서방 국가에서 군사 당국은 이런 병역 거부자들에게 눈에 띄지 않는 대체 복무를 하도록 하는 편리한 방법을 찾았다. 우리는 전쟁에 맞서는 그리스도인의 증언이 적절하기를 원한다면, 더 많은 것을 해야만 한다. 대체 복무는 분명하게 그리스도인이 전쟁을 할 수 없다고 말하며, 게다가 우리는 우리 동료 인간들에게 유용한 방법으로 섬기고자 한다고 말한다. 양심적인 거부와 시민의 대체 복무는 대부분의 무저항의 그리스도인들에게 고통이 전혀 없고 희생이 거의 없는 것과 관련된다.

내 증언과 세금

이것들은 내가 거의 모든 시민들이 매년 군사 괴물을 도덕적이며 재정적으로 후원하는 데 기여한다고 상기할 때 드는 내 생각이다. 이런 지지의 몸짓은 거의 모든 봉급자들이 자신들의 봉급의 일정 몫을 연방 정부에 내는 매년 봄에 이행되는데, 이중 절반 이상은 평화를 지키는 데 사용되지 않을 것이다.

내 고용주가 관련 금액을 내 수입에서 원천 징수하기 때문에, 나는 여러해 동안 이런 내 소득의 사용에 대해 책임을 행사할 기회가 없었다. 1962년 봄, 분담금이 원천 징수된 금액을 넘어서면서 미국 국세청에 낼 추가 금액에 대해 내 개인적인 책임과 주도권을 처음으로 가지게 되었다. 부과된 이 추가 금액은, 내가 알기로 비평화적인 목적에 사용되는, 내 전체 세금의 몫보다 현저하게 적었다.

그러므로 나는 내국세 수입 담당자에게 내 소득에 대한 온전하고 양심적인 보고서를 제출했지만, 내가 알기로 정부가 기여하기로 되어 있던 것과는 반대되는 목적에 사용될 정부 기금을 낼 도덕적 책임을 질 수 없다고 서한을 보냈다. 나는 그 담당자에게 내 "세금 거부"에서 개인적으로 이익을 취할 의도가 없다고 말했다. 나는 그러므로 해외에서 전쟁으로 고통 받는 자의 구호를 위해 메노나이트 중앙 위원회에 동일한 금액을 보냈다.

그러는 동안 나는 지역 미국 국세청 감독관과의 대화 형태로 이 편지에 대한 답변을 받았다. 그는 매우 정중한 방법으로 내국세 수입 담당자에게 납부하는 대신에 이것을 받아들일 만한 의견으로 고려할 수 없다고 내게 알렸다. 그러므로 그는 내가 정상적인 방식으로 납부하지 않은 금액을 내 은행 계좌에서 인출하였다.

이것은 대부분 내 이야기다. 나는 누구라도 내 행위를 잘못 해석하지 않도록 내가 한 일과 그것이 의미하는 바를 분명히 하고자 한다.

왜 세금 납부를 거부하는가?

요점은 정부가 돈을 얻지 못하게 하자는 것이 아니다. 이것은 법적으로 불가능할 뿐만 아니라, 성서에도 위반될 것이다. 신약은 그리스도인들이 자신의 속옷은 말할 것도 없고 겉옷도 벗어줌으로써마5:40 합법적이든 불법적이든 어떤 강제에도 대응할 것을 분명히 한다. 일단 미국 국세청 감독관이 강제로 기금을 모을 책임을 자신이 지고자 한다는 것이 분명했기에, "십 리"를 가려는 자세로 그에게 그가 가장 어렵지 않게 돈을 찾을 수 있는 곳을 말했다.

이 개념은 이 타락한 세계의 악에 참여하지 않으려 하거나 도덕적으로 "내 손을 깨끗이" 하려는 것이 아니다. 어느 누구도 어떤 식으로든 참여를 피하지 못하며, 내가 지불할 세금이 없다고 하더라도 나는 그것을 피하지 않을 것이다. 나는 전쟁을 위한 시도에 절대적으로 기여하지 않음으로써 도덕적으로 흠이 없고자 하는 것이 아니라, 하나님 앞에 정부의 의무에 대해 정부에 증언하고자 하는 데 관심을 가진다.

이것은 세금 회피가 아니다. 나는 적절한 시기에 내 소득에 대해 온전하고 양식적으로 정확한 보고서를 제출했고, 더 많은 정보가 드러날 때면 나는 그에 따라 내 보고서를 수정했다. 속이려는 의도는 없으며, 범죄의 소추의 책임도 없다.

이것은 방해도 아니다. 수많은 기독교적, 비기독교적 "평화주의자"는 불법적으로 미사일 기지에 들어가거나, 폭탄 실험 직전에 태평양의 제한 지역에 배를 타고 들어가거나, 다른 방법으로 반대의 목적으로 대중이나 정부 행정가의 이목을 극적으로 끄는 것과 같은 이런 상징적 태도로, 군국주의에 대한 반대를 표현한다.

내가 여기서 묘사하는 행동은, 많은 면에서 이들의 행동과는 다르다. 나는 무엇보다 내국세 수입 감독관에 보내는 편지뿐만 아니라, 지역 관리자와의 대화에서도, 내가 이제 정부의 적법한 기능과 이 기능을 수행하는 사람들에게 건전하게 존중하며 또한 이 존중을 유지하고자 한다는 것을 분명히 했다. 나는 내가 자신의 상관에게 불순종하거나 내게 해를 입히는 당황스러운 처지에 처하도록 어떤 보초병이나 민간인 트럭 운전사에게 방해가 됨으로써, 또는 법을 적용할 수밖에 없는 판사에게 문제가 됨으로써 내 반대를 표명하지는 않는다. 나는 오히려 정부의 절차에서 나의 대부분의 직접적인 연락책인 책임 있는 공무원들에게 글을 쓰거나 조용하게 말함으로써 증언한다.

이 증언의 유일한 대가는 구제를 위한 선물의 형태로 지불됐다. 징수된 실제 세금의 총액은 4월 15일과 징수 날짜 사이에 경과된 시간을 포괄하는 단지 몇 센트의 이자만 증가했다. 내가 구제를 위해 지불한 동등한 금액이 세금 지불을 대신하여 미국 국세청에게서 받아들여졌더라면, 나는 내년 보고에서 구제를 위한 지불을 세금으로 간주했을 것이다. 그러나 이 지불이 받아들여지지 않으므로, 나는 이것을 공제 가능한 기부로 보고할 것이다.

현재 세금 법이 운용되는 방식, 곧 세금 대신 구제 기부를 하는 이 접근법은, 더 많은 소득 때문에 그것을 가장 잘 감당할 수 있는 자들에게 가장 많은 비용이 들게 할 것이다. 대조적으로 전쟁 때 양심적 거부자와 관련된 희생의 예봉은, 10대들에게 지워지는데, 이들은 자신들이 가장 그것을 감당할 자격을 갖출 양으로 선택된 것은 아니다. 수많은 성숙한 메노나이트 봉급자들이 내가 취한 것과 같은 행동을 취한다면, 주로 교회에서 가장 성숙하고 책임 있는 사람들의 주도로 그리고 이들의 희생으로 무저항에 대한 증언을 하게 되는 것은 우리 나라 역사에서 처음일 것이다.

신약과 세금

미국 국세청 감독관과 내 동료 그리스도인들이 이미 물은 질문이 하나 남아 있다. 곧 신약은 우리가 우리 세금을 내도록 가르치지 않는가? 분명히 신약은 가르치며, 나는 내 세금을 납부하고자 하고, 미국 정부의 기능이 예수, 바울, 베드로가 말하는 것과 닮는 한 기꺼이 세금을 납부한다. 신약은 그리스도인들이 정치적 권위에 종속돼야 한다고 가르치는데, 이는 하나님의 섭리에서 이 권위들의 기능이 평화를 유지하는 것이기 때문이다. 이것은, 신약의 가르침에 따라서 내가 미국 정부에 하라고 요구하는 것이다.

사실 나는 예수와 사도들이 염두에 둔 것을 넘어서는 "복지" 부문뿐만 아니라 낭비와 사기와 무능력이 있을 때에도 기꺼이 지불한다. 하지만, 나는 신약 시대에 존재하지 않았기 때문에 예수와 바울이 염두에 두지 않은 것을 기꺼이 뒷받침할 준비가 되어 있지 않다. 예수와 바울이 인정한 권위는, 기존의 제국 내에 효과적으로 신약 시대에 전체의 알려진 세계에서 평화를 유지한—세금 징수자의 폭력, 부패와 부정한 절차에도 불구하고—권위였다. 로마 정부는 자신의 재원의 반 이상을 세계의 나머지를 파괴하려고 준비하는 데 사용하지 않았다.

우리는 로마 제국 밖의 중대한 정치권력에 대해 거의 알지 못한다. 하지만, 우리는 로마가 멸망시키려고 준비하며, 어떤 식으로든지 중요성에서 로마 자체와 비교할 수 있는, 이런 권력이 없다는 것을 분명하게 말할 수 있다. 신약에서 세금을 납부하라는 명령은, 우리가 생각 없이 단순히 순종할 수 있는 포괄적인 명령이 아니다. 우리는 언제 세금을 납부하는 것이 "황제의 것"은 황제에게 주는 것이며, 언제 황제가 요구하는 것심지어 세금은 그의 올바른 세금이 아닌지에 대한 질문을 무시할 수 없다.

다른 사람들이 내 모범을 따르라고 "선동"하는 것이 내 목적은 아니다. 나는 오히려 내가 인도받은 방법에 대해 내 동료 그리스도인들에게서 조언을 구한다. 나는 동시에 다른 사람들이 자기 나라의 칼을 신뢰하는 것에 반대하는 가치 있는 증언을 하는, 더 적절한 방법을 찾았는지 묻는다.

15. 시민 종교[31]

"우리가 육신을 입고 살고 있습니다마는, 육정을 따라서 싸우는 것은 아
닙니다. 싸움에 쓰는 우리의 무기는, 육체의 무기가 아니라, 하나님 앞에
서 견고한 요새라도 무너뜨리는 강력한 무기입니다. 우리는 궤변을 무찌
르고, 하나님을 아는 지식을 가로막는 모든 교만을 쳐부수고, 모든 생각
을 사로잡아서, 그리스도께 복종시킵니다." 고후10:3-5

많은 그리스도인들은 성서에 전쟁 용어가 많은 것에 불편해 했다. 그 이
유는 종종 폭력과 전쟁에 대한 윤리적 문제였던 것 같다. 하지만 그것만으
로는 이 불편함을 설명하지 못한다. 의미에 있어, 생명을 빼앗는 것과 관계
가 없는 전쟁 용어가 신약에도 똑같이 많이 들어있다.

여기서 바울의 비유적 묘사는 충돌이 실재라고 표현한다. 무언가 큰 것
이 실제로 위기에 처해 있다. 무언가 큰 것을 잃을 수 있다. 무언가 큰 것을
얻을 수 있다. 우리는 충돌을 좋아하지 않기 때문에 세상을 길들이려고 한
다. 비록 그렇게 하는 것이 세상을 장래성이 더 없게 만들지라도, 우리는
세상을 덜 위협적으로 만들려고 노력한다. 그렇게 하는 것이 얻을 것이 적
어진다는 것을 의미할지라도, 우리는 잃을 것이 더 적기를 원한다.

우리는 보통의 삶이라는 비전에 이끌린다. 우리는 미래가 너무 불확실한

---

31) 1984년 6월 3일 전몰장병 추모일 전날 인디애나 주의 고센에 있는 대학 메노나이트 교
회에서 한 설교였다.

것을 원치 않는다. 어머니는 아이에게 모든 것이 잘될 거라고 확신시킨다. 관료나 사업 컨설턴트는 어느 누구도 당황하지 않고, 어떤 것도 빠지지 않도록 표준 운용 절차를 규정한다. 정치가는 사람들에게 자신들이 전통적인 가치를 회복할 것이라고 공약한다. 즉 학교에 기도가 있을 것이며, 직업을 얻게 될 것이다. 우리는 정상적인 삶이라는 것이 존재하며, 그것이 과거에도 있었고, 회복될 수 있으며, 회복된다면 좋아질 것이라는 생각을 지지한다. 우리는 이 회복이 하나님이 하려는 것이라고 생각한다. 하나님은 세상을 바로 잡는 이다. "하나님이 그분의 하늘에 계실 때, 세상의 모든 것이 바르게 돌아간다."32)

하나님과 시민 종교의 세계

에우리피데스Euripides, 그리스의 비극 시인-역주에서 프랑스 대혁명까지 고전 시대의 유럽 극장에서 하나님은 극중 인물이 되곤 했다. 사람들은 하나님이 하늘에서 줄을 타고 나오기 때문에, 즉 막 뒤에 있는 기계인 마키나에서 나오기 때문에 이 인물을 "마키나에서 온 신"이라고 불렀다. 하나님은 누군가가 결국 죽지 않았다거나, 누군가가 감옥에서 석방되었다거나, 저자가 해결할 수 없었던 줄거리가 결국 잘될 것이라고 천명함으로써 사태를 바로 잡는다. 하나님이 한 일은 전능하게, 어떤 방해도 없이 사태를 바로 잡는 것이다. 세 살짜리 아이가, 자신을 전지전능하다고 생각하는 것을 좋아하는 부모와 마찬가지로, 하나님은 전능하고, 전지하고, 모든 것을 보고 있었다.

하지만, 성서는 그런 식이 아니다. 만군의 여호와는 전투태세를 갖춘다.

---

32) 이것은 로버트 브라우닝(Robert Browning)의 시인 "피파가 지나간다"(Pippa Passes)를 가리킨다.

하나님은 대부분의 전투에서 이기지만, 종종 큰 대가를 치른다. 때로 주님은 사람들이 신실하지 못하거나 현명하지 못하기 때문에 진다. 또는 하나님의 적들이 강하거나 빈틈없기 때문에 진다. 주님은 우주를 창조했다고 하지만, 이것은 만물이 하나님의 통제를 받는다는 것을 의미하지는 않는다. 우주는 곧 감당할 수 없게 됐고, 통제를 벗어나 있다. 성서에서, 내가 인용했던 "하나님이 그분의 하늘에 계실 때, 세상의 모든 것이 바르게 돌아간다."는 브라우닝의 유명한 시 구절에 담겨 있는 행복한 희망은 세월의 뒤안길에 남겨졌다.

> 지금은 일 년 중 봄이요
> 하루 중 아침이요
> 아침은 일곱 시
> 언덕의 이슬은 진주처럼 빛나고
> 종달새는 하늘을 날고[33]

하나님은 자신의 걸작을 아름답게 만들어, 정교하며, 정확하게 돌아가게 한 후에, 그냥 거기 있는 시계공과 같지 않다. 오히려 자신의 창조물이 통제 밖에 놓이게 되는 프랑켄슈타인이나 오펜하이머 같은 숙련되지 않은 마법사와 같다. 하나님은 세 살짜리의 부모가 아니라, 사춘기나 청년기의 부모와 같다. 이런 부모는 자신들의 통제뿐만 아니라 지혜까지 자녀들이 거부하는 것을 보고, 그것을 어떻게 받아들일지 고민한다.

전능하고, 더없이 만족스러운 부모인 하나님과 전투태세를 갖춘 게릴라

---

33) 이것은 브라우닝의 한 행을 가리킨다. 즉 "그 해는 봄에 있고, 날은 아침에 있으며, 아침은 일곱 시에 있으며, 언덕은 진주 같은 이슬이 있으며, 종달새는 날고 있다." 다음을 보라, *Pippa Passes*, 192.

대원인 하나님 사이의 대조는 우리 문화 전반을 관통하고 있다. 우리는 이것을 사회과학의 균형 모델과 갈등 모델 사이의 논쟁에서 볼 수 있다. 사회과학의 한 부류는 때로 세상을 균형이 깨진 체계로 본다. 이런 불균형을 다시 바로잡으려면 변화가 필요하다. 결코 완벽하게 얻을 수 없지만, 균형 혹은 "항상성"은 지배적인 이미지이다. 마찬가지로 심리학과 정신 건강의 일부 학파는, 세상을 이해하고 일관성을 유지하기 때문에, 개별 유기체가 사태를 전체로 보는 과정에 관여하는 것으로 본다. 누군가 세상과 불화하면 우리는 그를 정신 질환자라고 부른다.

또한 균형과 정상 상태는 많은 표준적인 종교적 이해와 의식의 배후에 있는 비전이다. 종교는 사물의 자연적인 주기, 즉 봄의 풍요,부활절을 중심으로 가을의 추수와 겨울의 분기점성탄절로 모아지면서을 기념한다. 또는 종교는 사람들의 삶의 주기, 즉 출생,누군가는 침례로 기념하는 성년식,다른 이들이 침례로 기념하는 졸업, 결혼, 모든 일들의 기념일과 죽음을 기념한다. 하나님은 만물에 대한 이런 견해에서 세상이 우리를 위해 조화를 이룰 것이라는 희망의 배후에 있는 능력의 상징으로 우리가 사용하는 단어이다.

이것은 전몰장병 추모일에 대한 그리스도인의 반응과 무슨 관계가 있는가? 허버트 리처드슨Herbert Richardson은 "시민 종교의 기본적인 제의 의식은 전쟁에서의 인간 제물"이며, "국가의 주요 공휴일은 위대한 전투와 그 전투에서의 용감했던 전사를 기억하는 것이다"라고 말했다.[34] 이번 주 방송은 날마다 베트남 전쟁에서 죽은, 우리 측 사람들의 이름이 새겨져 있는, 워싱턴의 검은 화강암 벽을 찾는 수천 명의 사람들에 대한 드라마를 방영했다. 우리는 TV에서 어머니, 과부, 옛 친구들이 자신의 사랑하는 자들의

---

34) Herbert Richardson, "Civil Religion in Theological Perspective," in American Civil Religion (New York: Harper & Row, 1974), 174.

이름을 찾는 고통을 보았다. 그들은 명분이 부당할지라도, 이 전쟁 배후에 전술적, 전략적, 정치적 생각이 서투르고 때로 어리석었더라도, 수단이 부도덕했을지라도, 전쟁에서 패배했을지라도, 여전히 어쨌든 자신의 사랑하는 사람들이 자유를 위해 죽었다는 사실에 안심했다. 어쨌든 그들의 개인적인 비극은, 하나님은 그분의 하늘에 있어야 하기 때문에, 더 큰 전체에 흡수된다.

시민 종교에 대한 기독교의 반응

전몰장병 추모일은 미국 시민 종교의 매우 거룩한 날이므로, 그리스도인들은 그에 합당하게 반응해야 한다. 오늘 아침, 일치된 사고라는 세상의 여과기를 통해서 내 증언을 들었기 때문에, 우리는 그것을 하나님이 반역하는 창조계와 벌이는 평화를 만드는 전투에 대한 성서의 증언으로 파악하지 못하게 됐다는 것이다.

바울은 "우리가 전투에 참여합니다. 우리 무기는 육체적인 것이 아니지만 강력합니다. 대적은 혈과 육이 아니라 우주적인 세력입니다."라고 말했다.고후10:3-5 16세기 급진적 종교개혁가들은 이것을 믿었다. 그들의 국가 통제에 대한 저항, 기꺼이 고난 받고자 함, 선교적 기동성, 선한 믿음의 싸움을 위한 현장 지침서로서의 신약에 대한 신뢰는, 무저항과 평화로움을 전투와 승리의 맥락에 둔다. 그들은 적을 사랑하고 그 적의 손에 죽음으로써 하나님이 이 세상을 되찾는 일을 돕고 있다고 믿었다. 17세기 형제단은 자신들의 운동을 "양의 전쟁"이라고 말했다. 예수는 베드로에게 지옥의 문이 교회를 이기지 못할 것이라고 말했었다. 문은 어떤 요새의 방어 시설에서도 약점이다. 지옥이 공격받고 있다. 교회가 아니라, 지옥이 방어적인 태도를 취한다. 양은 고난으로 승리한다. 위대한 일들이 위기에 처해 있다.

진짜 비극이 있을 수 있다. 하나님은 한 동안 그리고 어떤 곳에서는 패할 수 있다. 하지만, 승리의 화해 역시 있을 수 있다.

나는 15년 전에 이곳에서 제임스 몽고메리James Montgomery의 찬양을 부르면서 회중을 인도했다. 우리 찬양집에 그의 찬양이 많이 있지만, 이 곡은 없다. 이 찬양은 시편 24편의 승리의 행진의 이미지와 하나님이 백성을 놋쇠와 철로 된 문에서 해방하는 것을 다룬 이사야서의 형상을 결합한다. 몇 절만 생각해보자.

> 종들이 벌이는 거룩한 전쟁,
> 이 신비로운 싸움에,
> 하늘과 지옥의 세력들이 교전한다
> 죽음이냐 삶이냐의 문제 그 이상으로
> …
> 당신의 무리가 작고 약할지라도
> 당신의 대장의 힘 안에서 강하며
> 모든 땅을 정복하러 가라
> 마침내 모두가 그의 것임이 틀림없다
> …
> 그렇다면 두려워 말고, 약해지지 말고, 이제 멈추지 말라,
> 남자답게 떠나라, 담대하라!
> 모든 나라들이 그리스도에게 절할 것이며
> 너와 함께 이 노래를 부를 것이다.[35]

---

35) "네 고개를 들어라, 놋쇠의 문이여"라는 찬양에서 발췌.

시민 종교의 새로운 유형들

초기 아나뱁티스트와 퀘이커 교도들은 세상에 대한 전투라는 비전을 가졌다. 어쨌든 풍토가 변했다. 우리는 이 변화 때문에 조상들의 증언이 가진 함축적 의미를 듣지 못했다. 우리는 세상의 방식이 모두 괜찮다는 안정이라는 모델을 선택해야 한다고 배웠다. 우리에게는 다음과 같이 생각하도록 배운 세 가지 방법이 있다.

1. 기독교제국의 시민 종교가 있는데, 이는 중세 시대 초, 콘스탄틴 황제에게서 시작됐다. 오늘날 이것은 기독교적 미국으로 대변된다. 어느 누구도 이 기독교의 사회적 일치가 완벽하다고 주장하지 않는다. 흠과 실수가 있지만, 기본적으로 그것은 받아들일 만하다. 또한 위험과 적이 있지만, 이들 대부분은 관계가 없다. 하나님이 통제한다. 기본적으로 우리는 성공을 확신한다. 콘스탄틴주의의 보수주의자는 "이렇게 유지하자"라고 말한다.

2. 또한 더 좌측으로 기우는 시민 종교가 있다. 이것은 동일한 확신을 보이지만, 다른 명분을 대표한다. 이것은 쿨리지Coolidge, 후버Hoover 그리고 레이건Reagan의 보수주의가 아니라, 루즈벨트Roosevelt, 케네디Kennedy, 마틴 루터 킹Martin Luther King의 진보적 정신이다. 우리는 미국을 결코 완전한 것으로 보지 않으며, 미국이 더 관대하기를 원한다. 하지만, 미국은 여전히 기본적으로 하나님의 세계일 것이다. 우리는 방어해야 할 소유로서의 자유가 아니라 목표로서의 해방을 고려한다. 하지만, 하나님의 명분의 수단은 여전히 우리 국가적 공동체이며, 국가의 권력 구조다.

3. 시민 종교의 제3모델은, 우파의 기독교제국과 좌파의 기독교제국

사이에 있으며, 공생 관계에서 두 세력을 그린다. 공생 관계는 매우 다른 두 종이 함께 살 때, 서로를 필요로 하고, 서로에 의존하고, 서로가 살도록 하는 생물학 영역의 단어다. 그래서 우리는 두 영역이 맞물려 있다고 생각한다. 마틴 루터는 한 가지 방식으로 공생 관계를 행했다. 즉 종교 영역이 복음 아래 있으며, 시민 영역은 법 아래 있고, 두 영역 모두에는 동일한 시민들이 있다. 중세 이후로 유대인들과 17세기 이후 이주민 메노나이트들은 또 다른 방면에서 공생 관계를 행한다. 즉 두 집단은 사이좋게 지냈다. 작은 집단은 어느 정도 구분되며, 어느 정도 떨어져서, 우호적인 정부와 잘 어울리는 하부 공동체로서 어느 정도 자급자족한다. 우리의 통치자들이 적들에게는 우호적이지 않지만, 우리들에게는 우호적이기 때문에 우리는 그럭저럭 무저항을 할 수 있다.

이 공생 관계의 이원론은 다양한 면에서 상당한 해악을 끼쳤지만, 근본적인 문제는 이것으로 말미암아 우리는 복음에서 갈등의 요소를 듣지 못한다는 것이다. 우리는 신약의 언어에 대해 들었거나, 우리의 순교한 조상들을 전투가 아니라 사태의 안정된 질서로 묘사하는 것으로 들었다. 우리는 불일치의 언어를 사용했지만, 그 언어의 어조와 도구는 방어적이었다. 우리는 선교의 언어를 사용했지만, 그것은 하나님을 위해 땅을 얻는다기보다는 세상에서 사람들을 하나씩 낚아 내는 것을 의미하게 됐다. 우리는 그들의 두 왕국의 언어를 반복했지만, 우리에게 그것은 미국과 캐나다와 같이 국경이 열려 있으면서 서로 평화를 이루는 두 영역을 의미했다. 그것은 하나님의 나라와 사탄의 나라 사이의 격한 전투를 의미하지 않았다.

지난 반세기에 메노나이트들이 시골에서 도시로 옮겨가면서, 그들의 정체성을 표현하는 데 상당한 변화가 있었다. 부모가 이원론자인 사람들은 더 긍정적이고 책임지는 것을 선호한다. 부모가 우파의 애국주의자인 사람들은 좌파의 애국주의자가 된다. 하지만 이 모든 변화는 동일한 기본 원칙 내에 있다. 이것은 동일한 논리를 따른다. 주제는 여전히 근본적으로 받아들일 만한 세상에서 어떻게 이기는 측에 있는가이다.

이같이 우리의 평화주의는 수동적이다. 우리는 다른 누군가가 그렇게 하기 때문에 세상에 도전하거나 세상을 통제할 필요가 없다. 세상은 반역하지 않으며 굴복시킬 필요도 없다. 세상은 다만 왜곡됐을 뿐이며, 강화되거나 고쳐질 필요가 있다.

시민 종교의 언어를 넘어

바울은 자신의 힘이 말에 있고 합리적이라고 말한다. 고린도후서 10장 4절에서 바울은 "궤변"JB 또는 NEB에서 또는 "논쟁"NRSV와 NIV에서처럼에 맞선다. 의미와 해석, 단어와 가치의 차원에서 충돌이 일어난다. 당신이 어떻게 생각하는가가 중요하다. 당신이 어떤 단어를 사용하는가가 중요하다.

우리의 평화 공약은 옳은 단어를 사용하는 것에 달려 있다. 어떤 이는 우리의 평화 공약이 적절하지 않다고 말하고, 다른 이는 그것을 신뢰할 수 없다고 말한다. 어떤 이는 그것이 너무 단순하다고 말하고, 다른 이는 그것이 너무 복잡하다고 말한다. 어떤 이는 그것이 너무 많은 것을 요구한다고 말하고, 다른 이는 그것이 꽤 타격이 큰 것은 아니라고 말한다. 이 모든 당황스러움과 논의에 대한 이유는 본질적으로 실질적이지 않다. 다시 말해서 우리에게 이전에는 없던 새로운 사실이 있다는 것이 아니다. 폭력의 의미는 그렇게 많이 변하지 않았다. 예수님의 의미는 변하지 않았다. 변한 것은 우리의 단어들이다. 사람들은 "책임 있는", "복잡한", "해방"과 같은 단어

를 사용하며, 이것은 우리가 이슈의 어떤 편인가에 대해 불확실성을 야기
한다.

우리는 단어들이 저급하고 잘 변하는 시대에 산다. 그런 단어들이 너무
많다. 우리는 팔려고 권유하며, 우리 의도를 가능한 한 그럴듯하게 제시하
려고 단어들을 사용한다. 정확하게 이런 이유에서 우리는 종종 단어들을
신뢰하지 않는다.

바울은 우리 생각을 사로잡아서, 예수 그리스도에게 복종시킬 수 있다고
말한다.고후10:5 우리가 "무저항" 혹은 "비폭력"을 말하든지 우리가 "삶의
거룩함"이나 "원수에 대한 사랑"을 확신하든지, "책임", "관여", 혹은 "권
력"과 같은 단어가 다른 단어들보다 한 가지 의미를 가지든 그것은 차이가
없다. 우리가 "인간"이나 "사람"을 말하든 그것이 중요하다.

바울은 예수 그리스도의 통치권이 우리 언어와 논리를 그리스도에게 복
종하도록 우리에게 요청한다고 말한다. 예수 그리스도가 주님일 수가 없
다거나 십자가는 구원하는 하나님의 능력일 수가 없다고 말하는, 어떤 논
증, 어떤 궤변, 어떤 사회과학 공리, 어떤 심리학적 지혜, 어떤 역사적 교훈
이 있다면, 바울은 아직도 전투가 있다고 말할 것이다. 굴복해야만 하는 사
람은 예수가 아니다.

지난주에 어떤 이가 선택적 지각의 오차에 대해 말했다. 다시 말해서 당
신이 서 있는 곳 때문에 모든 것을 보는 것이 아니거나, 오직 한 관점에서
만 그것을 보는 것이다. 우리 문제는 이것보다 더 나쁘다. 이것은 형상이
분명하지만, 오른쪽이 왼쪽이 되는 왜곡하는 렌즈 또는 거울과 같다. 이 왜
곡에 이름을 붙이는 것 자체가 전투의 일부다.

그리스도인들을 관대하게 다루지만 다른 사람들을 파멸시키려고 준비
가 되어 있는 나라는 우리 선조를 박해했던 자들에 못지않게 죄가 크다. 하

지만, 우리는 이에 대해 비평하기가 더 어려울 것이다. 우리에게 보답하지만, 우리 사회의 하위 절반과 세계의 하위 90퍼센트가 작년보다 올해 더 못살게 되는 경제 체계는 "진보"가 아니다. 수백만 대의 컴퓨터가 이전보다 더 빠르게 서로 소통할 수 있고, 심지어 국내 고용 상황이 향상된다고 하더라도, 이것은 마찬가지다. 우리가 다른 곳에 산다면 더 못살게 될 것이라는 사실이 북아메리카를 덜 타락한 세계로 만들지는 않는다. 우리는 사회질서가 우리를 어떻게 다루는가가 아니라, 바닥에 있는 사람들을 어떻게 다루는가에 따라, 사회질서를 평가해야 한다.

하나님의 전투에 다시 관여하기

바울은 "우리 전쟁은 육의 무기들로 싸우는 것이 아니지만, 이것들은 요새를 없애려는 하나님의 명분에서는 충분히 강력하다. 우리는 궤변을 없애고, 하나님의 지식을 거부하고자 하는 오만함을 없앤다."라고 말한다. 전쟁은 여전이 이것을 가리키는 단어다. 모든 평화로운 공생 관계를 거부하는 충돌이 있다. 콘스탄틴의 회심, 교회와 국가의 분리, 종교적 자유, 유대인들이나 그리스도인들이 공직이나 전문직에 오르는 것으로 이것이 변하지 않았다. 이 충돌이나 전쟁은 용광로에서 그 특성을 잃지 않는다. 이것은 좋지 않은 소식이다.

하지만 바울에게는 좋은 소식이 있다. 바울은 자신의 위치가 강력하다고 주장한다. 이것은 연약함이 아니다. 이것은 수동성이 아니다. 이것은 약하게 보일지도 모른다. 이것은 바울이 "육체"라고 하는 면에서 취약할 지도 모른다. 하지만, 이것은 단순한 패배가 아니다. 이것은 의미 없는 고통이 아니다. 이것은 십자가에서 시작했고, 고린도와 같은 지중해 도시의 보통 사회의 실재에 도달했으며, 사람들을 서로 화해하게 했고, 그들을 관대하고 창의적이며 용기 있게 만든 승리이다. 바울은 이 화해를 고린도후서 5 장 16-19절에서 묘사한 바 있다. 윤리적 기준은 사람에 대한 우리 인식에서 중요성을 가지지 못했다. 당신이 어떤 사람들의 집단에서 왔는지가 중요하지 않은, 새로운 종류의 사회가 세워진다. 바울은 마케도니아에 있는 그리스도인들에 대해 말하면서, 8장에서 관대함에 대해 묘사했었다. 마케도니아 교인들은 자신들의 공급할 수 있는 것뿐만 아니라, 그 이상으로 주었다. 이들은 먼저 자신을 하나님에게 그리고 다음으로 다른 사람에게 주었다.

전투에 대한 의식이 있지만, 바울은 남을 괴롭히지 않는다. 그는 싸움에 대비하지 않는다. 바울은 자신이 이긴다고 생각한다. 그는 예수 그리스도의 부활이 역사의 요체였다고 정말로 믿는다. 전환점은 예수의 뒤에 있다. 부활 후, 바울에게 그것은 내리막길을 가는 것이다.

40년 전 이번 주에 2차 세계 대전이라는 결정적인 사건이 발생했다. 사람들은 이것을 "결전의 날D-Day"이라고 불렀다. 동맹국이 일단 노르망디에 성공적으로 상륙하자, 전쟁의 결과는 결정됐다. 독일의 항복은 거의 1년이나 남았고, 더 많은 사상자가 있겠지만, 전쟁의 결과는 분명했다. 그리고 히틀러가 미치지 않았더라면 그것은 더 빨랐을 것이다. 전쟁 직후, 프랑스 신학자 오스카 쿨만Oscar Cullman은 사도 바울의 역사관을 묘사하는 데 결전의 날이라는 형상을 사용했다.[36] 원칙상 전쟁은 끝났지만, 대륙은 여전히 한 번에 1km씩 회복해야만 한다. 승천에서 종말까지 인간의 역사는 2차 세계 대전 말의 11개월과 같다. 이것은 단지 하나의 비유적 표현일 뿐이다. 다른 것들이 있다. 하지만, 우리는 바울이 그의 전투 이미지로 의미하는 바를 이해하고자 한다면, 바울에게 전쟁은 이긴 것이었다는 사실을 아는 것이 도움이 된다. 그리스도의 통치권은 이미 확립됐다.

---

36) 다음을 보라, Oscar *Cullman, Christ and Time* (London: SCM, 1951), 84.

우리는 왜 승리에 참여한다는, 동일하게 즐거운 의식이 부족한가? 우리는 왜 하나님의 백성의 건물이 행동이 있는 곳에 있다는 동일한 확신이 부족한가? 우리는 왜 마치 하나님의 명분이 쇠할까 두려워하는 것처럼 모험을 피하는가? 아마도 이유는 우리가 농장을 떠났다는 것이 아니라, 우리가 마을로 간 심적 상태일 것이다. 아마도 우리는 바울과 마찬가지로 화해로 말미암아 놀라지 않았을 것이다. 아마도 윤리적인 기준은 사람들에 대한 우리 인식에서 중요할 것이다. 아마도 우리는 관대함에 대한 우리 명성을, 하나님의 전투 계획에 따라 먼저 우리 자신을 내어주고 우리가 내어놓을 수 있는 것 이상으로 줄 것인데, 이 하나님의 전투 계획에 참여하는 것에 돌리기보다는, 우리와 같은 종류의 사람들의 도덕적 성품, 우리 가족과 공동체의 강점, 우리 세계관의 타당성에 돌릴 것이다. 아마도 우리는 하나님이 "그의 하늘에" 계시며, 싸워야 할 전투가 없다고 생각할지도 모른다. 아니면 아마도 우리는 이것을 손해 보는 전투라고 생각할지도 모른다. 아니면 아마도 우리는 역사의 전환점은 여전히 우리 앞에 있다고 생각할지도 모른다. 아마도 우리는 바울이 우리에게 상기시키듯이, 부활의 승리에 대해 상기할 필요가 있다.

그리스도에게 모든 나라가 절할 것이며
너와 함께 이 노래를 부를 것이다
"들어라 놋쇠의 문이여,
철 막대기들이여 굴복하라
영광의 왕이 지나가는 것을 보라
십자가가 싸움을 이겼다!"[37]

---

37) "네 고개를 들어라, 놋쇠의 문이여"라는 찬양에서 인용.

요더 총서

The Christian and Capital Punishment (1961)

Christ and the Powers『그리스도와 권세들』by Hendrik Berkhof (2014, 대장간)*

The Christian Pacifism of Karl Barth (1964)

The Christian Witness to the State『국가에 대한 기독교의 증언』(2013, 대장간)

Discipleship as Political Responsibility『제자도, 그리스도인의 정치적 책임』(2007, KAP)

Reinhold Niebuhr and Christian Pacifism (1968)

Karl Barth and the Problem of War (1970)

The Original Revolution: Essays on Christian Pacifism『근원적 혁명』(2011, 대장간)

Nevertheless:The Varieties and Shortcomings of Religious Pacifism『그럼에도 불구하고, 평화』(2016, 대장간)

The Politics of Jesus『예수의 정치학』(IVP)

The Legacy of Michael Sattler, editor and translator (1973)

The Schleitheim Confession, editor and translator (1977)

Christian Attitudes to War, Peace, and Revolution: A Companion to Bainton (1983)

What Would You Do?『당신이라면?』(2011, 대장간)

God s Revolution: The Witness of Eberhard Arnold, editor (1984)

The Priestly Kingdom: Social Ethics as Gospel (1984)*

When War Is Unjust: Being Honest In Just–War Thinking (1984)

He Came Preaching Peace『선포된 평화, 예수의 평화 설교』(2013, 대장간)

The Fullness of Christ:Paul s Revolutionary Vision of Universal Ministry『그리스도의 충만함』(2012, 대장간)

The Death Penalty Debate: Two Opposing Views of Capitol Punishment (1991)

A Declaration of Peace: In God s People the World s Renewal Has Begun (with Douglas Gwyn, George Hunsinger, and Eugene F. Roop) (1991)

Body Politics: Five Practices of the Christian Community Before the Watching World『교회, 그 몸의 정치』(2011, 대장간)

The Royal Priesthood: Essays Ecclesiological and Ecumenical (1994)

Authentic Transformation: A New Vision of Christ and Culture (1996)

For the Nations: Essays Evangelical and Public (1997)

To Hear the Word (2001)

Preface to Theology: Christology and Theological Method (2002)

Karl Barth and the Problem of War, and Other Essays on Barth (2003)

The Jewish–Christian Schism Revisited (2003)

Anabaptism and Reformation in Switzerland: An Historical and Theological Analysis of the Dialogues Between Anabaptists and Reformers (2004)*

The War of the Lamb: The Ethics of Nonviolence and Peacemaking 『어린양의 전쟁』 (2012, 대장간)

Christian Attitudes to War, Peace and Revolution (2009)

A Pacifist Way of Knowing: John Howard Yoder's Nonviolent (2010), by John Howard Yoder, Christian E. Early, Ted Grimsrud

Revolutionary Christianity: The 1966 South American Lectures(2012), by John Howard Yoder and Paul Martens

Nonviolence: A Brief History 『비폭력 평화주의의 역사』(2014, 대장간)

The End of Sacrifice:The Capital Punishment Writings 『희생의 종말』(2014, 대장간)

Theology of Mission: A Believers Church Perspective, (2013), by John Howard Yoder and Gayle Gerber Koontz

God s Revolution: Justice, Community, and the Coming Kingdom, (2014), by Eberhard Arnold, John Howard Yoder

Radical Christian Discipleship 『급진적 제자도』(2015, 조이선교회)

Revolutionary Christian Citizenship 『혁명적 그리스도인의 시민권』(2017, 대장간)

Real Christian Fellowship 『진정한 그리스도인의 교제』(2017, 대장간)